ASTAFORT

EN AGENAIS

NOTICE HISTORIQUE ET COUTUMES

PUBLIÉES PAR

CH. BARADAT DE LACAZE

Membre de la Société de l'Histoire de France

AGEN, IMP. V. LENTHÉRIC

ASTAFORT

EN AGENAIS

NOTICE HISTORIQUE ET COUTUMES

PUBLIÉES PAR

CH. BARADAT DE LACAZE

Membre de la Société de l'Histoire de France

PARIS

HONORÉ CHAMPION

ÉDITEUR

15, quai Malaquais, 15

AGEN

J. MICHEL & MÉDAN

ÉDITEURS-LIBRAIRES

29, rue Pont-de-Garonne, 29

MDCCCLXXXVI

PRÉFACE

En livrant cette notice à la publicité, je suis loin de vouloir faire œuvre d'érudit.

Le hasard ayant placé sous mes yeux un acte que je reconnus être la copie authentique de la charte communale d'Astafort, c'est avec un très vif intérêt que je me mis à la transcrire, et, plus tard, à traduire en français les expressions romanes.

Décidé à publier les coutumes, je devais nécessairement dire, en forme d'introduction, quelques mots de la seigneurie dont elles constituaient la loi ; la recherche d'un document a amené la découverte d'un document nouveau, si bien que, peu à peu, l'introduction projetée s'est transformée en notice.

On excusera la simplicité de cet ouvrage, lorsque j'aurai répété que c'est sans aucune prétention que je le publie.

Mon but sera suffisamment atteint si mes compatriotes trouvent quelque intérêt à la lecture de l'ancienne loi de nos pères, et au récit des événements dont Astafort a été le théâtre.

ASTAFORT

EN AGENAIS

CHAPITRE PREMIER

I

DESCRIPTION TOPOGRAPHIQUE

Astafort [1], situé à 18 kilomètres d'Agen, sur le chemin de fer de Tarbes, est aujourd'hui l'un des chefs-lieux de canton du département de Lot-et-Garonne.

En 1304, époque à laquelle furent rédigées les coutumes dont nous allons donner le texte, c'était la ville principale d'une seigneurie qui comprenait dans son territoire Amans [2], Andiran [3], Barbonvielle, Lasmartres [4], Paraïx et Roques [5].

Bâtie sur le versant nord d'une colline dont les pieds sont baignés par le Gers, la ville était dominée et protégée par deux châteaux-forts placés, l'un à la Craste, à côté de l'église Sainte-

---

[1] Un administrateur, sans doute anglophile, ajouta vers la fin du dernier siècle, un deuxième F au nom d'Astafort, et ce F lui est officiellement resté. Nous maintiendrons l'ancienne orthographe qui est seule vraie.

[2] Amans qui était une communauté dépendant de la seigneurie d'Astafort, fait aujourd'hui partie de la commune de Layrac.

Andiran fait partie de la commune de Cuq.

[4] Lasmartres est aujourd'hui dans le département du Gers.

[5] Barbonvielle, Paraïx et Roques sont encore une dépendance de la commune d'Astafort.

Geneviève, qui a dû primitivement en être la chapelle, et l'autre au Mous, à côté de l'église Saint-Félix.

Une enceinte continue de murailles entourait la ville et reliait les deux châteaux; quelques parties des remparts et du château de la Craste existent encore.

On pénétrait dans la ville par les trois portes du Gers, de Bouc et de Corné. Chacune des portes était défendue par une forte tour [1], destinée à recevoir un gardien, dont la mission consistait à observer le pays, à signaler les arrivants, à lever ou abaisser, suivant le cas, le pont levis qui donnait accès à la porte.

La seigneurie d'Astafort séparait, du levant au couchant, le Bruilhois de la Lomagne ; elle confrontait du côté du sud aux paroisses de Sempesserre, Sainte-Mère, Rouillac, Gembrède, Sisteils, dépendant de la vicomté de Lomagne ; du côté du nord, à celles de Caudecoste, Cuq, Fals, Layrac, Moirax, Pergain et Taillac, qui appartenaient à la vicomté de Bruilhois [2].

La seigneurie d'Astafort faisait partie de l'Agenais, qui dépendait du grand duché de Guyenne, dont la couronne ducale reposait alors sur la tête du roi d'Angleterre, sous la simple suzeraineté du roi de France.

Lorsqu'en 1317 fut créé l'évêché de Condom, par le pape Jean XXII [3], toute la partie de l'Agenais située sur la rive gauche de la Garonne lui fut attribuée ; la seigneurie d'Astafort se trouva dans sa circonscription [4].

---

[1] La tour de la porte du Gers appartenait, dans le dix-huitième siècle, à M. de Cassaigneau, qui était aussi propriétaire du château du Boyron.

[2] Un procès-verbal conservé aux archives de Condom, cote FF, 35, dressé en 1553 par François Laage, premier président au Parlement de Bordeaux, et par Giles de Noailles, conseiller au même Parlement, commissaires-députés pour visiter le pays de Condomois et d'Agenais, et faire dresser une « figure accordée » des villes et villages situés dans lesdites communautés, nous donne, comme suit, la composition du Bruilhois, dont Laplume était la capitale :

Aubiac, Bax, Beaulens, Brax, Le Buscon, Caudecoste, Cuq, Daubeze, Donzac, Estillac, Fals, Goulard, Laplume, Layrac, Moncaut, Montesquieu, Moyrax, Nomdieu, Pergain, Plaisance, Roquefort, Sainte-Colombe, Saint-Loup, Le Saumon, Ségougnac, Sérignac, Taillac et aussi Montagnac. Mais, ajoute le procès-verbal, les habitants de cette dernière place refusaient d'obéir aux autorités de Laplume, d'assister aux assemblées des états qui s'y réunissaient, et de ressortir de sa juridiction; ils portèrent directement leurs appels devant le sénéchal de Lectoure, au grand mécontentement du bailli de Laplume, qui leur intenta un procès pour les ramener.

[3] Raymond de Goalard (de la famille des marquis de Galard de Terraube de Pauillac Béarn et autres lieux), fut le premier évêque de Condom.

[4] Les revenus du nouvel évêché étaient plus importants que ceux laissés à l'évêché

Le nouvel évêché était divisé en deux archidiaconés : celui du Bruilhois et celui du Cayran.

Celui du Bruilhois, dont Laplume était le siège, se subdivisait en deux archiprêtrés : celui de Laplume et celui de Condom.

Astafort dépendait de l'archiprêtré de Laplume [1].

Les armoiries d'Astafort, enregistrées à l'armorial général de France [2], sont : « de gueules, à une bande d'or, accompagnée de six croisettes de même, posées en orles ».

La ville a pour devise : « STAT FORTITER ».

II

ORIGINE

L'origine d'Astafort est, croyons-nous, très ancienne ; toutefois il n'existe aucun document qui puisse indiquer, d'une façon précise, l'époque de sa fondation.

d'Agen, ce qui lui fit appliquer, dit Labrunie, ce vers d'Horace : « O matre pulchra, filia pulchrior ».

Le procès-verbal des commissaires du Parlement de Bordeaux, que nous avons relaté d'autre part, nous apprend que, en outre de la ville de Condom et de sa banlieue, « qui avait une lieue de Gascogne, qui est pour le moings deux grandes lieues de France», la sénéchaussée de Condom comprenait en 1553 :

« Le marquisat de Fiefmarcon et les terres d'icelluy, savoir est : Castelnaud, Abrin, Blasiert, Roquepine, Le Mas, Pellegrue, Marsolan, Lagarde, Laroque, Sainct-Martin (de Goyne), Berrac, Sainct-Mezard, Poy-Carregelard, Rinhac, La Romyeu, Ligarde, et Gazaupouy ».

La seigneurie d'Astafort et celle de Dunes.

La vicomté de Bruilhois.

Les villes dont les noms suivent : Nérac en Albret, Mézin, Montreal, Gabarret, Montguillem, Cazères, Grenade, Mont-de-Marsan, Sainct-Justin, Roquefort, Captieux, Casteljaloux (jusqu'à l'Avance rive droite), Caumont et Damazan.

Les limites de l'évêché différaient peu de celles de la sénéchaussée.

L'Agenais, diminué du Condomois, restait cependant encore très étendu. Le même procès-verbal nous en donne ainsi les limites :

« Il avait de 16 à 17 bonnes et grandes lieues de long et 7 ou 8 de large ; il confrontait du cousté d'orient à la seneschaulcée du Quercy, jusque près Malauze ; du cousté d'occident à la seneschaulcée de Bazadois et juridiction de Saincte-Bazeille ; du cousté du midi à la vicomté du Bruilhois ; et du cousté de septentrion à la seneschaulcée de Périgord et rivyère de Dordogne et du Drot ».

[1] Notice par M. Bourrousse de Laffore, de la Société des Lettres d'Agen.

[2] Vol. de Guyenne, p. 1069 pour le texte, et 166 pour le dessin.

Abel Hugo et Malte Brun, dans leurs histoires géographiques de la France, s'appuyant sans doute sur l'orthographe «Staffort» adoptée quelquefois par des écrivains des XVI et XVII° siècles, notamment par Montluc, Balthazar, Cosnac et autres, lui attribuent une origine anglaise.

Ils se trompent certainement ; « Staffort » est bien un nom anglais, puisqu'il existait en Angleterre une ville de ce nom [1]; on trouve dans une charte de 1235 [2] que le roi d'Angleterre choisit pour son mandataire un sieur « de Langdon, archidiaconus de Stafford » ; c'est encore un baron de « Stafford », sénéchal de Guyenne pour les Anglais [3] qui, le 10 décembre 1345, occupa la ville d'Aiguillon qui leur avait ouvert ses portes.

Mais ce « Stafford » ne se rattache en rien à notre « Astafort ». Les Anglais ne sont venus en Agenais qu'en 1152, et Astafort existait depuis bien longtemps déjà; son ancienneté est attestée par les ruines de deux édifices qui remontent au onzième ou au dixième siècle, peut-être plus haut, et sur lesquels furent bâties plus tard les églises de Sainte-Geneviève et de Saint-Félix [4] ; l'emplacement qu'ils occupaient, aux deux extrémités de la ville, prouve qu'à cette époque, un siècle au moins avant la domination anglaise, elle était déjà presque aussi grande qu'aujourd'hui. Son nom était non pas « Stafford » mais « Astafort ».

L'on voit, en effet, qu'Arnaud II, vicomte de Lomagne, d'Auvillard et de Gimoës ou Terride, décédé après 1030, cède à ses fils Odon II et Raymond Arnaud de Lomagne, ses droits sur la seigneurie « d'Astafort ».

Un siècle plus tard, le 23 janvier 1161, le petit-fils de cet Arnaud, seigneur de Terride, de Montaigu et « d'Astafort », lègue par testament quelques biens à l'abbaye de Grandselve ; et, en 1163, il distribue sa fortune entre ses trois fils, Bernard, Arnaud et Guilhem [5] ; Arnaud prend le titre de Montaigu, et Bernard celui « d'Astafort ».

En 1168, ce Bernard d'Astafort fait, du consentement d'Hélias,

---

[1] Le recueil des historiens, t. XII, p. 688, C. année 1102, contient cette phrase au sujet de « Stafford in anglia castrum ». « Protinus illi ducentes milites commendavit, et custodiam Staffordi castri quod in vicinio erat deputavit ».

[2] Acta et fœdera de Rymer, t. I, p. 102.

[3] Il existe encore un « sir Stafford », membre de la Chambre des Communes.

[4] Voir plus loin, ch. III.

[5] Histoire générale du Languedoc, t. I, p. 143.
Les Terride, seigneurs de divers lieux, modifièrent souvent leurs surnoms.

évêque d'Agen [1], donation au monastère de « Portaglonio seu Bulliavo » (Bouillas) [2], des droits de vaine pâture sur son domaine de Marmont [3], et nous voyons reparaître cette famille «d'Astafort» dans diverses chartes, notamment en 1226, 1256, 1259, 1283 et 1286 [4].

L'acte des coutumes lui-même, rédigé en 1304, en pleine domination anglaise, vient appuyer notre opinion ; non seulement il énonce que la charte, alors établie, n'a pour objet que de corriger d'autres coutumes plus anciennes, déjà suivies depuis un temps immémorial, ce qui indique bien l'antiquité de la ville, mais il lui donne son véritable nom de « Astafort » dans le texte roman, et de « Hastafortis, » dans le texte latin, « *Notarius Hastæ-fortis* », y est-il dit.

Cette formule était certainement traditionnelle chez les notaires du pays ; ce n'est pas sans raison que les seigneurs, les consuls, les notables et les scribes de la seigneurie adoptèrent cette orthographe, alors que « Staffort » eût résonné plus agréablement, sans doute, à l'oreille de leur seigneur duc, le roi d'Angleterre.

Les Anglais n'ont donc été pour rien dans la dénomination d'Astafort, il est même à peu près certain que les familles qui ont porté ce nom, l'ont pris à la ville au lieu de le lui donner.

III

ÉTYMOLOGIE DU NOM

D'où vient ce nom ?

« *Stat fortiter* », que nos ancêtres ont pris pour devise, nous ramène, croyons-nous, à la véritable étymologie du nom « Astafort ».

Un village flanqué de deux châteaux-forts, l'un au «Mous», près de l'église Saint-Félix, l'autre à la « Craste », près de l'église Sainte-

[1] Gallia christiania, p. 92.

[2] Ce monastère fondé par les moines de l'ordre de Citeaux, qui s'y occupaient d'agriculture, était situé dans la plaine du Gers, près de Lectoure. Une partie du bâtiment existe encore et sert de ferme. Le lieu porte toujours le nom de Bouillas.

[3] Domaine situé à mi-chemin entre Astafort et Laplume.

[4] Histoire du Languedoc et archives de la Gironde, etc.

Geneviève [1], alors que ni routes, ni déblais n'adoucissaient les pentes escarpées qui descendent au Gers, pouvait bien être pour cette époque, une position forte, « *Statio fortis* », d'où : A STA FORT.

LÉGENDE

Une légende, que racontaient encore les survivants du dernier siècle, attribue au nom d'Astafort une étymologie plus prétentieuse; l'orthographe, adoptée dans les coutumes, semble même l'appuyer, si toutefois elle ne lui a pas donné naissance; nous voulons la reproduire, quelle que soit notre opinion personnelle à ce sujet.

L'étymologie serait « *Hasta fortis* » [2], « forte lance, courageuse épée »; Astafort remonterait ainsi aux Gaulois, ou tout au moins aux Romains, dont la présence dans le pays est attestée par de nombreuses pièces de monnaie découvertes dans la ville ou dans les environs [3].

Un valeureux chef retranché à Astafort, qui n'était, sans doute, alors qu'une simple bourgade, cherchant à barrer aux Romains la vallée du Gers, leur aurait fait lourdement sentir le poids de son épée, et les Romains vainqueurs, qui eurent souvent le mérite de rendre hommage au courage de leurs ennemis, auraient désigné leur adversaire sous le nom de «Hasta-fortis», en souvenir des coups qu'ils en avaient reçus; ce nom, passé du chef à la bourgade, serait resté à la ville.

C'est de la légende; aussi ne donnons-nous cette version que pour ce qu'elle peut valoir.

Nous aurons toutefois, espérons-nous, détruit l'opinion qui attribuait à la ville, une origine et un nom anglais.

---

[1] Le livre terrier du dix-huitième siècle, conservé à la mairie d'Astafort, indique à l'article « marquis de Fimarcon » : « Une mazure de chateau au Mous, confrontant du levant aux meurs de la ville, etc., plus un aultre mazure de chateau à la Craste, nord au cimetière de l'église Sainte-Geneviève, midi et couchant aux meurs; un bâtiment et grange rue du Vert », etc.

[2] Un « civitas Italiæ » du nom de «Hasta», est relatée dans le tome XII des historiens de France (table).

[3] Nous avons en main une de ces pièces, elle a été trouvée par M. Saint-Martin père, maçon à Astafort, sous une épaisse couche de ciment découverte en démolissant une vieille maison. M. Lafontaine, d'Astafort, en possède plusieurs.

CHAPITRE II

I

L'invasion des Francs, celle des Sarrazins, la guerre des Albigeois,
durent fréquemment ensanglanter la plaine du Gers. Astafort,
par sa position topographique, à portée d'Agen et de la Garonne,
dans une vallée qui va jusqu'aux Pyrénées, a dû subir de rudes
assauts : les nombreux squelettes de jeunes hommes que l'on
trouve rangés ou entassés au pied des murailles, toutes les fois que
la pioche s'y engage, en sont une preuve. Malgré d'actives recherches, il nous a été cependant impossible de reconstituer l'histoire
locale des premiers siècles.

II

LES ANGLAIS EN AGENAIS

La seigneurie d'Astafort, nous l'avons déjà dit, faisait partie du
duché d'Aquitaine.

En épousant Eléonore, Louis VII dit le Jeune, avait réuni cette
magnifique province à la France ; son divorce la lui fit perdre.

L'ex-reine de France, en acceptant pour nouvel époux en 1152,
Henri Plantagenet, duc de Normandie, qui devint bientôt roi d'Angleterre, apporta son beau duché d'Aquitaine aux Anglais[1].

---

[1] La partie sud de l'Aquitaine commença vers cette époque à être désignée sous le
nom de Guyenne ; donnée à Richard, elle fut plus tard érigée en duché par Saint-
Louis.

Les conséquences de la faute politique commise par Louis VII en répudiant Eléonore, furent terribles pour nos contrées ; à dater de ce moment, la guerre entre Anglais et Français fut presque continuelle et ne prit fin qu'à la bataille de Castillon, 9 octobre 1453.

L'Agenais, qui avait fait partie du domaine des comtes de Toulouse, depuis 1039 [1], n'était passé dans le duché d'Aquitaine qu'en vertu de titres critiqués par les anciens possesseurs.

Le mari d'Eléonore, au lieu de se contenter de la partie de son nouveau duché, qui ne lui était pas contestée, voulut prendre possession de l'Agenais ; il éleva même des prétentions sur le comté de Toulouse, qu'il disait appartenir à sa femme, comme descendant de la maison de Poitiers. La guerre fut déclarée ; Henri en confia la direction à Richard Cœur-de-Lion, son fils, qui vint s'installer dans l'Agenais [2].

Le château d'Astafort était trop voisin d'Agen pour ne pas être mêlé aux évènements ; il est à peu près certain que des faits de guerre s'accomplirent sous ses murs, car Vezian de Lomagne, l'un de ses coseigneurs, ayant refusé de se reconnaître le vassal du roi d'Angleterre, comme duc d'Aquitaine, fut attaqué par Richard et poursuivi jusque dans Lectoure, en 1181 [3]; V. de Lomagne, vaincu, dut rendre au vainqueur l'hommage qu'il lui avait refusé, et lui prêter serment de fidélité.

Raymond VI, de son côté, était entré en campagne. L'histoire du Languedoc nous fait suivre sa marche dans le Quercy ; la situation des deux partis était cependant critique et ruineuse. Une transaction vint fort heureusement mettre, pour quelque temps, fin à la lutte.

Richard renonça à ses prétentions sur le comté de Toulouse, et sa mère Eléonore donna, en octobre 1196, sa fille Jeanne en mariage à Raymond VI, en lui constituant pour dot l'Agenais contesté [4], sous réserve qu'à défaut de descendance mâle, le comté ferait retour au duché d'Aquitaine.

Du mariage de Jeanne naquit, en 1197, un fils, Raymond VII, qui succéda à son père ; mais Raymond VII n'eut qu'une fille qui

---

[1] L'évêché d'Agen faisait partie du comté de Gascogne dont le comte de Poitiers hérita vers 1039 (domaine Q 1606).

[2] Richard affectionnait, dit-on, particulièrement Biceyras, alors évêque d'Agen.

[3] L'art de vérifier les dates, vol. 2, p. 280.

[4] Raymond VI accorda à l'évêque d'Agen le droit de battre une monnaie qui fut appelée arnaldèze, hist. du Lang. 6, p. 174.

fut aussi appelée Jeanne ; comme condition du traité de Meaux [1], il dut lui assurer la partie du comté de Toulouse et l'Agenais qui lui étaient laissés par le traité, mais il en conserva l'usufruit sa vie durant[2]; Jeanne, ainsi dotée, fut mariée à Alphonse de Poitiers, frère de Saint-Louis.

Cette disposition arbitraire fut bien respectée pendant la vie de Raymond VII, mais lorsque, vers la fin de 1249, il mourut sans laisser de descendant mâle, le roi d'Angleterre, considérant comme réalisée la condition de retour réservée par Eléonore, s'empressa de revendiquer ses droits sur l'Agenais comme duc d'Aquitaine, et d'en contester la possession à Alphonse de Poitiers; nous trouvons dans Rymer [3] l'acte de « terra aginnensis petenda », par lequel il charge Simon de Montfort, comte de Leicestre, de revendiquer des exécuteurs testamentaires du comte de Toulouse, la possession du comté d'Agenais « qui lui revient de droit » (13 décembre 1249).

Sur le refus d'Alphonse de Poitiers d'accéder à cette réclamation, la guerre éclate ; le vicomte Othon de Lomagne, l'un des seigneurs d'Astafort, voulut rester fidèle au serment que son père avait dû, cinquante ans auparavant, prêter au duc d'Aquitaine; il se déclara l'homme lige du roi d'Angleterre Henry III, qui, par une lettre du 13 Avril 1253 [4], engagea l'archevêque d'Auch à respecter et à faire respecter les droits de son ami O. de Lomagne, dans le comté d'Armagnac et de Fézensac.

Rentré en France, au retour de la Palestine, Louis IX mit fin aux réclamations du roi d'Angleterre, en lui abandonnant immédiatement quelques villes du Quercy, une redevance équivalant aux revenus de l'Agenais, et la réversibilité de cette province après la mort d'Alphonse de Poitiers et de sa femme; toutefois, il se réservait les régales des évêchés, et l'hommage direct des communautés

---

[1] A la suite d'une guerre malheureuse avec le roi de France, Raymond VII dut signer, le 12 avril 1229, à Meaux, un traité par lequel il abandonnait immédiatement à la France une partie du Languedoc, et confiait au roi Louis IX, Jeanne, sa jeune et unique fille, que le roi aurait le droit de marier à l'un de ses frères. Il assurait en même temps à Jeanne le reste de son comté de Toulouse, même pour le cas où il aurait plus tard un fils, et aussi l'Agenais (Boutaric, histoire d'Alphonse de Poitiers).

[2] Quelques mois avant sa mort, le 27 septembre 1249, Raymond VII faisait brûler à Agen 80 hérétiques.

[3] T. I, p. 159.

[4] Rymer, t. I, p. 172.

et de certaines seigneuries; le traité de paix signé à cette occasion le 20 Mai 1259, est donné en entier par Rymer, t. I, 2ᵐᵉ part., p. 45; en voici un extrait :

III

TRAITÉ DE PAIX 1259

« *Forma pacis inter Henricum III Angliæ regem et Ludovi-* « *cum IX regem Françiæ* ».

« 1° Li rois de France donra al roi de Angletere tote la droiture que li rois de France a et tient en ces trois eveschez.

. . . .

« 2° Et encore li devant dit rois de France donra al roi de Angletere la value de la tere de Agenais en deniers chaque an, selon ce qu'ele sera prisée, à droit value de tere, par preudes homes Nomez d'une part et d'autre. . . . .

« Et s'il avenait que la tere eschaist, de la comtesse Johanne de Poitiers, au roi de France ou à ses heires, il serait tenuz, ou ses heires de rendre la au rois de Angleterre ou à ses heires.

« Et rendu la tere, il serait quittes de la ferme. — Et s'ele venait à autres qu'au roi de France et à ses heires, il donrait au roi de Angleterre le fic de Agenais avec la ferme devant dite, et s'ele venait en domaine al roi de Angleterre, li rois de France ne serait pas tenuz de rendre cette ferme. . . . . . .

. . . .

« Vingt mai, mil deux cent cinquante-neuf. »

Le 6 septembre suivant ce traité fut confirmé, et l'estimation contradictoire des revenus de l'Agenais fut faite par expert, en exécution de l'une des clauses du contrat. Rymer[1] donne la sentence, datée du 20 septembre 1261, qui évalue l'Agenais à « tria millia septeicentes libras, octo solidos, sex deniers » (3720 livres, 8 sols, six deniers).

Cette convention, modifiée sur quelques points par des actes de 1263 et 1264, reproduits aussi par Rymer, fut bien respectée pendant la vie du comte de Poitiers, le roi d'Angleterre vint même à Paris le 9 août 1269 [2] rendre son hommage au sujet de la terre agenaise,

[1] T. I, p. 65.
[2] Rymer, v. I, p. 179.

dans les conditions de ce traité [1]. — Mais Alphonse de Poitiers et sa femme étant morts sans enfants, en août 1271, les choses changèrent de face.

Philippe le Hardi, qui venait de monter sur le trône de son père Saint-Louis, recueillit l'héritage du comte de Poitiers [2], son oncle et, sans se préoccuper de la Convention de 1259, il s'empara même de l'Agenais, malgré les protestations d'Henri III, roi d'Angleterre.

On trouve dans Rymer [3] plusieurs actes datés de Westminster et de la tour de Londres, du mois d'octobre de cette même année 1271, par lesquels les Anglais, rappelant les principaux articles du traité conclu avec St-Louis, constatent la légitimité de leurs droits sur le comté d'Agenais et somment Philippe de renoncer à ses prétentions.

Guillaume de Cohardon, sénéchal de Carcassonne, n'en fut pas moins chargé par le roi de France de prendre possession du comté ; les communautés et les seigneurs de l'Agenais lui facilitèrent sa tâche.

Par un acte que nous avons copié aux archives nationales [4], la plupart d'entr'eux vinrent, le jour de la St-Martin 1271, rendre leurs hommages au roi de France en sa qualité de comte d'Agenais.

Les seigneurs d'Astafort et divers membres de leur famille figurant dans ce précieux document, nous avons voulu en donner un extrait.

IV

ADHÉSION DES SEIGNEURS DE L'AGENAIS

De Juramento baronum et militum et prelatorum et nobilium terræ aginnensis.

---

[1] Voici en quels termes la Chronique de Flandres (vol. 22, p. 343 des Historiens des Gaules), raconte son voyage :

« ...Or vous vault-je ung petit acompter d'une grande courtoisie et bonté dont le noble roys de France Saint-Loys voult besoingnier ce qui a conscience remordoit fust partant pais accordée, tantot après vint à Paris le roy Henry, où le roy Sainct-Loys le festoya depus la Sainct-Martin d'hyver... »

La Chronique de Rheims, contenue à la page 325 du même volume, dit de son côté :

« ...Et pour ceste roison fist li rois pais au roy d'Angletierre et boine accorde et vindrent en France li rois et sa femme et ses flus, et furent à Paris autour le Sainct-Martin l'an de grace MCCLXXI... et de cose li fist li rois d'Angletierre houmage à Paris, en sa maison, voyant tout le peuple... »

[2] Testament d'Alphonse de Poitiers, juin 1270. Archives nationales, K. 33, H. 14.

[3] Rymer, vol. I, p. 119 et suiv.

[4] Arch. nat. Carton Q, n° 606.

Noverint universi quod baronibus et militibus et aliis nobilibus et prælatibus et comitatibus (*sic*) et generalii Curia Aginnensi convocatis apud Aginnum , ad crastinum beati Martiny hivernalis (MCCLXXI), coram domino **W.** de Cohardone milite senescalo Carcassonæ et Bitteris, regente pro domino rege francorum, comitatum Tolosanum et terram Aginnensem, ad jurandam fidelitatem excellentissimo domino Philippo, Dei gracia regi francorum illustri, contra omnes, homines qui possent vivere vel mori ut debebunt, etc . . . . . .

Ita juraverunt omnes isti videlicet :

Dominus Arnaudus de Monte-Acuto, baro; dominus Galterius de Fossat, baro; dominus Raterius de Dureforte, baro; dominus Arnaudus de Bieuvila , baro ; dominus Arnaudus de Marmanda, baro; Guilhelmus Raymondi de Pinibus, domicellus; dominus Guiraudus de Casali-Bono, miles; dominus Bernardus de Rovinhano[1]; R.-B. de Duro-Forti[2], dominus de Clarimonte, baro; Ramfredus de Monte-pensato ; dominus Gaubertus de Thesaco, miles; Gaubertus de Thesaco, domicellus; Bonaffocius de Fossato, pro se et Ammanevo fratre-suo ; dominus B. Dure fortis [1], dominus Clarimontis, baro ; dominus en Esclamal, baro; Amenevus de Madilano, dominus de Cancone; Guilhelmus en Esclamal, domicellus; R. Bernard de Rovinha [2], domicellus; Hugo de Revinhano[2], domicellus; Grimardus de Belenes ; Guilhelmus Ferrioli; Armandus Raymondi de Aspro-Monte : Hugo de Pujolibus, domicellus ; Guilhelmus Raymondi de Santa-Marthia; Gaubertus de Fumelo; Esquivu de Fumello; Raymondus Guilhelmi Ore; Vitalis de Pinibus ; dominus Fortanerius de Casa-Nova, miles ; Augerius de Podio Barsaco, domicellus [3] ; Aymenius de Prexano, miles; Galardus de Prexano, miles, pro se et Armando, fratre suo ; Bertrandus de Feg, miles. Bertrandus de Basencs, miles; Bos de Revinhano[2], de Grandi-Castro[4], miles; Otho de Rovinhano de Grandi-Castro, miles; Gaufridus de Falgairolis ; Armandus de Abbati, miles ; Bertrandus de Fossato , domicellus ; Padellus de Feyssüs , domicellus ; Guilhelmus-Raymondi de Revinhano[2], miles ; Agnesius de Villota, miles ; Vesianus de Lomanha [5] domicellus ; Bertrandus de Turre, miles ; Vitalis de Filartiga, miles ; Bertrandus de Favolz, miles ; R. Bertrandus de Cazalibus, miles ;

---

[1] Durfort, des seigneurs d'Astafort.

[2] Révignan des seigneurs d'Astafort.

[3] Puy-Barsac, seigneur d'Astafort.

[4] Puymirol.

[5] Vesian de Lomagne, seigneur d'Astafort.

Bertrandus de Basencs, miles ; Galardus de Tantalone, miles ;
Raymondus Guilhelmus Lor, domicellus ; Hugo de Revinhano,
domicellus ; Raymondus Hugonis de Salvesio, miles ;
Alexat de las Venas, miles ; Armandus Pagani, miles ; Armandus Garsias de Thoars, domicellus ; R. Bernardus Fumelli,
domicellus ; Gallardus de Aura, miles ; Otho de Beduel, miles ;
Guilhelmus de Casa, miles ; Gallerus de Prexano, miles ;
Geraldus de Monte faventio, domicellus ; Gaufridus de Felgairolis, miles ; Gaubertus de Prexano, domicellus, pro se
et Augerio prainho suo et pro Geraldo de Prexano, fratre
suo ; R. B. de Savinhaco, miles ; Bernardus de Savinhaco,
domicellus ; Petrus de Padiernis, domicellus ; R. B. de
Arneto, miles ; Amaneus de Prexano, miles ; Hugo de Prexano;
domicellus ; Amaneus de Biracho, domicellus ; Jehan de
Prexano, domicellus ; Amelius de Rocha, miles ; Guilhelmus
de Balens, dominus de Casa-Nuel ; Jordanus de Rocha, domicellus ; Galarius de la Rocha, domicellus ; Guilhelmus Petri
Basens, domicellus; Guilhelmus de Pinibus, domicellus;
Bertrandus de Cantirano, domicellus ; Arnaudus de Augunho,
domicellus, pro se et actor de Lunalis, fratre suo ; Petrus
de Cusorn, miles ; Arnaudus Gassias, domicellus; Bernardus
de Castelone de Claremonte Superiori, miles ; Augerius de
Podio Barsaco[1], de Claremonte Superiori, miles ; dominus,
Armanus, dominus de Felgairolis, miles, pro se et Bertrando
fratre ejus, milite, infirmo ; Galabranus de Ligardes, miles ;
Gaubertus de Clairaco, domicellus; Gaillardus de Villera,
domicellus ; Guilhelmus Gauteri de Paiolibus, miles ; Arma-
neus de Biracho de Calongis, domicellus, pro se et domino
Fernandi de Ferreria, milite, fratre suo.

Actum apud Agennum in domo Templi[2] anno quo supra
et die, in testimonio eorumdem et prædicti magistri Bartho-
lomei clerici domini regis, judice Carcassonæ, et mei Petri de
Parisius, notarii ante dicti, qui omnibus predictis interfui,
hanc cartam scripsi, regnante Philipo Rege Franciæ et
signavi.

Henri III d'Angleterre mourut pendant le débat, « le mercredi soir,
jour de la fête de Saint-Edmond, confesseur », en 1272.

Son fils, Edouard Ier, étant venu, à l'occasion de son avènement
au trône, rendre à Philippe III roi de France son hommage pour le

---

[1] Puy-Barsac, des seigneurs d'Astafort.

[2] On croit que l'ancienne maison de M. Aunac, banquier, qui a été récemment
démolie pour livrer passage au Boulevard, était bâtie sur l'emplacement de ce Temple.

duché d'Aquitaine, fut assez habile pour se faire promettre la restitution de l'Agenais.

« Seigneur Roi, dit-il, à genoux et les mains dans celles du suzerain, je vous rends hommage pour toutes les terres que je tiens et dois tenir de vous ; » faisant, par sa dernière phrase, allusion à l'Agenais.

Le roi de France, flatté de cette soumission, et touché de l'humilité de la formule employée par Edouard, promit d'examiner la question et de faire droit à sa réclamation, si elle lui paraissait équitable.

La réflexion fut toutefois longue ; trois ans après seulement, le 8 juin 1275, purent être nommés par le roi d'Angleterre, les mandataires chargés de régler, avec les représentants du roi de France, les conditions de la cession [1], et ce n'est que le 23 mai 1279, que l'acte définitif de restitution fut signé à Amiens [2]; en voici un extrait :

V

TRAITÉ DE PAIX DE 1279

« Come nostre chier cousin et nostre feau Edward, roy d'Engleterre, sire d'Islande et duc d'Aquitaine, nous requeist et demandast que nous, selonc la fourme de la pes qui jadis fut fete entre nostre père et le son, de noble remembrance, c'est assavoir Loys jadis roys de France et Henry jadis roys d'Engleterre, li rendissons et delivressons la terre d'Agenais laquele nous estoit veneue après le décès de nostre oncle Alfons, jadis conte de Poitiers, et de la contesse Johanne, etc.

. . . .

« Et nous, en confirmant et en prouvant le serement que nous fusimes jadis, ou ceus que la devant dite pes fu fete entre nostre père et le sien, de cele pes tenir et garder promettons par celui mesme serement à tenir et à garder, et acomplir fermement et establement totes les choses qui en ceste pes sont contenues e tous les articles qui sont contenuz en la pes qui fut fete entre nos père, etc., etc...

« E en temoignage de totes ces choses, nous avons doné au

[1] Rymer, vol. I, p. 147.
[2] Rymer, t. I, p. 179.

dit roy d'Engleterre nostre cousyn, ces presentes lettres scelés de nostre scel. E fuit fet à Amiens le vintetroisieme jour de mai, en l'an nostre Seigneur mill deus cenz septante neuf.

Les ordres sont alors donnés aux seigneurs de l'Agenais de reconnaître l'autorité du roi d'Angleterre. Quelques-uns résistent et se plaignent; mais il fallut céder ; Labrunie rapporte que la remise officielle du comté d'Agenais fut effectuée par Philippe le Hardi à Guillaume de Valence, mandataire du roi d'Angleterre, en séance solennelle, dans une assemblée tenue à Agen, au cloître des Jacobins. « Je crois, ajoute Labrunie, avoir lu dans Labénazie que, de son temps, on voyait encore cette cérémonie peinte dans un grand tableau qui se trouvait dans le réfectoire. »

Edouard entra de fait en possession de son nouveau comté, et nous le voyons faire, en 1281, acte d'autorité au sujet d'Astafort, en règlementant la vente du sel [1].

« *26 mai 1281 — Edouardi Ier menbrana 9* »

« *Pro hominibus castri asta-forti admittentis in compositionem* « *super facto emendi et vendendi sal* [2] ».

L'amitié des deux rois devait être en ce moment très grande, car Philippe, roi de France, ordonnait, le 6 juillet 1286, que tous les « appeaux » des pays de l'Agenais fussent portés devant le roi d'Angleterre Edouard, pendant toute sa vie [3].

VI

HOMMAGES DES SEIGNEURS D'ASTAFORT A ÉDOUARD

Les seigneurs de l'Agenais furent appelés à rendre hommage à Edouard à son titre de nouveau duc de Guyenne ; les actes qui constatent l'accomplissement de cette formalité ont été publiés en entier dans les archives historiques de la Gironde [4].

---

[1] Rôles gascons, vol. I, p. 12.

[2] Ces règlements s'appliquaient à la vente en gros. La vente au détail était libre ; nous avons lu et copié aux archives nationales, un acte par lequel Jean Ier autorise la communauté de Dunes à se pourvoir de sel à Layrac ou à Castelsarrazin.

[3] Rymer, t. I, 3me s., p. 38.

[4] Tome I, p. 349 à 387.

La seigneurie d'Astafort était alors détenue en paréage par six co-seigneurs, savoir : N... de Puybarsac ; Bernard Moys ; Arnaud de Latour ; Vivian de Lomagne, qui fut représenté par son tuteur Salabrun de Bolenx ; Guillaume de Lomagne, qui agit avec l'assistance de Bernard de Révignan son oncle, et Raymond de Latour.

Tous remplirent cette formalité ; nous croyons intéressant de mettre sous les yeux de nos lecteurs quelques-uns de leurs actes.

C'est à Agen que les hommages furent rendus le 16 novembre 1286.

> « Domino Edouardo Angliæ rege, tanquam Aquitaniæ duce Agenesii que domino ; Anno domini millesimo ducentesimo octuagesimo sexto ».

HOMMAGE DE N... DE PUY-BARSAC (DURFORT)

Item [1] dominus de Podio Barsaco, miles, dominus d'Astafort, in parte sua, recognovit se tenere, cum partionariis suis dicti castri, a dicto domino rege, castrum d'Astafort, cum pertinenciis, exceptis suis decimis quas tenet de ecclesia, ipse et sui partionarii ; pro que castro, cum partionariis suis, tenetur facere homagium et unum militem de exercitu, quando communis exercitus Agennensis exit, et decem libras Arnoldenses, vel centum solidos Morlanos, in mutatione domini Agenii. Et sciendum quod alter condominorum debent facere, in persona propria, dictum exercitum, quod prædicti domini sunt et debent esse immunes, cum uno milite seu scutifero, armato equo et armis.

HOMMAGE DE BERNARD MOYS

Item [2] Bernardus Moyss, domicellus, recognovit se tenere a domino Agenesii castrum de Astaforti cum pertinensiis suis, una cum partionariis suis ; pro quo recognovit se debere

---

[1] De même, le seigneur de Puy-Barsac, chevalier, seigneur d'Astafort, pour sa part reconnaît tenir, avec ses « copartionnaires » du dit château, du dit seigneur roi, le château d'Astafort avec ses appartenances, excepté ses dîmes qu'il tient de l'Eglise, lui et ses partionnaires ; pour lequel château, avec ses partionnaires, il est tenu de faire hommage et de fournir un chevalier d'armée, quand l'armée commune de l'Agenais sort ; et dix livres arnaudins ou cent sous morlans, à la mutation du seigneur d'Agenais ; et il doit être su que les autres seigneurs doivent faire le service, en leur propre personne, et que les predits seigneurs sont et doivent être indemnes avec un chevalier ou un écuyer équipé du cheval et des armes.

[2] Bernard Moys, damoiseau, reconnaît tenir, ensemble, avec ses partionnaires, du seigneur d'Agenais, le château d'Astafort avec ses appartenances, au sujet duquel il

facere, cum partionariis suis, centum solidos morlanos in mutatione domini Aginnensis, de quibus dixit quod ipse debet decem solidos morlanos. Recognovit etiam se debere facere, cum suis partionariis, unum militem seu scutiferum de exercitu, quando communis exercitus fit in Agenesio, secundum consuetudinem Agenesii, et nihilominus sacramentum fidelitatis et homagium.

HOMMAGE DE ARNAUD DE LATOUR

Item Alnaldus de Turre recognovit se tenere a domino Agenesio illud quod habet in castro Astaforti et juridictione dicti castri, pro quibus recognovit se debere decem solidos currentis monetæ per diocezim Agenesii, quando dominus Agenesii mutatur, et unum militem de exercitu, cum partionariis suis, quando exercitus mandatus per diocezim Agennensem, et sacramentum fidelitatis et homagium.

Suivent les hommages de :

« *Salabranus de Bolenx, tutor de Leomaniæ* **ad præsentem** *recognitionem faciendam etc.*

« *Guillelimus de Leomaniæ et d'Astaforti, cum consilio et voluntate Bernardi de Revignano avunculi sui presenti etc.*

« *Ramundus de Turre.* »

Les expressions diffèrent, mais le fond de tous ces actes est le même :

Les seigneurs doivent fournir ensemble, chacun dans des proportions différentes qui sont fixées à un dixième pour Arnaud de Latour et aussi pour Bernard Moys, cent sous morlans ou dix livres arnaudines, à la mutation du comte d'Agenais, et un chevalier équipé et armé en temps de guerre.

On verra, par la lecture des coutumes d'Astafort, qu'ils s'étaient par contre, obligés envers les habitants, à faire personnellement, pour leur compte, le service militaire, toutes les fois que le seigneur souverain lèverait une armée ; pour les indemniser de leurs fatigues, de leurs dépenses et des dangers auxquels ils s'exposaient, les habitants solvables devaient leur payer, au retour de la guerre, s'ils en

reconnaît devoir fournir, avec ses copartionnaires, cent sous morlans, au changement du seigneur d'Agen ; sur lesquels il dit devoir personnellement dix sous ; il reconnaît aussi devoir fournir, avec ses partionnaires, un chevalier ou un écuyer d'armée, quand l'armée commune est levée dans l'Agenais, et en même temps le serment de fidélité et l'hommage.

revenaient, ou à leurs héritiers, s'ils étaient tués, trois sous par feu,
pour chaque période de quarante jours de campagne.

VII

ÉDOUARD II ET PHILIPPE IV DIT LE BEL.

Nous l'avons déjà dit, la réconciliation n'était jamais que passagère et apparente entre la France et l'Angleterre; l'Agenais suppor-
tait plus difficilement encore que le reste de l'Aquitaine, la domination de l'étranger.

Une rixe survenue à Bayonne entre matelots français et anglais,
servit cette fois de prétexte de rupture.

Le roi de France Philippe se plaignit au duc de Guyenne des
mauvais traitements qu'il faisait supporter à ses sujets; en 1293 il
lui envoya une sommation de venir à Paris, le 20e jour après Noël,
pour répondre aux reproches qui lui seraient adressés par ses
sujets, et plus particulièrement par les habitants de l'Agenais,
représentés par « M° *Raymundum de Lecussano advocatum de
Agenesium* [1] ».

Le terme assigné pour la comparution était à peine expiré, que
le duc de Guyenne ne s'étant pas présenté, Philippe fit procéder, « le
lendemain de la Chandeleur », à la saisie de la Guyenne.

Vainement Edouard chargea-t-il le comte de Lancastre d'aller porter à Philippe ses excuses et ses soumissions, d'offrir même, en gage
de ses promesses, plusieurs villes, entr'autres Penne, Puymirol,
Monflanquin, etc. Vainement fit-il demander à Philippe, sa sœur
Marguerite en mariage; le roi de France, qui avait en vue la reprise
totale de la Guyenne, accepta bien les villes qui lui étaient ainsi
offertes, promit même secrètement sa sœur à Edouard, avec la Gascogne pour dot, mais il n'en continua pas moins à s'emparer des
autres places qui ne lui étaient pas offertes.

Une transaction arrêtée le 20 mai 1303 mit, pour quelque
temps, un terme à la lutte; le mariage d'Edouard, roi d'Angleterre,
avec Marguerite de France fut enfin réalisé, malgré les protestations
de divers seigneurs, parmi lesquels figurent Othon de Lomagne et

---

[1] Rymer, t. I, 2me partie, p. 122.

Rainfroid de Durfort, qui se plaignaient à Philippe du préjudice qu'il leur avait causé en disposant de la Gascogne au profit de sa sœur, sans les avoir consultés [1].

De plus, Philippe fiança sa fille Isabelle au fils d'Edouard, et les deux monarques, espérant ainsi faire disparaître toute cause ultérieure de conflit, constituèrent en dot, chacun de son côté, à leur enfant, le même duché de Guyenne dont la propriété était disputée.

C'est pendant cette période de calme que furent rédigées en 1304 les coutumes d'Astafort.

L'arrangement sage et raisonnable qui venait d'être conclu semblait promettre aux deux pays une paix durable; un acte public [2] confirmait même en 1306 l'abandon de l'Agenais au duc d'Aquitaine; on paraissait devoir rester d'accord et cependant dès 1312 la guerre avait déjà recommencé.

Quel fut le rôle d'Astafort pendant cette guerre?

Aucun document n'a pu nous le faire connaître. Les Anglais durent toutefois rester les maîtres de la ville, car Bertrand du Gout, vicomte de Lomagne, ayant rendu, à cette occasion, de signalés services au roi d'Angleterre, reçut de lui, à titre de don gracieux, pour une durée de dix ans, divers domaines, entr'autres les droits à hommages, à serments et autres devoirs, dus par Vézian de Lomagne et Bernard Durfort, seigneurs d'Astafort [3].

Lorsqu'en 1318 fut dressé un état des villes et châteaux dépendant de la couronne d'Angleterre, la place d'Astafort figure encore sur la liste à côté de Fleurance, de Lamontjoie, de Francescas, etc.

Pendant le règne de Louis X et de Philippe V, la paix ne semble pas avoir été sérieusement troublée et nous n'avons pu découvrir aucun fait intéressant pour Astafort [4].

La bastide de Saint-Sardos, construite sur une terre de l'Agenais, dont les gens du roi de France et ceux du roi d'Angleterre se prétendaient également propriétaires, fut la cause d'une rupture.

Le seigneur de Montpezat, aidé de 200 barons et du sénéchal anglais, assaillit la bastide, qui fut prise et rasée en 1323 ; ses défenseurs, simples soldats et chevaliers, furent passés au fil de l'épée, le procureur du roi de France lui-même fut pendu à côté des

---

[1] Rymer, v. I, p. 103.

[2] Rymer, v. I, p. 110.

[3] Acte donné en entier par Rymer, vol. II, p. 25.

[4] Rymer, v. I, p. 150.

panonceaux royaux ; c'est au château de Montpezat que les vainqueurs transportèrent leur butin [1].

Il n'en fallait pas davantage pour rallumer la guerre ; Charles IV, roi de France, adressa aussitôt aux villes de l'Agenais un appel pressant, pour les engager à l'aider dans sa campagne contre les Anglais [2]; il demandait en même temps des subsides aux abbayes du comté, notamment à celles de Layrac et de Moirax [3].

De son côté, le roi d'Angleterre adressait, le 25 février 1324, aux comtes d'Armagnac et aux consuls des diverses villes de la Gascogne, entr'autres à ceux d'Astafort, des lettres pour faire appel à leur dévouement [4].

Astafort resta attaché au parti anglais ; et, en récompense de sa fidélité, Edouard II, par lettres patentes du 12 mai suivant, déclara cette ville directement attachée à sa couronne [5].

Les habitants d'Astafort méritaient bien cette distinction ; nous allons leur voir jouer, dans la guerre qui vient de commencer, un rôle qui donne la mesure de leur attachement au duc de Guyenne.

---

[1] **Voici** en quels termes la Chronique de Jean de Saint-Victor (Historiens de France, **vol. 21, p. 683**), raconte ce fait :

> « En l'an MIIICXXIII li rois Karle (Charles IV monté sur le trône de France le 3 janvier 1323). En cel an, avoit une grande descorde entre les gens du roy de France et du roy d'Engleterre, en gascoigne quar I nobles homs, sires de Montpezat, avoit fermé une bastine en I lieu appartenant au roy de France sans moien, si com les gens du roy disoient, cil du roy d'Engleterre disant au contraire. Dont sentence fu donnée par le roy de France. Et lors icilz nobles homs appela en son aide le seneschal du roy d'Engleterre ; et a force d'armes assaillirent et entrèrent en celle bastide, et tous ceux que ils trouverent là du roy de France occirent et pendirent, si com di fu des plus gros, et destruisirent ladite bastide, et portèrent tout ce qui la dedans estoit au chastel de Montpezat, etc. »

Les auteurs de nos principales histoires générales de France rapportent la même version.

Les uns et les autres se trompent cependant ; M. de Bréquigny, se basant sur des documents authentiques, qu'il cite dans un mémoire extrait du vol. 41 des registres de l'Académie royale des Inscriptions et Belles Lettres (année 1780), rétablit les faits dans leur exactitude rigoureuse.

Le territoire de Saint-Sardos (Saint-Sacerdos), enclavé dans l'Agenais, appartenait à l'abbaye de Sarlat, qui y possédait un monastère ; inquiet sur le sort de ce domaine, l'abbé de Sarlat donna le territoire de Saint-Sardos en paréage au roi de France, pour s'assurer sa protection contre les ducs d'Aquitaine, alors possesseurs de l'Agenais ; et c'est le roi de France qui voulut y construire la bastide que le seigneur de Montpezat finit par raser (Voir aussi Rymer, t. II, p. 103, 2mo partie).

[2] Rymer, vol. II, p. 38, 2me partie.

[3] Rymer, vol. II, p. 60, 2mo partie.

[4] Rymer, t. II, p. 82.

[5] Rymer, t. II, p. 98, 2mo partie.

VIII

SIÈGE D'ASTAFORT DE 1324

Le roi de France était déjà entré en campagne; Agen, Condom et diverses places de l'Agenais étaient en son pouvoir; Astafort refusa de se rendre et lui ferma ses portes; la ville fut assiégée; les habitants, soutenus par les seigneurs V. de Lomagne et Arnaud Durfort[1], résistèrent vigoureusement; et, supportant héroïquement les horreurs d'un long siège, ils tinrent en échec pendant plusieurs mois, sous leurs murs, les soldats du roi de France.

A bout de force et de ressources, les défenseurs d'Astafort furent cependant obligés de capituler; la ville fut prise par les Français, en janvier 1325.

Ce fait d'armes est visé dans une lettre du 18 février 1325, conservée aux archives de l'Echéquier « Chapter House », et relevée par M. Delpit[2]; en voici un extrait :

> « *Lettre de Jean Travers, écrite de Bordeaux à Hugues le Despencer, pour lui rendre compte de la situation des esprits et des préparatifs des Français.* »

> « Très cher sire, les Franceys par decea tiennent et gardent molt malement la soffrance e soy garnissent e soy efforcent au plus fort que eux puente de...... chozes por le guerre, et ont pris le chasteu de Hasteford, de mons Ernaut Durford, cheveteyne de la vile e chasteu de Pene en Ageneys ; lequel chasteu de Hasteford...... ont tenu assetge bien des moys e orens, a ces que l'om dit, sont alez assetger le chasteu e lieu de Madaillan de moss Amaneu du Fossat, cheveteyne de la viele e chasteu de Puymirol, si come Wylliam de la Laude, vallet de nostre segnur Roy, porteour de ceste lettre, qui voit vers li, vous porra dire plus pleinement par boche, et tot l'estad de la terre de cea, la quele est du tot desgarnie de quant que li est besoigne . . . .

> . . . .

> « Et les Franceys ont ja comense a fayre cco, en les viles et lieux qu'eux tiennent en la duché, et si est besoign, sire, que le dit nostre seignur Roy fasse garnir par de cea sa terre de

---

[1] Durfort avait déjà tenu tête aux Français dans le château de Penne.

[2] P. 59.

nefs, de gens de divers, de vitaylles, de engins, de espingale, d'arcxs et d'autres armaures et qu'il envoye les mestres a ceo nécessayrez, toz ceux qu'il porra. Et sur tot sa venue li seroyt molt aprofeytable par de cea, si il meysmez i poeyt venir, bien garni, si come il apient a li e come ji li ay autrafoiz escrit......

« Escrite a Bordeux le primer jour de feverrier, l'an XVIII (1325).

On le voit par cette lettre, la situation des Anglais était, en ce moment, très mauvaise dans l'Agenais.

C'est en vain qu'Edouard adressait, quelques mois plus tard, à la noblesse de Gascogne, et notamment à Arnaud de Durfort des félicitations sur leur bravoure.

Les Anglais n'en furent pas moins battus et chassés de l'Agenais; Edouard II n'y rentra jamais.

Un traité signé à Amiens entre le roi de France Charles IV et Edouard III, récemment monté sur le trône de son père[1], suspendit enfin les hostilités.

Charles de France abandonna la Guyenne au roi d'Angleterre, mais il conserva l'Agenais.

IX

PHILIPPE DE VALOIS

Comme d'habitude, la trève devait être de courte durée; Charles, le dernier des fils de Philippe IV dit le Bel, venait de mourir, le 31 janvier 1328, laissant enceinte sa femme Jeanne d'Evreux; avant sa mort, il avait lui-même désigné comme régent de France, jusqu'à la délivrance de la reine, son cousin Philippe de Valois, fils du second fils de Philippe le Hardi; ce fut une fille qui naquit; la loi salique excluant les femmes du trône, la succession de Charles VI se trouvait vacante.

Lé régent, Philippe de Valois et Edouard III, roi d'Angleterre, se mirent sur les rangs pour l'obtenir; Edouard s'en prétendant

---

[1] Edouard II fut déclaré déchu du trône, par les barons d'Angleterre, qui proclamèrent roi son fils, Edouard III, le 24 janvier 1327.

seul héritier légitime, à son titre de fils d'Isabelle, sœur de Charles
le Bel, mariée, nous l'avons dit plus haut, à Edouard II.

Rymer contient, dans le vol. 2, p. 174 et suivantes, le texte des
avances faites et des déclarations adressées par Edouard aux seigneurs gascons, pour établir ses droits et ses prétentions sur la
couronne de France, et pour les engager à se déclarer en sa faveur.

C'est en vain qu'il offrit trêve et paix le 11 Avril 1328 à « ceux de
la Gascogne » qui viendraient à lui ; des états généraux convoqués
à Paris écartèrent les prétentions d'Edouard, comme fils d'une
femme légalement exclue du trône, et proclamèrent roi de France,
Philippe VI de Valois.

Edouard dut, la rage au cœur, venir le 6 juin 1329, dans la cathé-
drale d'Amiens, rendre à genoux au nouveau souverain, son hommage pour tout ce qu'il possédait dans l'Aquitaine [1].

Les comtes d'Armagnac, d'Albret, de Montaigu et quelques autres
seigneurs gascons assistaient à la cérémonie, qui fut suivie de fêtes
magnifiques.

A cette occasion, le roi de France, par lettres patentes de
1330, accorda leur grâce aux nobles de la Guyenne, et entre
autres à Arnaud Durfort, l'un des seigneurs d'Astafort qui, dans
la guerre, avaient pris parti pour les Anglais contre la France [2].

Mais la paix ne pouvait pas durer longtemps, la rancune couvait
toujours dans le cœur d'Edouard III ; le 21 août 1337, il renou-
vela ses prétentions au trône de France et déclara de nouveau la
guerre à Philippe de Valois ; on le voit s'intituler, dans un acte du
21 juin 1340 [3], roi de France et d'Angleterre, se prétendre encore
seul légitime propriétaire, par sa mère, de la couronne de France
que Valois a, dit-il, « usurpée et qu'il ne détient que par la force » ;
il engage les cités, les comtes et toute la noblesse de la Gascogne
à l'aider à faire valoir ses droits.

Quelques seigneurs répondirent à son appel, entr'autres
« *Vesianus de Lomanha, dominus d'Estafort, et Guillelmus
d'Astafortis* »[4]; l'on verra plus bas qu'ils restèrent fidèles à leur
promesse.

---

[1] Rymer, vol. I, p. 27.

[2] Rymer, vol. II, 2ᵐᵉ partie.

[3] Rymer, vol. I, p. 77.

[4] Nous extrayons des Rôles gascons, vol. I, p. 105, la note suivante : « **Membrana 26
— 1341. Pro Guillelmo d'Astaforti habendo trecentas libras turonenses annuatim de
exitibus parti loci de Montjoue, et Ballive de Podio mirolli — teste apud Langele 8 die
junii.** »

X

NOUVEL ASSAUT D'ASTAFORT

Pendant que les deux rois combattaient dans le nord, Jean, duc de Normandie, fils de Philippe, s'était jeté dans la Guyenne ; il avait déjà conquis les principales places de la rive gauche de la Garonne, lorsque, pour arrêter sa marche, Edouard III envoya à sa rencontre, Henri de Lancastre, comte de Derby, qu'il venait de nommer son lieutenant en Guyenne le 8 mai 1345 ; Derby débarqua à Bayonne et vint, à petites journées, à la rencontre des soldats du roi de France,

La place d'Astafort, commandée par deux de ses co-seigneurs, Lomagne et Durfort, s'était, à l'approche de Derby, déclarée pour les Anglais[1]. Elle tenait toujours, lorsque Jean, rappelé par les malheureux événements du Nord, dut lever le siège d'Aiguillon, le 20 août 1346 et abandonner l'Agenais. Derby, de son côté, n'ayant plus d'adversaires sérieux à combattre, s'était replié sur Bordeaux, ne laissant que quelques soldats à la garde des principales villes attachées à sa cause.

Le comte d'Armagnac et Robert de Houdetot, maître des arbalétriers et sénéchal d'Agenais, avaient cependant assemblé 4 ou 5,000 hommes ; ils se mirent en campagne, dans les derniers mois de 1348, pour reprendre aux Anglais les places qu'ils avaient occupées.

Astafort fut assiégé et pris d'assaut après une lutte acharnée.

Voici en quels termes l'historien de la *Chronique Normande* raconte ce fait d'armes :

> « Et en cele saison, devant celle bataille, avoit fait le conte Derbi une grande chevauchée parmi le pays de Cascoingne, et avoit moult dommaigé le pais et pris pluseurs forteresses, et quand il fut retrait de sa chevauchée, le conte d'Armignac et Robert de Houdetot, maistre des arbalestriers, se mistrent sur les champs à tout bien cinq mile combatans que ils avoient assemblez pour cuider combatre le dit conte Derbi, mais retrait s'estoit à Bordeaux, et lors alèrent assiéger Beaumont à IIII lieues de Thoulouse, que le dit conte Derbi avait prins en sa chevauchée et garni de ses gens, et la prin-

---

[1] La Chronique normande, publiée par la Société de l'Histoire de France, vol. 28, p. 265, donne l'état des villes qui étaient attachées au parti français au moment où Derby débarqua à Bayonne ; Astafort et Laplume sont compris dans l'énumération ; les habitants d'Astafort ne passèrent aux Anglais que sous la pression de leurs co-seigneurs.

drent et puis prindrent Crie [1] et Fail [2] et la ville d'Estanfort
par assaut, et assaillirent la ville de Dunes, où il y avait bien
XIIIIe combattants, et fut l'assaut merveilleusement grant et
assailloit le conte d'Armignac d'un costé et tout son ost et le
maistre des arbalestriers assailloit de l'autre et estoit la ville
sur le point d'être prinse, quant le conte d'Armignac fist re-
traire ses gens de l'assaut, et quant ceux de dedans virent ce
tour, ceux qui estoient aux défenses de la ville devers le conte
d'Armignac alerent coure seure aux gens du maistre des arbalestriers, qui avoient rompu le palais et ja entroient en
ville, mais il furent reboutez si durement que il y en y ot L
mors et toutes voies y eut-il de ceulx de la ville grant foison
de mors et bleciez. . . . et lendemain se parti l'ost et s'en
ala devant Laplume qui se rendi, et puis devant le Port-S[te]-
Marie. . . . .

Aussitôt prise, la ville d'Astafort fut confiée à la garde d'un autre
de ses co-seigneurs, Vezian Moys, qui était resté attaché au parti
français. Voici le texte de la lettre que lui adressait, à cet effet, le
9 novembre 1348, messire Le Gallois de La Beaume, maître des
arbalétriers, lieutenant du roi de France en Langue d'Oc et Sain-
tonge [3].

« Galesius de Balma miles , dominus Vallusinus et locum
tenens domini Franciæ regis in Occitaneis et Xantonensibus
partibus, universis presentes litteras inspecturis, salutem.

Notum facimus quod nos pro honore et commodo regis
observandis et procuratione et deffensione regni Franciæ,
de fidelitate et legalitate Vesiani Moys, domicelli et condo-
mini de Asta-fortis, plenum confidentes, ipsum se tertio ar-
morum equitorum cum omnibus servientibus peditis ad
vadia regia consueta pro custodia et diligenti defensione
dicti loci retinemus, et tenore presenti retinemus, quamdiu
regiæ sententiæ nostræ placuerit voluntati mandatis duci
guerræ vel ejus locum tenenti, quatinus dicto domino de suis
et gentium suarum prædictarum vadiis deservitis et deser-
viendis de pecunia regia satisfaciat et excimat reiisentibus
et absque alterius executione mandati, nam venientium

1 Cuq, près d'Astafort.
2 Fals, près d'Astafort.
3 Bibl. nat., dossier Baume, vol. 246, n° 41.

gentium, compotorum partius dicti domini nostri regis sommarum qua sibi pro serviciis exolvitur in suis compotes allocabunt et . . . . . deduntur omni horum testimonio et litteris recognitiorum de soluto.

« Datum in castro sarrasseno die nono novembris, anno domino millesimo trecentesimo quadragesimo octavo. »

« Per dominum locum tenens, signé : R. de VERDINIO. »

Les succès partiels, obtenus dans l'Agenais, par les partisans du roi de France, étaient bien loin de compenser les revers qui l'accablaient dans le Nord.

Philippe conserva cependant le trône de France, que sa mort, survenue quelques mois plus tard, fit passer sur la tête de son fils Jean.

Un grand nombre de places de l'Agenais furent ainsi reprises par Robert de Houdetot ; le comte d'Armagnac l'avait beaucoup aidé dans cette campagne et principalement à l'occasion de la prise d'Astafort ; pour le récompenser de ses services, Robert de Houdetot se trouvant alors à « Saint-Laurent du Port, » le 13 juillet 1350, lui fit don de la place d'Astafort[1].

XI

JEAN LE BON — SES REVERS

La guerre se continua sous le nouveau roi, avec des alternatives de faibles succès et de revers. Jean le Bon voulant frapper un grand coup et tenter de rompre le cercle anglais qui l'enserrait toujours davantage, convoqua, le 7 mai 1355, le ban et l'arrière-ban de la noblesse française qu'il appelait au secours de la patrie en danger[2].

Mais c'est en vain que, soutenu par son jeune fils, un enfant, le roi Jean se battit comme un lion à la bataille de Poitiers ; il tomba entre les mains de ses ennemis, et le 8 mai 1360, prisonnier des Anglais, il fut forcé de signer à Brétigny un traité qui l'obligeait non seulement à abandonner toute l'Aquitaine aux vainqueurs, mais à renoncer même aux droits de suzeraineté de la France sur cette province. L'Agenais devint ainsi la toute propriété des Anglais.

---

[1] Arch. nat., carton des rois, K. 47, n° 35.

[2] Arch. nat. J. J. 80, n° 231.
Il lui donna sans doute les parts que Vezian de Lomagne et Guillaume d'Astafort avaient sur cette seigneurie.

XII

LE PRINCE NOIR

Nos contrées eurent beaucoup à souffrir de la domination absolue des Anglais.

Edouard III, pour récompenser son fils, le prince Noir, du Concours qu'il lui avait prêté dans la guerre contre la France, lui fit donation du duché d'Aquitaine, le 19 juillet 1362 [1].

En revenant d'Espagne, où il avait déployé un luxe désordonné, le nouveau duc s'arrêta dans l'Agenais, et là, tandis que ses soldats impayés se répandaient dans les campagnes, pressurant les malheureux habitants qui, pour se défendre, furent forcés de se fortifier dans leurs maisons [2], le prince Noir accablait le pays de nouvelles charges.

Un état des revenus du duché, « *Valor profitorum diversorum senescallium principatus Aquitaniæ domino nostro principi pertinentium* », relevé par M. Delpit, dans la collection des documents historiques conservés à Londres [3], comprend les produits des divers baillages ; Astafort y est porté pour les sommes suivantes :

Années 1363 et 1364	baille	48 sols dix deniers	Scribania	14 sols 14 deniers
— 1365	—	28 sols	—	14 sols
— 1366	—	35 sols	—	14 sols

Mais comme ces ressources ordinaires étaient loin de suffire aux besoins du prince Noir, il établit de nouveaux impôts, et entr'autres le droit de « fouage » que chaque maison dut payer à raison de 10 sols par an.

Ces exactions provoquèrent dans le pays une violente réaction ; interprètes de leurs vassaux, les comtes d'Armagnac et de Comminges, le sire d'Albret et quelques autres grands seigneurs aquitains allèrent supplier Charles V, alors roi de France, de reprendre la suzeraineté de l'Aquitaine [4], alléguant que le roi Jean avait eu la main forcée à Brétigny, et qu'il avait d'ailleurs outrepassé ses droits en y renonçant.

---

[1] Froissart, I, G, p. 2.

[2] De cette époque datent, en grande partie, les petits châteaux à tourelles, aujourd'hui presque tous en ruines, que l'on trouve dans le pays.

[3] Vol. I, p. 133 et 163.

[4] Froissart, t. 7, p. 28 et 36.

Enchanté de ces avances, le roi Charles prit l'engagement de faire des démarches auprès du duc de Guyenne, pour l'engager à ménager ses vassaux ; secrètement, il encouragea la révolte ; et, d'hors et déjà, il promit au comte d'Armagnac diverses villes, entr'autres le château d'Astafort, s'il parvenait à les prendre aux Anglais.

Immédiatement après, le 25 janvier 1368, il signifiait au Prince Noir un ajournement, le sommant de venir se justifier, devant la cour des Pairs, des accusations portées contre lui par ses vassaux.

Orgueilleux et enivré par ses précédentes victoires, le prince Noir refusait de croire à l'audace des seigneurs aquitains. « Nous irons volontiers à votre ajournement à Paris, répondit-il au roi de France, mais ce sera le bassinet en tête et soixante mille hommes en notre compagnie[1] ».

A cette insulte, qu'il attendait et qu'il désirait même, Charles V fit prononcer, par son parlement de Paris, la confiscation du duché de Guyenne, et le comte d'Armagnac s'en constitua propriétaire aux lieu et place du Prince Noir. Dès le mois d'avril 1368, il prêtait au roi de France, pour ce duché, serment de fidélité et hommage, et Charles V confirmait sa donation, par un acte du 1er juillet suivant[2].

La seigneurie d'Astafort est particulièrement énoncée dans ce document que nous reproduisons en entier :

XIII

ASTAFORT DONNÉ AU COMTE D'ARMAGNAC

« Charles V par la grâce de Dieu Roy de France, à tous ceux qui ces présentes lettres verront , salut : savoir faisons, que comme nous ayons fait certain accort et traicté avecques nostre très chier et ami cousin le conté d'Armaignac sur certaines choses touchant les renonciations[3] et la souveraineté et ressort du pays et duchié de Guyenne, nous au dit conte avons promis et promettons de bonne foy et en

---

[1] Froissart, vol. VII, p. 39.

[2] Ordonnances des rois de France, vol. VI, p. 104.

[3] Renonciations que le prince de Galles avait prétendu être faites par le roi Jean à Brétigny.

parole de Roy, lui donner et octroyer pour lui ses hoirs et
successeurs, et qui de lui auront cause, faictes toutefois et
accomplies les conditions mises au dict traicté, les cités,
villes, châteaux et forteresses qui s'ensuivent, c'est assavoir :
les comtés de Bigorre et de Gaure, item, les lieux et ville
Montroyal [1], de Mesin, de Francesquas, d'Astefort, de
Lavardat, de Fagerolles, de Cauderonne, de Vienne [2], du
mas d'Agen, de Lyars [3], de Sarrefont, de Montagut, de
Montguilhem, la moityé de la vicomté de Julyat avecques
l'hommage de l'autre moityé, le lieu de Condome, les hommages de Cazaubon et de Casauboneys, de Podenas, d'Asten,
de Forteis, de la Roche de Forteis, de la Villenevette et les
hommages d'Astefort, avec les premières apellations et
ressorts des comtés, villes et lieux dessus diz et avecques
les apellations et premiers ressors de la ville et cité de
Lectoire ; c'est assavoir tel droit comme nous avons et
pourrions avoir es choses dessus dictes ou temps à venir
pour quelconque cause que ce soit, avecques les hommages
vasselages et féautés, bois, prés, cauës, pastures, fours
moulins, lauduminies, censives, rentes, honeurs et dignitéz,
avecque leurs apartenances quelconques, à tenir comme
dit est, ycelles cités, villes, chasteaux, lieux et forteresses
et chacun diceulz par nostre dit cousin, ses hoirs et successeurs et qui d'eulx auront cause, de nous et de nos successeurs Roys de France, en une foy et hommage liges , en tels
franchises, usages et libertés, comme les villes, citez, chasteaux et lieux dessus dits ont accoustumé estre d'ancienneté ;
sauf et réservé à nous et à nos successeurs, les ressorts
souveraineté et droits royaux quelconques, lesquels ne
porrions de nostre corone séparer, et volons et au dit conte
avons promis et promettons de bonne foy et parole de roy,
que si aucuns après nostre dicte donnation vouloient
aulcun droit réclamer ou mettre aulcun débat es choses
dessus dictes ou aucunes dicelles, le dit conte, ses hoirs et
successeurs et qui d'eulz auront cause demorans en possession d'icelles choses pendant le dict débat, nous ferons
esparties et ferons faire raison et justice, sans oster au dict
conte, ses hoirs et successeurs ou qui d'eulz auront cause
aucune excepsions peremptoires ou dilatoires raisonables,

---

[1] Montréal.

[2] Vianne.

[3] Layrac ou Liarolle.

par noz lettres de grâce ou autrement ; et sanz ce que pour
ce, nostre procureur contre le dit conte, ses hoirs et successeurs, et qui d'eulz auront cause face pour ce partie.

Donné à Paris [1] le premier jour de juillet MCCCLXVIII le
quint de nostre regne.

Déjà le duc d'Anjou et les seigneurs Gascons et Agenais [2] étaient
entrés en campagne ; Arnaud Durfort, l'un des coseigneurs d'Astafort,
fut cette fois des premiers à secouer le joug des Anglais et à se
déclarer pour le roi de France.

En récompense de son dévouemeut, le comte d'Armagnac lui
donna, au nom du roi, quinze hommes d'armes pour l'aider à se
défendre [3].

Le prince Noir était en effet débarqué en Guyenne avec une puissante armée ; des bandes furent par lui lancées dans l'Agenais et la
Gascogne, pour contenir les villes qui lui étaient restées fidèles, et
pour essayer de réduire celles qui étaient passées au roi de France.

Robert Knolles, seigneur breton, se jeta dans Agen qu'il occupa,
au nom du prince Noir, en 1369, avec cinq cents hommes d'armes,
cinq cents routiers et cinq cents brigands ;

Charles V n'en continua pas moins à régulariser sa prise de possession de l'Aquitaine, qui fut réunie à la couronne de France par
lettres patentes du 14 Mai 1370 [4].

Une terrible guerre de partisans ensanglanta notre pays ; Astafort,
qui s'était déclaré pour la France, prit part à la lutte ; un sigillum
des temps primitifs trouvé dans un champ voisin d'Astafort, à Siourac, semble l'indiquer [5] ; il porte, grossièrement gravé, autour de la

---

[1] Hôtel St-Pol.

[2] Une lettre adressée, le 22 janvier 1369, par Jean de Levezou aux consuls de Millau
(Historiens de France, vol. 7, p. 67), dit que presque tous les seigneurs de l'Agenais ont
embrassé le parti français. « E moy novel que totz los gentils homes d'Ajanez so frances,
fora d'un. » Froissart en dit autant. La ville d'Agen se soumit au commencement de
l'année suivante. Le duc d'Anjou s'y établit en février 1370 et il en confirma les privilèges.

[3] Le 11 juin 1370, le roy Charles, en considération des services rendus par le sire
d'Albret, dans la guerre contre les Anglais, accorda par lettres patentes pleine liberté
aux bourgeois de Nérac, Casteljaloux et autres villes de ses terres, le droit de vendre,
acheter et trafiquer par tout le royaume de France sans être tenus de payer aucun impôt
ni droit (archives nationales, R. 118.)

[4] Ordonnances des rois de France, vol. VI, p. 508.

[5] Ce sigillum, trouvé par M. Bouet, qui nous l'a remis, a été par nous offert au
Musée d'Agen.

figure héraldique, le nom de « Ratié », de Saint-Thual, qui est une communauté de la Bretagne ; le gentilhomme, tombé sur le champ de bataille de Siourac, probablement en même temps que son sigillum, était donc ou bien l'un des compagnons de Robert Knolles, venus à Astafort pour essayer de s'emparer de la ville sur Durfort, ou bien l'un des lieutenants du duc d'Anjou qui, en compagnie de d'Armagnac, s'étaient avancés à la rencontre des soldats du prince Noir [1].

Astafort dut victorieusement résister aux attaques des Anglais, car, à dater de cette époque, la seigneurie paraît être restée indépendante de l'étranger, aux mains des comtes d'Armagnac, ses puissants protecteurs.

XIV

LES COMTES D'ARMAGNAC A ASTAFORT [2]

Nous n'avons pas l'intention de faire ici l'histoire des comtes d'Armagnac, mais nous devons retracer, à grands traits, leur destinée, car la seigneurie d'Astafort fait désormais partie de leur domaine ; elle subira le même sort.

Des années se sont écoulées depuis que le roi Charles V leur avait fait l'abandon, confirmé encore en 1370, des villes de l'Agenais à prendre sur les Anglais, et ils en jouissaient ; les archives d'Astafort [3] possèdent, en effet, un règlement par lequel le comte d'Armagnac, de concert avec les consuls et le bailli, font défense aux habitants d'acheter des blés ou des farines qui ne proviendraient pas de la juridiction.

La guerre entre la France et l'Angleterre avait recommencé, mais le comte d'Armagnac, lié par un traité de neutralité, conclu le 10 janvier 1391 avec le roi d'Angleterre, s'abstint d'y prendre part.

---

[1] Labrunie, p. 83, rapporte qu'en 1372, le duc d'Anjou partit de Villeneuve pour aller assiéger Penne ; qu'en 1373 il donna la baronie de Tournon au comte d'Armagnac, et qu'en 1374 il était encore dans l'Agenais avec Duguesclin.

[2] Les d'Armagnac remplaçaient les ducs d'Aquitaine comme suzerains d'Astafort, de plus ils possédaient une partie de la seigneurie directe, celle sans doute qui leur avait été donnée le 13 juillet 1350, car elle fut plus tard confisquée, comme on le verra plus loin.

[3] Cote II, n° 12.

Vainement des ambassadeurs députés par lettres patentes, reproduites par Rymer [1] essayèrent-ils de l'attirer dans le parti anglais et d'obtenir de lui un concours actif, il eut la prudence de rester simple spectateur de la lutte.

Astafort ne paraît pas non plus avoir joué de rôle pendant cette guerre, qu'une trève signée en 1407 vint terminer.

Nous sommes maintenant en 1412 ; depuis longtemps déjà les puissants comtes d'Armagnac nourrissaient la secrète ambition de se tailler un royaume indépendant, sur les dépouilles des rois de France et d'Angleterre. Les nouvelles possessions qui leur avaient été accordées, en augmentant leur force et leur influence, avaient accru leur ambition au lieu de la satisfaire. La lutte engagée de nouveau en ce moment, entre Charles VI, roi de France, et Henri IV, roi d'Angleterre, favorisait leur projet ; le comte d'Armagnac détenait en effet la haute Guyenne, sous la suzeraineté du roi de France, tandis que les Anglais étaient maîtres de la basse Guyenne.

D'Armagnac fait en secret des ouvertures au roi d'Angleterre et lui offre cette fois son concours actif contre la France, s'il consent à lui abandonner définitivement et en toute propriété, ce qu'il détient dans la Guyenne.

Sur le refus de l'Angleterre, d'Armagnac resta attaché au parti de la France, et nous le retrouvons en 1413 capitaine général du royaume, tandis que l'un de ses fils, le vicomte de Lomagne, est nommé gouverneur de la Guyenne par le roi de France.

Quelques années plus tard, en 1420, Charles VI était fou ; et, de victoire en victoire, Henri V, roi d'Angleterre, s'était avancé jusqu'à Paris ; la France presqu'entière gémissait sous le joug de l'étranger.

Les seigneurs gascons n'en continuèrent pas moins à résister ; encouragés par Charles VII [2], ils refusèrent en majeure partie de se soumettre aux Anglais, et la guerre continua de ville à ville, de château à château. Le pays, sillonné par les bandes des deux partis, était constamment ravagé ; amis et ennemis vivaient aux dépens des malheureux habitants.

Favorisé par les désastreux évènements qui, depuis vingt ans, affaiblissaient la France, Jean IV d'Armagnac, crut, en 1443, le

---

[1] Rymer, v. II, p. 82.

[2] Charles donna pouvoir au sire d'Albret de recevoir en son nom les villes, chasteaux et seigneurs qui voudraient se placer sous son obéissance. Lettres patentes, signées à Amboise le 15 mai 1438. — Bibl. nat. coll. Doat, t. 53, p. 48.

moment venu de réaliser enfin le rêve ambitieux de sa famille ; ses projets d'indépendance ayant été dévoilés, il fut convaincu de trahison envers le roi de France[1], et ses domaines furent confisqués.

Astafort devint ville royale.

Cependant Jeanne d'Arc était entrée en scène, et son intervention avait modifié le sort de la France ; avec elle nos drapeaux avaient retrouvé le chemin de la victoire.

Sollicité par les nombreux amis du comte d'Armagnac, et désireux d'ailleurs d'utiliser toutes ses forces pour engager contre les Anglais une lutte suprême, Charles VII fit grâce à son vassal ; par lettres patentes datées de Sarry-les-Châlons du mois d'août 1445, il restitua tant à Jean, comte d'Armagnac, qu'à son fils le vicomte de Lomagne tous leurs domaines confisqués[2].

La lutte entre les deux rois fut longue et acharnée, mais la victoire de Castillon y mit fin en 1453 ; et Charles VII eut la gloire de chasser définitivement les Anglais de l'Aquitaine qu'ils occupaient depuis trois siècles.

Astafort et une partie du comté d'Agenais restaient donc aux mains des comtes d'Armagnac[3], tandis que le reste de l'Aquitaine était directement rattaché à la couronne de France.

L'histoire de la Navarre, de Mme de Vauvilliers, énonce que, en outre de ses droits de suzeraineté sur cette seigneurie, Jean V, comte d'Armagnac, était aussi propriétaire particulier du château situé près de l'église d'Astafort[4] et du moulin de Roques, dont il fit don à l'ordre des chevaliers de Saint-Jacques d'Espagne.

---

[1] Entr'autres griefs, le comte d'Armagnac était accusé de « s'ettre accointé avec un nommé Baron qui tenoit le chasteu de Fumel avec grand charge de gens de guerre par les Anglais. »

[2] Bibl. nat. coll. Doat, t. 53, p. 48.

La chronique de Mathieu d'Estouchy, publiée par la Société de l'Histoire de France, v. I, p. 65, raconte ainsi ce fait : « Et eulx retournez devers le roy accompagniez de plusieurs grans seigneurs qu'ilz avoient requis pour eulx assister, c'est assavoir les comtes de Foix, de Dunois et aultres notables barons, chevaliers et escuiers de grant auctorité, se tirerent ung certain jour devers le roy, auquel en grant humilité, estant à genoulx, luy supplierent que au lieu de justice qu'ils avoient autresfois requis avoir pour le dict comte d'Arminac, lui pleust, de sa haulte majesté et puissance royalle, lui faire grâce et recevoir en sa mercy. »

[3] Les gens d'Astafort, habitués à la domination des comtes d'Armagnac, finirent par se considérer comme faisant partie de l'Armagnac. La copie des coutumes, déposée à Bordeaux, porte en tête : Coutumes « d'Astafort en Armagnat. »

[4] Dans le dix-huitième siècle, ce château appartenait au marquis d'Esclignac, descendant, par les femmes, de la famille de Lomagne.

Jean V fut le pire des comtes d'Armagnac ; le parlement de Paris dut encore une fois procéder en 1460 à la confiscation de ses domaines, pour des causes qu'il est inutile de rappeler.

Louis XI en montant sur le trône de France, en 1461, voulut cependant user de clémence en sa faveur ; il le rétablit dans la possession de ses biens.

Mais, après de nouveaux excès, le parlement dut une dernière fois en prononcer la confiscation, par arrêt du 13 mai 1470 qui fut rigoureusement exécuté.

Le comte d'Armagnac n'était pas homme à accepter ainsi la ruine de sa fortune et de ses projets ; il essaya de résister ; Astafort, qui lui appartenait, put être l'un de ses premiers avant-postes, mais il s'enferma bientôt dans Lectoure, que les armées du roi vinrent assiéger ; Le 5 mars 1473, la ville fut prise, saccagée et brûlée ; le carnage fut effroyable ; tout fut détruit, hommes, femmes, enfants furent passés au fil de l'épée ; Jean V lui-même y périt ; la ville resta déserte pendant plus de trois mois.

XV

CONFISCATION DÉFINITIVE DE L'ARMAGNAC

Conformément à l'arrêt du parlement, le domaine confisqué du comte d'Armagnac fut annexé à la couronne de France. Astafort fut compris dans l'annexion.

Le cardinal d'Arras nous apprend en effet qu'à la suite de la prise de Lectoure, Robert de Balsac, alors sénéchal d'Agenais, obtint, sur les dépouilles du comte d'Armagnac, la quatrième partie de la seigneurie d'Astafort.

Ce même fait est consigné dans la notice généalogique de la famille de Balsac[1]. Nous y lisons que Robert de Balsac, fils d'Agnès de Chabannes, fut seigneur d'Entraigues, petite ville de Limagne, puis sénéchal de Gascogne et d'Agenais ; qu'il servit le roi Louis XI, dans ses guerres contre le comte d'Armagnac, et qu'il eut de la confiscation de ses biens, la quatrième partie de la seigneurie d'Astafort, Malause et Clermont Soubiran.

---

[1] Arch. nat. Généalogie de France, vol. II, p. 435.

Charles VIII, encore indulgent, voulut par acte d'avril 1484[1], faire jouir Charles d'Armagnac des biens confisqués sur Jean, mais l'inconduite et l'imbécillité du nouveau comte rendirent cette libéralité inutile; un arrêt du parlement dut, le 27 novembre suivant, maintenir la confiscation.

La seigneurie d'Astafort est comprise dans l'état des revenus des terres confisquées sur les d'Armagnac, et plus tard en 1515, dans l'inventaire général des biens ayant appartenu à Jean V, établi au nom du roi, par Hugues Portal, trésorier et receveur des domaines royaux[2].

XVI

ASTAFORT AUX D'ALBRET

Nous ne retrouvons plus aucune trace de la seigneurie d'Astafort, qu'à dater du jour où elle appartient à la famille d'Albret; voici comment elle était passée en ses mains :

Sollicité par les nombreux et puissants amis des d'Armagnac, François Ier devenu roi de France, consentit à faire rentrer dans la famille le patrimoine confisqué sur Jean V, sans cependant vouloir effacer les traces du châtiment qui lui avait été infligé ; dans ce but, il maria en 1514 sa sœur Marguerite de Valois au duc d'Alençon, fils d'une sœur aînée de Jean V, et par suite héritier de la maison d'Armagnac, et il donna comme dot à sa sœur, tous les droits prétendus par d'Alençon, « es comtés, vicomtés, baronies, terres et seigneuries dont les prédécesseurs comtes d'Armagnac avaient accoutumé de jouir. »

D'Alençon étant mort sans enfants, sa veuve Marguerite de Valois épousa en secondes noces, en 1525[3], Henri II, roi de Navarre, et lui apporta en dot son comté d'Armagnac.

Astafort devint ainsi la propriété de la famille d'Albret, qui fit à son sujet, à diverses époques, acte de suzeraineté.

---

[1] Bibl. nat. coll. Doat, vol. 224, p. 128.

[2] Ces faits sont aussi énoncés dans un mémoire écrit à l'occasion du procès intenté au dix-huitième siècle par les juges du baillage de Laplume au sénéchal de Lectoure. Les pièces de l'inventaire existent en partie à la bibliothèque nationale (manuscrits n° 18, t. 53).

[3] Le contrat de mariage est classé dans les archives de Pau.

On peut lire dans les archives des Basses-Pyrénées, un document de 1575, qui constate la vente de la justice d'Astafort, faite par Jeanne d'Albret, reine de Navarre, en faveur d'un sieur de Marrenx.

On voit encore dans le mémoire du procès de Laplume contre Lectoure, la mention de baux à ferme de la seigneurie d'Astafort, ensemble du domaine de Laplume, consentis pour trois ans, d'abord en 1559 par M. de Mazelières, député en la chambre des comptes de Nérac, puis les 16, 17 et 18 mai 1606, par MM. Lavallade et Dulong, président et conseiller en la même cour des comptes de Nérac, en compagnie du procureur du roi et du sénéchal de Lectoure.

Les droits de la famille d'Albret sur la seigneurie d'Astafort expliquent l'intérêt que le jeune Henri de Navarre, petit-fils de Marguerite de Valois, portait, ainsi qu'on le verra plus loin, aux habitants d'Astafort ; c'est lui qui, par ses lettres, nous fournit la majeure partie du bagage historique de son époque.

XVII

GUERRES DE RELIGION — BURIE — MONTLUC

Astafort se ressentit, comme toute la France, de la commotion provoquée par les guerres de religion ; la réforme y fut prêchée et y laissa des germes, bien que la majeure partie de la population et la municipalité fussent restées fidèles à la religion catholique et romaine. Une lettre que Burie, lieutenant général du roi de France en Guyenne, adressait le 13 mars 1561, de Fumel, au roi de Navarre, alors à la Cour de France à Paris[1] , prouve que les Huguenots d'Astafort étaient, comme ceux des autres parties de l'Agenais, « quelque peu turbulents » et qu'une bonne garnison dut y être envoyée pour les contenir.

> « Le 5ᵐᵉ jour de ce mois, dit Burie, que M. de Montluc et moy despeschasmes le cappitaine Charry devers le Roy et vous, Sire, je recevez, après son partement « la lettre du 25 du mois dernier, il vous a pleu m'escrire. . . . .
>
> Nostre compaignie, Sire, est à Agen sauf xx ou xxv hommes qui sont à Condom, et ay escript à M. de Rouly que si en

---

[1] **Archives d'Agen, cote BB, nᵒ 59.**

ces quartiers là, il sentait aulcun remuement de ces mutins,
il envoyast incontinent sur eux une trouppe de gens à cheval
pour les prendre et amener prisonniers, ou en cas de résistance, les tailler en pièces.

Le semblable ay je faict à la Compaignie de M. le Maréchal
de Termes qui est à « Astafort » près du dict Agen, vous pou-
vant asseurer, Sire, que quelques testes que nous fassions
tomber en divers lieux, ils ne laissent pourtant, en plusieurs
aultres, de faire les fols et insolhens, à moyen de quoy il nous
est besoing de despartir les forces en divers endroictz, et
ainsi j'espère, sire, que nous en aurons la raison, et que le roy
sera servy et obey, et ses edictz, ordonnances et commande-
ments observés et gardés. »

De Fumel le xiiime jour de mars 1561.   « BURIE. »

Le pays tout entier était quand même très agité ; dans l'Agenais
et le Quercy, comme dans les Cevennes et les Pyrénées, les protestants, longtemps contenus, s'étaient ouvertement révoltés ; ils renver-
saient les autels, entravaient l'exercice du culte catholique, s'empa-
raient des églises, chassaient les prêtres ou les massacraient. Agen,
malgré le voisinage des armées du roi, était troublé, et le 20 mai
1561, Catherine de Médicis écrivait à Burie pour l'engager à aller
immédiatement « chastier ceulx de cette ville qui faisaient les fols ».

Burie ne frappait pas ; trop indulgent pour les Huguenots, il tem-
porisait et cherchait à les ramener par la persuasion. Mais la douceur, les menaces même ne suffisaient plus ; les Huguenots, encouragés par l'impunité, avaient « fait les fols » à Lectoure, Laplume,
Brax, Lyrolles, Sérignac ; à Sérignac notamment le recteur et le
sonneur de cloches avaient été tués. C'est directement à Montluc
que Charles IX s'en plaint cette fois, en le chargeant de les « aller
châstier.» Nous croyons intéressant de citer textuellement le passage
de la lettre[1] de juillet 1561 relatif à cette affaire.

« Ayant esté le roy adverty par M. de Burye, son lieutenant
général en Guyenne en l'absence du roy de Navarre, des
excès advenus a Lyrolles, Sérignac et Braz, ou les églizes ont
esté ruynées et abbatues par aucuns séditieux et avecques la
mort de quelques ungs, sa majesté pour ne laisser ung tel
acte impugny, en ceste saison où il semble que plusieurs
abusent de la douceur et clémence dont elle a uzé depuis

<hr>

[1] Bibl. nat., 15875.

son avenement, ont prins une licence si affreuse qu'elle ne promet rien moings qu'une subversion en toutes choses, si elle estoyt plus longuement tollérée, a advisé d'envoyer le capp^{ne} Arne devers le s^r de Burye pour luy fayre entendre comme ayant tous les jours semblables nouvelles d'une infinité de lieux de Guyenne, et mandant sur cella continuellement au s^r de Burye tantost en ung lieu tantost en ung aultre pour les chastier, elle n'a poinct encore entendu que de telles choses en aulcun ayent esté chatiées, chose qui lui déplait infiniment, d'aultant qu'il voit par expérience quicelle impugnité est cause de l'audace que les aultres prennent etc . . . .

De son côté la reine mère, Catherine de Médicis, écrivait, le 9 juillet 1561, à Burie :

Mons de Burye, nous avons si souvent des alarmes si semblables qu'il est plus nécessaire d'en fayre instruyre et ne permectre qu'il passent plus avant ; et pour ce nous avons advisé, vous estant occupé à Lectoure, d'envoyer monsieur de Monluc, qui n'est loing de là, à Layrolles et Sérignac, affin que s'il est possible, il face bien chastier les autheurs de telles follyes . . . . , ...

On sait que Montluc était bien capable de remplir une telle mission !

Voisin d'Astafort, il devait aussi forcément s'en occuper, et nous trouvons dans ses mémoires, vol. III, p. 26,

« Qu'il y avait ung village à deux lieues d'Estillac, qui se nomme Sainct-Mézard, dont la plus grande partie est au sieur de Rouillac, gentilhomme de huict ou dix mille livres de rente ; quatre ou cinq jours avant que j'y allasse, les Huguenots de sa terre s'étaient élevés contre luy, pource qu'il les voulait empescher de rompre l'église et prendre les calices : et le tindrent assiégé vingt-quatre heures dans sa maison, et sans un sien frère nommé monsieur de Saintaignan et des gentilshommes voisins qui l'allèrent secourir, ils lui eussent couppé la gorge ; et autant en auraient fait ceux d'*Astefort* aux sieurs de Cuq et de la Montjoye. — Je recouvrai secretement deux bourreaux lesquels on appela depuis mes Laquais parcequ'ils estaient souvent après moi, et mandai à M. de Fontenille, mon beau fils, qui portait mon guidon et estait à Beaumont de Lomagne avec toute ma compagnie, estant là

en garnison, qu'il partit le jeudy à l'entrée de la nuit et qu'à
la pointe du jour il fut à Sainct-Mézard, et qu'il print ceux
là que je lui envoyais par écrit, dont il y en avait un, et le
principal, qui était neveu de l'advocat du roy et royne de Navarre à Lectoure nommé Verdery . . . .

J'avais délibéré de commencer par sa teste. . . Or Verdery
n'y vint pas, dont bien lui print, car je l'eusse fait brancher.

M. de Fontenille fit une grande courvée et fut au point du
jour à Sainct-Mezard : et print le neveu de ce Verdery et
deux autres et un diacre. . . . .

M. de Gordes m'avait mandé qu'il leur avait desmonstré, en
la compagnie des consuls, qu'ils faisaient mal et que le roy le
trouverait mauvais ; qu'alors ils lui répondirent : quel roi ?
nous sommes les rois [1] ; celui-là que vous dites est un
petit reyot de merde. . . . .

Je m'accordai avec M. de Sainctorens qu'il m'en print cinq
ou six d'*Astefort*, et surtout un capitaine morallet chef des
autres, sous couleur qu'il leur voulait donner leur enseigne,
et que s'il le pouvait prendre, luy et ceux que je lui nommais,
avec belles paroles, il les amenast à Sainct-Mézard un mesme
jour que je faisais l'exécution, qui estait un jour de vendredy;
lequel ne le peut faire ce jour là ; mais il les attrappa le di-
manche en suivant et les emmena prisonniers à Villeneupve.

Et comme je fus à Sainct-Mézard, M. de Fontenille me présenta les trois et le diacre tous attachés dans le cimetière,
dans lequel il y avait encore le bas d'une croix de pierre,
qu'ils avaient rompue, qui pouvait être de deux pieds de
haut. Je fis venir M. de Corde et les Consuls et leur dis
qu'ils me disent la vérité. . . . . . et les consuls dirent la vérité. J'avais deux bourreaux derrière moi bien équipéz de
leurs armes et surtout d'un marassau bien tranchant ; de
rage je sautais au collet de ce Verdier et lui dis «Oh meschant
paillard as tu bien osé souiller ta meschante langue contre
la majesté de ton roy » il me répondit «Ah ! monsieur, à
pécheur miséricorde.» Alors la rage me print plus que jamais
et lui dis « Meschant, veux-tu que j'aye miséricorde de toi,
et tu n'as pas respecté ton roy. » Je le poussai rudement à
terre et son col alla justement sur le morceau de croix, et
dis au bourreau « frappe vilain. » Ma parole et son coup fut
aussitot l'un que l'autre et encore emporta plus d'un demi
pied de la croix ; je fis pendre les deux aultres à un orme. .

____

1 La politique se mêlait, on le voit, à la religion.

Le sort des prisonniers d'Astafort ne fut pas meilleur ; tirés des prisons de Villeneuve, ils furent conduits à Sainte-Livrade, où se trouvait Montluc, et ils furent pendus comme ceux de Saint-Mézard.

Montluc n'était cependant pas à l'aise de sentir Burie à ses côtés, dans le gouvernement de la Guyenne.

Le 26 avril 1563 il écrivait de Bordeaux à la reine Catherine de Médicis[1], pour se plaindre de la trop grande modération de son collègue. « La partie du territoire attribuée à Burie est, dit-il, constamment troublée. Tandis que le mien est tranquille.» On sait déjà par quels procédés il obtenait ce résultat !... comme conclusion, il demandait le gouvernement entier de la Guyenne, et il finit par l'obtenir.

Quelques années se passèrent ainsi dans des alternatives de courtes trèves, sans sécurité, et de guerre civile d'autant plus atroce que le fanatisme religieux excitait les uns contre les autres, les habitants d'une même cité, quelquefois les membres d'une même famille.

La férocité de Montluc ne parvenait cependant pas à calmer absolument l'effervescence du pays ; dès que sa main de fer avait lâché prise, les Huguenots relevaient la tête.

Vainement, Catherine de Médicis avait-elle essayé de calmer les esprits de nos provinces méridionales, en leur présentant son fils le jeune roi Charles IX; la cour étant venue à Nérac, en 1569, visiter Jeanne d'Albret, le jeune roi ne sut même pas déguiser, dans ce foyer de la réforme, l'expression de son mécontentement contre les Huguenots, et le départ des hôtes royaux laissa les esprits plus aigris encore qu'ils ne l'étaient avant leur visite.

Les grands évènements qui allaient s'accomplir en France, n'étaient pas faits pour les calmer.

La mort subite de Jeanne d'Albret à Paris (10 juin 1571), le mariage du jeune Henri de Navarre[2], les massacres de la Saint-Barthélemy (24 août 1572), la Ligue, provoquèrent dans le pays une effervescence dont nous ne trouvons malheureusement aucune trace pour Astafort, bien que cependant l'écho de ces grands mouvements ait dû retentir contre ces murailles.

Astafort était en effet une place relativement importante, que les partis avaient soin d'occuper ; pour sa part, Montluc n'y faisait faute. Dans un passage de ses commentaires, on lit que :

---

[1] Recueil de M. de Ruble.

[2] L'original du contrat de mariage de Henri avec Marguerite de Valois, se trouve dans la riche bibliothèque de M. le baron Raymond Seillere ; une copie en est conservée aux archives nationales, K. 98, n° 53.

> « Le comte de Candalle et M. de Lavalette estaient à Staf-
> fort avec huict ou dix cornettes de gens à cheval comme le
> comte de Montgomery abandonne Condom pour se rappro-
> cher de la rivière. . . . .

Montluc avait fait occuper Astafort sans doute pour barrer à
Montgomery la vallée du Gers, tandis que Moirax, Laplume et
Montagnac obstruaient la route du coteau.

La paix signée à Bergerac procura au pays une accalmie
passagère.

XVIII

HENRI DE NAVARRE A ASTAFORT

Depuis que, le 3 février 1576, il s'était échappé de la cour de
France, Henri de Navarre n'avait pas revu la reine Marguerite sa
femme, que Henri III, son beau frère, avait au début refusé de lui
renvoyer; la reine mère Catherine de Médicis, voulant rapprocher
les jeunes époux, partit de Paris, au mois d'août 1578, pour la lui
ramener.

Après s'être laissé prier pendant quelque temps , Henri alla
d'abord faire aux reines une première visite à La Réole et les
accompagna à Marmande, d'où il rentra seul à Nérac[1]. Les reines
continuèrent leur route jusqu'à Agen, puis allèrent s'installer à L'Isle-
Jourdain, pour attendre la réponse définitive du jeune roi; il se décida enfin à les recevoir à Nérac, et nous trouvons dans « l'état des
séjours et itinéraires du roi de Navarre » relevé par M. Berger de
Xivrey, qu'il passa à Astafort le 8 octobre 1578, sans doute en allant à la rencontre de sa femme.

La cour passa encore en novembre 1578 à Astafort et à Laplume ;
une lettre adressée par Catherine de Navarre, sœur de Henri, aux
consuls de cette ville invite la municipalité à préparer les provi-
sions qui seront nécessaires pour le passage prochain « du roi et des
deux reines[2] ».

---

[1] Monographie de Marmande, par M. Tamisey de Laroque.

[2] Archives de Laplume. Cette lettre a été publiée par M. Tholin, dans la **Revue de
l'Agenais**, année 1882.

Nous pouvons ajouter que le train de la reine mère et celui du cardinal de Bourbon, qui les accompagnait, séjourna longtemps dans le pays où il causa « mille désordres », si bien que le 15 décembre les consuls durent expédier un des leurs à Nérac pour le « resmonstrer » à M. de Causac [1].

La présence de la reine à la Cour de Nérac fut l'occasion de fêtes splendides; Marguerite, reine de Navarre, revient avec satisfaction dans ses mémoires [2], sur les plaisirs qu'elle y a goûtés :

> « Nostre cour, dit-elle, estoit si belle et si plaisante que nous n'enviions pas celle de France... ayant avec moi bon nombre de dames et filles, et le roy mon mary estant suivy d'une trouppe de seigneurs et gentilshommes aussi honnestes gens que les plus galants que j'aie veu à la cour, n'y avait rien à regretter en eux, sinon qu'ils étaient huguenots, mais de cette diversité de religion il ne s'en oyait point parler. . . au sortir de la messe, nous nous rassemblions pour nous aller promener ensemble ou dans le jardin. . . ou dans le parc que j'avais fait faire en des allées de trois mille pas qui sont au long de la rivière [3], et le reste de la journée se passait en toutes sortes de plaisirs honnestes ; le bal se tenait d'ordinaire l'après-dînée ou le soir. »

Henri de Navarre profita de la présence de Catherine à Nérac, pour améliorer le traité de Bergerac, par des articles additionnels signés le 28 février 1579, en faveur des protestants.

Tout semblait donc aller pour le mieux, mais la méchanceté défiante de Henri III provoqua encore une prise d'armes dans la Guyenne ; la guerre dite « des amoureux » commença ; les femmes, la reine Marguerite en tête, excitaient le courage des guerriers et poussaient au combat les jeunes gentilshommes gascons qui composaient la Cour de Nérac.

Les habitants d'Astafort flattés des caresses de Henri de Navarre s'étaient, pendant cette guerre, déclarés pour lui ; la ville avait été mise en état de défense, ses portes restaient fermées aux soldats de Henri III.

Le roi de Navarre voulant s'emparer de Cahors qu'on avait

1 Livre des Jurades.
2 P. 187.
3 C'est elle qui a fait tracer la belle Garenne de Nérac.

promis en dot à sa femme, se battit comme un lion à la prise de
cette ville ; ses armes étaient faussées ; ses pieds saignants et déchi-
rés le soutenaient à peine ; il ne se rendit maître de la place le 5
mai 1580, qu'après un combat qui avait duré quatre jours et quatre
nuits.

XIX

SURPRISE D'ASTAFORT

Malgré la victoire de Cahors, le parti du roi de Navarre fai-
blissait ; le maréchal de Biron, à la tête des armées du roi,
vint le poursuivre jusque dans Nérac ; l'extrait qui va suivre du
rapport adressé à Henri III, au sujet de cette campagne [2], fera connaître l'état général du pays et particulièrement le sort d'Astafort.

> « Estant adverty mon dict sieur le Mareschal que le roi de
> Navarre et M. le comte de Larochefoucauld estoient à Neyrac
> et les trouppes du dict comte s'estoient alléz louger dans la
> ville de Montagnac qui estoient au nombre de vingt salades
> et de deux cents harquebuziers, il se délibère de aller atta-
> quer et leur faire abandonner la place. . . . . y eut beaucoup
> de prisonniers, le roi de Navarre se retira avec vingt-cinq
> chevaulx seulement à Leytoure; cela feust fait le vi ou vii sep-
> tembre 1580, et mon dict s^r le mareschal et ses trouppes s'en
> allerent loger au dict Montagnac d'où le dict ennemy avait
> esté deslougé.
>
> De cest effroy six villes ou chasteaux ou forts se rendirent
> incontinent au dict mareschal Scavoir est : Franciscas ; Mon-
> tagnac ; Montréal en Condomois ; la ville de Mézin ; Sos, ville
> et chasteau ; la principale ville du haut pays d'Armagnac,
> nommée Vifezensac , Cazenove, ville et chateau ; « Estaffort ; »
> Fleurance.
>
> Monfort qui ne se volut rendre fut prinse d'assault et tous
> les soldats furent mis en pièces et le cappitaine et vingt
> aultres furent pendus. . . . .

Astafort dut, il est vrai, courber la tête, en septembre 1580, devant
les forces du maréchal de Biron, mais le rapport qu'on vient de

---

[1] Arch. hist. de la Gironde, vol. 13, p. 325.

lire se trompe ; la ville ne se rendit pas d' « effroy incontinent » ni volontairement. C'est la trahison qui livra la place aux ennemis du roi de Navarre.

Une certaine dame, veuve du trésorier Laville, habitait une maison attenante aux remparts, qu'une poterne particulière mettait en communication avec l'extérieur. Sans doute pour garder son trésor, la veuve du trésorier avait été autorisée à tenir forte garnison dans son logis, mais seulement sur l'engagement qu'elle avait pris, par serment, de défendre l'entrée de sa poterne.

Contrairement à sa promesse, la veuve Laville eut des intelligences avec l'armée ennemie, et elle l'introduisit dans la place ; Astafort fut pris, pillé et saccagé.

La situation des villes ainsi soumises à l'autorité royale, n'était pas agréable ; on peut en juger par les exigences et les menaces contenues dans la lettre que M. de Lussan, l'un des lieutenants du roi, adressait aux consuls de Laplume [1], ville soumise, aussi par la force, à l'autorité de Henri III.

> « Vous ne ferez faulte, incontinent la présente reçue, anvoyer dix paires de bœufs pour conduyre l'artilherie des monitions de ceste armée pour quelques jours, sous la charge que s'y dans jeudy soir vous n'avez satisfaict que vous serez estimez rebelles et désobéissants et punys comme tels, et faisant estat que n'y ferez faulte.
>
> Messieurs les Consuls :
>
> Je prieray Dieu vous donner sancté et longue vye.
>
> De Condom le XXVIᵉᵐᵉ jour d'octobre 1580.
>
> Vostre meilleur ami à vous servir,
>
> « J. P. DE LUSSAN. »

Si les amis priaient en ces termes, quel devait donc être le langage des ennemis ?

La paix signée à Fleix en Périgord, le 25 novembre 1580, sembla devoir mettre un terme à la lutte.

---

[1] Relevée par M. Fallières dans les Archives communales.

XX

HENRI PROTECTEUR D'ASTAFORT

Les habitants d'Astafort furent heureux d'avoir dans le roi de Navarre un protecteur dévoué ; à l'opposé de Montluc qui les faisait pendre, Henri faisait tous ses efforts pour les sauver ; les correspondances que nous allons reproduire en fournissent la preuve.

Les habitants d'Astafort avaient beaucoup souffert de la prise de la ville ; les troupes royales parties, la « meschante vefve » dut payer le prix de sa trahison ; après avoir pris l'avis du roi de Navarre, ils se ruèrent un jour sur sa maison et la rasèrent, sous prétexte d'éviter qu'à l'avenir, la poterne qui la mettait en communication avec l'extérieur, pût servir à introduire dans la place un ennemi quelconque.

Plainte fut portée par la veuve, et un arrêt de la Chambre des Edits de Bordeaux[1], rendu en 1582, condamna à mort cinquante-un habitants d'Astafort.

Le roi de Navarre, très attristé par cette condamnation, fit tous ses efforts pour enrayer l'exécution de l'arrêt.

> « Mon cousyn, » écrivait-il à Matignon[2], suyvant celle que je vous écrivys hyer, je vous envoye Frontenac pour vous faire entendre ce que j'ay aprins de certaynes menées et practiques qui se font contre et au préjudice de l'Establissement de la paix, et à quoy il est très necessayre de remédyer comme vous jugerez trop mieux.
>
> « Vostre bien affectionné cousyn et asseuré amy.
>
> « HENRY. »

> « La Chambre de l'édict à Bordeaulx » a donné ung arrect à
> « mort contre cinquante-un habitants d'Estafort. . . . .
> « . . . . comprincz nonobstant. . . . . advyser
> « aux moyens. . . . , ... pour le bien de la paix. »

---

[1] Comme condition du traité de Fleix, une Chambre dite « des Edits » fut composée en 1531, de membres détachés du Parlement de Paris ; elle reçut la mission d'aller dans la Guyenne rétablir la justice qui y avait été désorganisée par vingt années de guerres civiles. Le Parlement siégea d'abord à Bordeaux, puis il vint à Agen. La Chambre des Edits était présidée, dit de Thou dans ses mémoires, par Séguier, dont l'esprit adroit et plein d'expédients, n'en était pas moins équitable ». Les conseillers qui l'accompagnaient étaient de Thou, Coqueley, Jean de Thumery, Claude du Puy, Michel, Hutaut de l'Hopital.

[2] Lettre écrite de sa main, publiée par M. Berger de Xivrey.

Les mots remplacés par des points sont restés illisibles sur le manuscrit, mais il ressort de l'ensemble de la correspondance qui va suivre, qu'Henri engage Matignon à l'aider à faire rapporter l'arrêt de la Chambre de Bordeaux. Le post-scriptum est certainement le sujet principal de la correspondance.

Mais il comptait sans l'acharnement de la « meschante vefve » et de ses amis ; on commença à exécuter l'arrêt ; trois soldats huguenots furent pris à Astafort, et nous retrouvons la lettre que le roi de Navarre adressait aux conseillers composant la chambre des Edits, alors réunie à Agen, pour essayer encore d'enrayer cette exécution ; elle est datée de Nérac du 25 octobre 1312. En voici le texte :

« A messieurs de la Cour du Parlement en la Chambre de justice séant à Agen [1].

« Messrs Jay esté adverty que le prevost, ordonné à vostre suite, a prins trois soldatz d'Estafort qui sont de la religion refformée, à la poursuite de la vefve du feu trésorier Laville, en vertu de certain jugement donné, par défaut, contre un grand nombre des habitants de la dicte ville à cause de la démolition de la maison de la dicte vefve, située au dict Estaffort, où elle tenait forte garnison, et par une porte de laquelle, répondant dehors, la dicte ville avait esté auparavant surprinse, pillée et saccagée, et ce par l'intelligence de la dicte vefve, et contre la foy par elle promise et jurée. Depuis, et en temps de guerre, les habitants de la dicte ville d'une et d'autre religion, voyant qu'ils ne pouvaient vivre et habiter en seureté en la dicte ville, à l'occasion de la dicte maison, ils furent contraincts de l'abattre et démolyr, me l'ayant touteffois préalablement démonstré, ce que j'ay trouvé fort bon pour le bien et repos commun de la dicte ville, et dont je les advouay, et pourtant ilz ne peuvent ny de doibvent, suivant les articles de la conférence du Fleix, estre poursuivys ni recherchez pour raison de ce, ains en demeurer quictes et deschargez, nonobstant le dict jugement. A ceste cause (scachant combien vous avez en recommandation l'exécution de l'édict de pacifications, et observations des articles de la dite conférence, et que si la passion et mauvaise affection conçeue par la dicte vefve contre les habitants de la dicte ville avait lieu, la plupart de l'une et de l'autre religion en

---

[1] La Cour séjourna à Agen pendant 10 mois au lieu de 6.

souffrirayent ; et outre la mauvaise conséquence qui s'en suyvrait au préjudice du service du roy monseigneur et du public, j'en demeureray grandement intéressé, en ce que par cy après on n'aurait esgard aux adveuz qu'il m'a ésté permis de bailler par le ditz edict de pacification et articles des conférences). Je vous prye bien affectueusement mess^{rs}, vouloyr, bien et meurement considérer l'importance de cest affaire sans vous arrester à la précipitation et importunité que la dicte vefve et autres faisant pour elle, vous en pourront faire de manière que les ditz prisonniers puissent être mis en liberté, et oultre qu'en ce faisant vous ferez d'aultant plus paraistre l'intégrité et droicture de vostre compaignie en l'administration de la justice, je participeray au bien qui en succedera, pour vous en savoir tout le bon gré que vous scauriez désirer de moy qui prie Dieu mess^{rs}, vous avoir en sa saincte garde.

de Nérac ce xxv jour d'octobre 1582.

Votre bien affectionné amy

Henry.

Je vous prie de bien adviser à ce faict et à ce qui en peult en suivre, au préjudice du service du roy mon seigneur, si les articles de la conférence[1] ne sont effectuez pour ce regard et les aultres déclarations que le roy a faict sur tels et semblables cas, tant pour le général que pour mon particulier. »

Ce post-scriptum est écrit de la main même d'Henri de Navarre.

Le parlement ne put sans doute pas tenir compte du chaleureux plaidoyer du roi de Navarre ; l'arrestation des trois soldats fut maintenue, et les autres habitants d'Astafort, condamnés par l'arrêt de Bordeaux, s'empressèrent d'aller à Lectoure chercher un refuge auprès du comte d'Armagnac. Henri de Navarre lui écrit aussitôt le 31 octobre pour les lui recommander.

« Le roy[1] de Navarre, comte d'Armagnac, aux offi-
« ciers de Lectoure.

« Chers et bien amés, ayant été adverty que plusieurs
« habitants de la religion réformée d'Estaffort se sont
« retirés en nostre ville de Lectoure, à cause que la pour-
« suite de la vefve du feu receveur Laville faict contre
« eulx, pour chose qui est abolie par les articles de la confé-

<hr>

[1] Paix de Fleix.

« rence tenue au Fleix, nous vous mandons de les laisser ha-
« biter librement et en toute seureté dans nostre dicte ville, et
« les y conserver sans permettre que aulcun d'eux y soit vexé
« ni molesté en aulcune manière, en attendant que nous
« ayons remedyé à la décharge, comme nous espérons faire à
« briefs et nous asseurant qu'ainsy le ferés, prions Dieu, chers
« et bien amés vous avoir en sa garde.

« De Nérac, ce dernier jour d'octobre mil cinq cent huictante
deux. »

« HENRY. »

En même temps il s'adresse au roi de France pour faire rapporter
l'arrêt prononcé contre les réformés d'Astafort; mais il y avait alors
très loin de Nérac à Paris, et l'infatigable veuve Laville s'achar-
nait à la poursuite des condamnés ; Henri crut devoir renouveler
ses recommandations aux autorités de Lectoure qui hésitaient à les
protéger.

« Amis et féaux, leur écrivait-il encore le 13 novembre 1582,
« Nous avons veu que vous avez escript fondé sur la difficulté
« que faictes sur la publication des lettres patentes du roy,
« pour l'empliation de la commission de messieurs de la
« Chambre d'Agen, ayant commandé le sieur Glatenx nostre
« chancelier, de vous faire entendre la dessus nostre inten-
« tion et volonté à laquelle nous désirons que vous vous con-
« formiez entièrement. Et pour le regard de ceux d'Estaffort,
« lorsqu'il vous sera requis de les délivrer vous nous en
« pourrez advertir pour y pourvoir et faire ce qu'il sera né-
« cessaire ; en attendant nous prions le Créateur vous avoir,
« amis et féaux, en sa saincte et digne garde.

« Escript à Nérac ce treizième jour de novembre 1582. »

« HENRY. »

Le roi de France promet enfin la grâce qui lui est demandée;
mais il y a des formalités à remplir, et pendant ce temps les ma-
nœuvres peuvent redoubler pour s'emparer des condamnés; il faut
plus que jamais éviter de les laisser tomber aux mains de leurs
ennemis; Henri écrit encore une fois, à leur sujet, aux officiers de
Lectoure, et par précaution, il envoie un capitaine dont il est
bien sûr, pour veiller sur « ses chers habitants d'Astafort ».

---

[1] Archives de Lectoure.

« Le roi de Navarre aux officiers de Lectoure [1] »

« Chers et bien amés. Ayant promesse et asseurance du
« roy, mon seigneur, d'une déclaration de sa majesté en
« faveur des gens de guerre et aultres qui sont en peyne de
« leurs actions, bien qu'elles ayent ésté faictes la plupart
« soubs mon aveu et aucthorité, comme sont les choses dont
« sont recherchés les soldats d'Estaffort retirés à Lectoure, à
« ceste cause, je vous ay bien voullu escrire ceste cy pour
« vous mander que vous ayez à pourvoir à leur conservation
« et seuretté, de manière qu'ils ne puissent tomber ez mains
« de leurs parties ni aultres qui leur vouldraient nuyre, con-
« tre et au préjudice de mon désir et intention qui est de leur
« donner toute seuretté en attendant la dicte déclaration de
« la dicte magesté, ainsi que vous dira le cappitaine conte
« qui tiendra la main à cest effect, comme je luy ay donné
« charge, et m'asseurant de vostre part vous y donnerez
« ordre je prieray Dieu, bien amés, vous avoir en sa saincte
« garde
« de Nérac ce IIII Décembre 1582 (et par postille est escript).
« J'entends cependant que ceulx d'Estaffort se comportent
« bien et sagement, qu'ils n'entreprennent chose quelconque,
« mais se conservent doulcement soubs mon aucthorité suy-
« vant les edicts du roy mon seigneur. »

« HENRY. »

La grâce arriva sans doute, car il n'est plus question de cette
affaire.

XXI

VISITES DU ROI DE NAVARRE A ASTAFORT

Le roi de Navarre saisissait d'ailleurs avec empressement toutes
les occasions qui se présentaient d'aller à Astafort ; il affectionnait cette ville qu'il trouvait « asses propre » [2] et nous le voyons
par deux lettres que nous reproduisons ici, donner rendez-vous à
Astafort aux représentants de Henri III, M. le maréchal de Matignon
et M. Bellière.

---

[1] Archives de Lectoure.

[2] Sans doute « propre à une entrevue ».

A Matignon il écrivait :

> « Mon cousyn, j'ay été très aise d'avoir entendu par mons
> de Bellière que vous soyez achemyné pour venyr Agen où
> vous devez estre demain afin de nous voyr ce que je désire
> bien fort et vous prye que ce soit au plustot, et dès mardy soir,
> sy la santé du dit Sr de Bellière le peust permettre ; auxquel
> j'ay pryé de se trouver à Estafort parce que le lyeu me
> semble asses propre ; et plustot nous attendrons à mercredy
> s'yl n'estait pas bien guéry.
>
> « Vostre affectionné cousyn et asseuré amy.
>
> « HENRY. »

> « Monsieur, disait-il à M. Bellièvre, parce que je désyre fort
> de voir au plustost mon cousyn, monsieur le mareschal de
> Matignon, j'ay advysé de me rendre mardy à Estafort. . . . .
>
> . . . .
>
> au cas que vous ne soyez pas encore bien disposé j'y atten-
> drai plustot jusqu'à mercredy et davantage, si mon dict cou-
> syn le trouve bon, » etc [1].

Un long séjour à Astafort n'effrayait pas, on le voit, le jeune roi
de Navarre.

L'état des séjours et itinéraires du prince indique qu'il passa à
Astafort les 4, 22 et 28 avril 1577, et encore le 8 octobre 1578.

M. Tamisey de Larroque, dans ses « documents inédits », publie
une lettre écrite d'Agen par M. de Bajamont au roi Henri III, qui
prouve que, en outre de l'entrevue de novembre 1583, c'est encore
à Astafort que M. de Matignon et le roi de Navarre se réunirent le
24 mai 1584.

> « Sire, dit M. de Bajamont, M. le mareschal Matignon trouva
> « le roy de Navarre à Astafort, il me manda estant en chemin
> « de me rendre vers lui, etc. »

Et en effet, il ressort de « l'état des séjours » qu'il passa à Astafort les journées des 23 et 24 mai 1584.

---

[1] Ces deux lettres ne sont pas datées, mais d'une part c'est en 1583 que le président
Bellièvre arriva en Gascogne. D'autre part dans une lettre à Matignon, publiée par M.
Xivrey, et datée de mi-novembre 1583, faisant allusion aux gens de Toulouse, il dit : « Ils
ont mis garnison à Auvillards quand je suis parti d'Estafort. »

L'entrevue eut donc lieu peu avant cette date. Les lettres de Henry de Navarre doivent
dater des premiers jours de novembre 1583.

XXII

GUERRE DES TROIS HENRI

A la suite des engagements pris à Nemours, le 7 juillet 1585 par le roi de France envers la Ligue, la brouille survint bientôt entre les deux beaux-frères. La guerre se ralluma en Gascogne, et nous voyons les consuls d'Astafort réparer les remparts et remettre en état les postes de garde établis aux portes du Gers, de Bouc et de Corné.

La lettre que M. Destugue, gouverneur de Caudecoste[1], écrivait le 2 novembre 1585 aux consuls de Laplume, donne la mesure des perplexités qu'éprouvaient, pendant ces temps de troubles, les habitants de nos contrées.

> « Je vous advertys, écrivait-il, que M. de Flamarens et M. de Lamothe Bardaignes m'a escrip, ceste nuict, comment les troupes du roy de Navarre prennent leur chemin droict vostre ville et Moyrax, et m'a escript que pour cela ne vous estonnes en rien, car le canon est enfermé à Lithoure. S'il vous peult en rien secourir, il le fera et que veyes à vostre bonne garde, attendu que vostre ville est importante pour le service du roy; de ma part, si cognoisses que vous puisse servyr, le feray d'ung bien bon cueur et, si enthendez rien, de nouveau sera vostre plaisir m'en fere part et advertir ceux de Moyrax qu'ils prennent bien guarde à leur ville. Et m'asseurant que vous estes affectionnés au service du roy, ne vous en feray plus ceste fois et prye Dieu,
>
> Messieurs, en santé vous donner bientost que plus désirez.
>
> De Caudecoste ce 2me novembre 1585.
>
> « DESTUGUE. »

Il est intéressant de constater le soin que prenaient les municipalités et les commandants de place, de se prévenir mutuellement des dangers qui les menaçaient, en ces temps où les communications étant difficiles, chaque ville ne pouvait compter que sur ses propres forces pour se défendre en cas d'attaque.

M. Destugue avait raison; le roi de Navarre, dont il indiquait la direction le 2 novembre 1585, était à Laplume le 7; le livre des

---

[1] B. d'Estugue, seigneur de Corné (Astafort), portait écartelé aux 1er et 4me d'or à 3 pals de gueules, aux 2me et 4me d'argent à un huchet de sable.

Jurades constate le pacte de neutralité intervenu alors entre lui et les consuls qui promirent « qu'aucun de leur ville ne ferait rien de desfectueux contre les siens ».

Mais la situation des municipalités était très difficile; fermer sa porte à l'un, c'était presque toujours déplaire à l'autre, et s'exposer à sa vengeance; en sorte que les malheureux habitants étaient sûrement rançonnés par l'un ou l'autre des partis qui tenaient le pays, sinon par les deux.

Les gens de Laplume, liés envers Henri de Navarre par la promesse du 7 novembre 1585, se trouvèrent dans ce cas.

Dans les premiers jours de février 1586, quelques cavaliers et gendarmes du roy de Navarre, passant par Laplume, furent assaillis aux environs de la ville par une troupe appartenant au seigneur du Saumon qui tenait pour le roi de France; quelques hommes furent tués et leurs équipages pris ; grande fureur du roi Henri de Navarre qui écrit de Lectoure aux Consuls de Laplume le 15 février 1586[1], une lettre pleine de reproches sur leur manque de foi, les sommant de restituer incontinent argent, chevaux et équipages.

> « Je vous prie, ajoute-t-il, qu'il vous soit agréable de vous y conformer, afin que je n'aie pas besoin de m'y rendre moi-même, car cela vous coûterait trop cher. »

Les Consuls de Laplume restituèrent argent, chevaux et équipages, qu'ils n'avaient point pris, afin d'éviter à leur ville cette menaçante visite; le livre des Jurades, qui le constate, indique en même temps la réclamation de subsides que leur adressait, le même jour, le lieutenant du roi de France qui commandait à Agen.

XXIII

OCCUPATION D'ASTAFORT EN 1585

Henri de Navarre avait mis cinq jours, du 2 au 7 novembre 1585, pour venir de Bardigues et Flamarens à Laplume; Astafort, qui se trouvait sur sa route, était-il déjà occupé par l'ennemi, et les soldats du roi de France avaient-ils retardé la marche des troupes protes-

---

[1] La lettre, conservée aux archives de Laplume, a été publiée par M. Tholin, dans la *Revue de l'Agenais*, année 1881.

tantes? Toujours est-il que quelques mois après, la veille de la Madelaine 1586 (22 juillet), le sieur de Savailhan, l'un des lieutenants du roi de Navarre, s'en empara et y mit en garnison le régiment de M. de Parabère qui l'occupa pendant huit mois.

Cette occupation militaire avait bouleversé l'administration intérieure de la ville; les administrateurs de l'Hôtel-Dieu désertèrent leur poste. Un sieur Péricot l'avait géré pendant l'occupation, et nous devons la connaissance du fait qui précède au procès-verbal qui constate la reddition de ses comptes.

Voici la copie de ce document[1] :

> « Jehan Péricot a rendu compte de l'administracion qu'il a
> « faicte, à Jehan du Molin despuis le temps qu'il a administré,
> « que n'ont peu à cauze que la ville feust surprinze par le
> « s^r de Savailhan et occupée huict mois par le s^r de Parra-
> « bère et son régiment, despuis la veille de la Magdellaine
> « 1586, et despuis, demeurée tousjours occupée par gens de
> « guerre ; et frais et recettes faits par le dit Péricot, a rendu
> « au dit Dumolin la somme de onze livres tournois, et moyen-
> « nant ycelle, le dit Péricot demeure deschargé pardevant
> « Etienne Coget consul. — De laquelle somme le dit Du Molin
> « a employé la somme de neuf livres cinq sols pour faire
> « guérir Jacques Lamothe, pauvre, demeurant à l'hopital,
> « malade de la tigne.
> « En foi de quoy avons souls signé.
>
> « COGET consul. PÉRICOT. DU MOLIN. »

XXIV

LA LIGUE. — PRISE D'ASTAFORT.

La Ligue vint continuer les troubles dont la religion avait été jusque là le prétexte. La mort de Henri III avait ému le pays; Astafort ressentit les effets de la commotion générale ; c'est au nom de Henri de Navarre qu'il fallut s'en assurer.

Une lettre écrite le 18 août 1589 par Matignon au nouveau roi de

---

[1] Archives communales d'Astafort, cote GG, 2. Relevé par M. Tholin sur les registres de la Maison-Dieu.

France[1], nous fait connaître la prise d'Astafort, par « ceulx d'Agen. » En voici un extrait :

> « Le 8 de ce mois estant à Aiguillon, le capitaine Baçon me vint trouver et m'annonça que le roy estoit mort, etc . . . . . Voilà sire ce qui s'est passé deça, depuis le décès de sa majesté ; quant aux aultres villes où il y a du remuement, je fais toutes diligences pour les asseurer ; ceulx d'Agen se sont mis en campaigne et ont prins ce qu'il y a de maisons de gentilshommes et petits forts allentour d'Agen, et sont allés à Estafort qu'ils ont prins, etc. . . . .
> « Bourdeaux le xviii jour d'Aoust 1589.
>
> « MATIGNON. »

A dater de ce jour, la ville d'Astafort resta d'ailleurs attachée au parti du roi de Navarre, désormais Henri IV.

Les préoccupations des consuls n'en étaient pas moins grandes ; des bandes armées, amies ou ennemies, parcouraient constamment le pays ; il importait de suivre leurs mouvements pour se garer ; nous trouvons dans le livre des Jurades de l'année 1590 qu'un messager est envoyé au camp de Saint-Puy pour avoir des nouvelles. En même temps, le vicomte de Fontaraille donne ordre aux consuls de lui faire conduire au Saint-Puy un canon qu'il avait laissé à Astafort, ce qui coûta 10 sous aux consuls.

Bien qu'éloignée en ce moment, la guerre n'en était pas moins une charge pour le pays ; le 19 février 1590, la ville d'Astafort dut en effet fournir « cent sacs de blé » et « cinq pipes de vin » aux armées stationnées à Jégun ; de son côté, le marquis de Fontaraille lui demandait encore de Saint-Puy, 4000 pains pour son armée.

L'agitation se propageant, l'inquiétude des consuls augmente ; ils s'informent de divers côtés, et nous trouvons les notes qui constatent les réparations que l'on fait encore aux murailles, aux ponts-levis, aux portes ; on se prépare à la défense, et l'on envoie des messagers prendre des informations aux camps de Lectoure, d'Agen, de « Boville » et « d'Auvillards ».

Les chefs de l'armée royale veillaient de leur côté ; la lettre que

---

[1] Archives historiques de la Gironde, t. XX, p. 203.

nous reproduisons ici, du maréchal de Matignon, datée du Port-Sainte-Marie, 9 avril 1590 [1], en est la preuve.

> « Messieurs, dit-il, j'ay ésté averty que les ennemys se veullent emparer de vostre ville et y pratiquent des intelligences, je vous prye bien fort veiller soigneusement à vostre conservation. Vous savez la promesse que vous m'avez faicte ; les ennemis n'ont nul moyen de vous forcer, n'ayant aucune pièce d'artillerie en campagne, etbien qu'ils en eussent, je suis près de vous pour vous assister. Je seray demain à Lavardac ; pour m'en aller plus avant, je seray bien ayse de voir quelques uns d'entre vous et vous maintenyr et soullager en tout ce qu'il me sera possible, et au contrayre vous ne pouvez attendre qu'une ruyne entyère, si les dits ennemys entroyent dans vostre ville ; m'asseurant que vous aymerez mieulx choisir votre repos, je ne vous feray ceste plus longue, me recommandant à vos bonnes graces. Je prye Dieu vous donner mess^rs bonne et longue vye.
>
> « Du Port-Ste-Marie ce IX avril 1590.
>
> « Vostre entièrement bon et plus parfait amy
>
> « MATIGNON. »

Le style de ces lettres dans lesquelles les caresses se mêlent aux menaces est très remarquable ; il prouve combien était difficile la situation des villes de nos pays, et combien peu les généraux étaient sûrs de leur fidélité

Cet ennemi, que signalait M. de Matignon, était probablement le sieur de La Cassaigne. Les archives d'Astafort relatent l'avis qui fut donné aux consuls, du désir qu'avait ce capitaine de s'emparer de la ville ; l'attaque eut lieu mais elle fut repoussée ; les habitants d'Astafort durent même remporter quelques succès, car les archives constatent qu'une députation fut envoyée à Montluc (le fils de Blaise) à son château d'Estillac « pour lui annoncer qu'on avait fait des prisonniers ».

Le calme se rétablit cependant, et Henri, assez occupé des devoirs que lui imposait son nouveau titre de roi de France, se déchargea sur sa sœur Marguerite de Navarre de l'administration de ses anciennes provinces. Par lettres patentes datées du camp de Gisors du 23 octobre 1590 [2], « désirant bien et honorablement traicter sa chiere et

[1] Archives de Laplume.

[2] Manuscrits de la collection Doat, vol. 76, p. 144.

très aimée sœur unique, » il lui bailla et céda la jouissance du duché
d'Albret, du haut et bas Armagnac, des vicomtés de Lomagne,
Auvillard et Bruilhois des seigneuries d'Auzan, Rivière basse,
« Estafort », Sos, etc. etc. « dont il avait accoustumé de jouir avant
son avènement au trône de France [1]. »

XXV

LES PROTESTANTS A ASTAFORT

Pendant que Ligueurs et Huguenots mécontents guerroyaient, la
propagande des ministres de la religion réformée, qui avaient établi
leur principal siège à Layrac, était toujours active. Le protestan-
tisme ayant gagné un certain nombre d'adhérents à Astafort, une
église y fut fondée ; nous trouvons dans les archives de l'hôpital de
Condom, un acte de 1587 contenant la nomination « d'anciens
pour l'église réformée d'Astafort ».

Un autre procès-verbal des 22 et 29 mars 1589 énonce que la cène
célébrée à Layrac, comprenait 350 personnes de Layrac, Agen et
« Astafort [2] ».

Les réformés étaient très sévères: leurs ministres tenaient le trou-
peau en mains, et ramenaient vigoureusement les brebis qui faisaient
mine de s'égarer.

Un certain capitaine « Portelance [3] », d'Astafort, ayant marié sa
fille à un « papiste, » fut, d'après le procès-verbal conservé dans les
mêmes archives de Condom, condamné à faire amende honorable et
à la « réparation ». Une demoiselle de Laville, habitante d'Astafort,
fut privée de prendre part à la cène, pour être allée écouter le
« faux pasteur d'Astafort ».

De leur côté, les curés luttaient pied à pied contre leurs adversaires ; les rixes entre catholiques et protestants furent si fréquentes,
que les consuls durent défendre aux habitants de porter les armes
dans la ville.

[1] Henri avait toujours eu une très grande affection pour sa sœur, qui lui inspirait
beaucoup de confiance ; en novembre 1587, il l'avait déjà constituée régente de ses
domaines, coll. Doat, vol. 76, p. 123.

[2] Série ii, n° 77.

[3] On retrouve « Portelance » jurat et consul à Astafort pendant plusieurs années.

La place d'Astafort était cependant considérée comme relativement calme et sûre, au milieu de cette Gascogne si bouillonnante, car en mars 1592, elle fut choisie comme lieu de réunion de la conférence chargée d'établir un règlement de guerre, qui précisât les personnes et les biens que les deux belligérants devraient désormais respecter[1]; la lettre que M. de Matignon adressait le 28 mars à Henri IV[2] précise le fait ; on nous saura gré de la reproduire.

Après quelques récriminations contre d'Epernon qui surcharge par trop le pays d'impôts et de contributions, Matignon continue :

« Ceulx de la Ligue ne s'estoient poinct encore résoleus d'entendre à quelque reglement pour le marchant, laboureur et bestail de labour, bien que je leur eusse faict tenir ceulx que V. M. m'en avayt cy devant envoyé et qu'ils eussent aussi receu celluy de M. de Mayenne qui estoient presque conformes et me feirent dire, il y a envyron deux mois, qu'ils avoient volonté d'y entendre si je volais y depputer quelques ungs, ce que je feiz, envoiant à Estafort, lieu assigné pour ceste assemblée, les sieurs de Saincte-Colombe, Roquepine, de Pujols, de Corné, le lieutenant Dufour de Nérac, et Dujuan vostre procureur à Lectoure, lesquels auroient convenu de plusieurs poincts et articles, entr'aultres que tous ceulx qui portent les armes joyroient de leurs biens, ce que je n'ay voulu passer, ny beaucoup d'autres qui ne m'ont semblé estre à propos pour le bien du service de vostre Majesté ; Je les ay réduits en trois qui leur ont esté renvoyés, ne sachant encore s'ils voudront accorder, assavoir : pour ecclésiastique qui ne se meslera d'autre chose que ce qui est de sa charge et fonction, le marchand et le laboureur, leurs bestail, chevaulx et voitures et batteaulx par les rivieres, qui est le lieu où se faict le plus de pilleries et exactions et dont il vient chascun jour une infinité de plainctes, tant à vostre cour de parlement, qu'à moy. Chascun y faict ce qu'il peult, mais la desobeyssance est aujourdhuy si grande que là où il y a du profict, la plus part se licentient par trop etc. . . . . , , ... »

De Bourdeaux ce XXVIIIeme mars 1592.

Vostre très obéissant etc.,

MATIGNON.

---

[1] Espèce de convention de Genève.

[2] L'original qui est conservé au rang des manuscrits de la Bibliothèque nationale, a été relevé par M. Tamisey de Larroque.

Cette lettre dit assez combien, pendant ces temps de guerre, devaient être malheureuses les populations de notre pays.

Les archives d'Agen [1] signalent une autre assemblée de protestants qui dut aussi être tenue à Astafort en 1594.

Les catholiques n'en restaient pas moins les maîtres de la ville. Le fait que nous allons rapporter en est la preuve.

XXVI

COMBAT A LA PORTE DU GERS.

Une bande de huguenots, sous prétexte d'aller célébrer les fêtes de Pâques, se présenta devant Astafort, en mars 1593, et chercha à y pénétrer de vive force, par la porte du Gers ; l'alarme est aussitôt donnée, la herse est levée ; les cloches sont lancées à toute volée ; les campagnes voisines sont affolées, on croit la ville prise et perdue;

La lettre que l'on va lire, adressée par les Consuls du Pergain à ceux de Laplume, et conservée dans ses archives, dépeint l'épouvante du pays.

> « Messieurs comme estant de bons voyssins, nous avons fet ceste-ci pour vous fere entendre comme Molas de ce lieu, estant près d'Astafort en un une sa bigne, a veu plus de enbiron quatre ou cinq cens homes debant la ville du dit Estafort et sur le pont d'Icelle ; et comme la cloche a sonné a corde quelques batalnades et non guère, qui nous fait adjuger qu'ils ont gaigné la ville ; et par ainsy donez vous garde à vous; et sur ce, nous sommes :
> Messieurs,
> Vous bons amis et serviteurs.
> « Au Pergaing le 21e mars 1598. »

Fort heureusement pour Astafort, les consuls du Pergain s'étaient trompés, la ville avait résisté ; au son du tocsin, les habitants d'Astafort avaient pris les armes et s'étaient précipités sur les remparts; le pont levis baissé, ils se jetèrent sur les assaillants, les culbutèrent et les poursuivirent jusqu'à Rouillac.

[1] Cote BB 35.

C'est M. de Latuque [1] qui se charge de nous rassurer, par la lettre dont nous donnons le texte qu'il adressait, lui aussi, dès le lendemain, aux consuls de Laplume inquiets sur les dangers qui pouvaient les menacer.

> « Mosieurs, leur répond-il, je veu ce que m'aves escript et pour vous respondre à la vostre, on est très certain que une compagnie de gens de Pyé se voulait sessir d'Astafort pour fere les fetes, mais il ne sount pas estés assez forts, et ceulx d'Astafort sount sourtis, avec annonce de la cloche, qui les ount repoussés et les ount tiré de la terre [2], et ount prins le chemin de Saint-Avit et Rouillac où sont toutes les troupes. S'est une grande missère d'antandre les ravaiges qu'ils font. S'il y a rien qui se passe je vous advertyre de seur. Je me recommande à vos bonnes grasses et vous desmeure messieurs
>
> « Vostre voyssyn et serviteur,
>
>   « LATUQUE. »

L'édit de Nantes mit, pour quelque temps, fin à ces luttes. La ligue se dissipa et le calme se rétablit, calme superficiel et momentané, car, au fond, les esprits continuèrent toujours à bouillonner ; un procès-verbal du 30 mai 1607 [3] dit en effet que :

> « Dimanche soir 26 mai se fist une grande émeute et sans l'assistance des dits consuls eut esté à craindre qu'il y eut eu un grand scandale, pour lequel éviter, ils se sont adressés à M. le Seneschal qui leur aurait donné charge de faire proclamer la cession des armes, aux peines portées par les édits du roy; ce qu'ils firent hier 29, sur autre émeute qui y arriva, etc.

XXVII

TROUBLES APRÈS LA MORT DE HENRI IV.

La main de fer, que Henri IV cachait sous un gant de velours, était parvenue à contenir les esprits ; mais la mort de cet habile monarque vint tout remettre en question.

---

[1] Bonnot, sr de Latuque, porte : d'or à 3 bandes de gueules accompagnées de 3 losanges de sable, posés 2 en chef et 1 en pointe. Armor¹ gén¹ de Franee.

[2] Seigneurie.

[3] Jurades d'Astafort.

Les archives de Laplume, inventoriées par M. Tholin, contiennent un document qui nous fait connaître l'état de surexcitation qui régnait en général dans tout le pays à cette époque ; nous croyons intéressant de le reproduire textuellement ; c'est M. Lagarde, vicaire de Laplume en 1612 qui parle :

> « En ceste année 1612, dit-il, y eust fort grande abondance de grains et vins ; y eust quatre ou cinq fois bruict de guerre, mesme que ceux de la religion prétendue avoient pris les armes dans Lectoure, Nérac, Layrac et c'étaient saisis de l'église Sainct-Gervais de Lectoure et enfoncé la porte d'icelle de nuict, pour mieux subjuguer les catholiques qui estoient dedans, et firent entrer force gens armés la nuict d'où il y eut espouvantement pour ceulx qui étoient catholiques dans ladicte ville; la mesme chose feust faicte à Layrac et villes de la religion que feust cause que par l'espace de quinze jours à ceste fois on fit bonne garde par toutes les villes de Guyenne; mais Dieu qui est nostre protecteur et qui a promis de ne délaisser ceulx qui le serviront, fist que tout cella s'en alla en fumée; et en ce mesme temps disaient-on que M. de Rohan et M. de Rosin estoient les protecteurs des hérétiques ; il est vrai qu'ils firent de ce temps-là beaucoup des assemblées de leurs églises, pour demander des articles au roy Louis XIII et sa mère régente, qui ne leur furent octroiés, entr'aultres qu'ils ne vouloient estre appelés de la « religion prétendue réformée »; mais bien de la « religion dicte réformée », etc.

Les exigences des Calvinistes grandissaient toujours ; Condé, gouverneur de la Guyenne, s'était ouvertement déclaré leur protecteur ; partout on se tenait sur le qui vive. L'abbé Lagarde nous le dévoile encore, par quelques mots :

> « Le 13 avril 1614, dit-il, à cause des bruits de guerre continuels, l'on faisait exercer la jeunesse à tirer de l'arcabuse au lieu de Casaulx et feust teué un enfant de Collomb, etc. »

Toutes les villes se mettaient en garde et se préparaient à la résistance ; les fortifications d'Astafort étant en mauvais état, les consuls demandèrent au parlement de Bordeaux[1], l'autorisation d'imposer la ville pour mettre en état les murs, les portes, les ponts levis et les guérites de garde. En attendant, ils firent, par précaution,

---

[1] Livre des Jurades d'Astafort, année 1614.

murer les portes de Bouc et du Gers qui n'auraient pas pu résister à une attaque.

Une lettre adressée le 6 septembre 1616, par M. de Gondrin, aux consuls de Laplume, prouve que les chefs des armées royales avaient soin de tenir en éveil les municipalités de toute la région. Voici le texte de cette missive :

> « Messieurs, Je viens tout prezentement de recevoir une despeche du roy par où sa majesté me commande de faire prendre garde à tout ce qui est soubs ma charge, et d'advertir les villes et forts de fere bonne garde, sans toutefois rien comouvoir. Cest pourquoi je vous ai voulu donner advis affin que vous vous mainteniez et conserviez toutes choses souls l'obéissance de sa majesté. Je m'assure que vous y aurez le soing particulier que vous debves et moy je m'approcheray de vous en caz de besoing. Cependant je donne advis à ung chacun de se tenir sur ses gardes, et assurés vous qu'en tout ce qui regardera votre conservation je vous tesmoignerai tousiour que je suis messieurs
>
> « Vostre bien affectionné à vous faire service,
>
> « De Gondrin 6 septembre 1616.   GONDRIN. »

La guerre n'était pas encore ouverte, mais, on le voit, l'orage grondait ; on se tenait sur ses gardes.

Cette agitation nécessitait un mouvement continuel des troupes, dont le passage était toujours très onéreux pour les populations ; la municipalité d'Astafort faisait tous ses efforts pour en affranchir la ville ; les archives constatent l'offre faite à un sieur Lostelnau, maréchal des logis, d'une somme de 29 livres 8 sols, pour obtenir qu'il déloge sa compagnie d'Astafort où elle s'était installée.

Mais chassés de la ville, ces troupes se répandaient dans les paroisses voisines au grand déplaisir des habitants ; les communautés de Paraïx et d'Amans, surchargées par ce fait, intentèrent aux consuls d'Astafort un procès devant le parlement de Bordeaux [2], pour faire condamner la ville à partager avec elles les dépenses causées par ces passages excessifs de troupes sur leur territoire; l'arrêt leur fut favorable, et la ville d'Astafort dut payer sa quotepart des charges.

[2] Les pièces du procès sont conservées aux archives d'Astafort.

XXVIII

CAMPAGNE DE LOUIS XIII

Profitant des discordes de la Cour de Louis XIII, les réformés avaient trop relevé la tête ; leur assemblée générale des églises de France, tenue à Loudun, se sentant appuyée par le Parlement de Pau, prit vis-à-vis de la Cour une attitude tellement arrogante, que le roi dut commencer l'attaque. Louis XIII prit en personne le commandement de ses armées et vint porter la guerre en Guyenne.

De leur côté, les Huguenots s'étaient puissamment organisés ; ils avaient divisé la France en cercles militaires. Le 6me cercle, dans lequel se trouvait Astafort, était commandé par Henri de Rohan, dont nous trouvons une lettre dans les archives de Laplume. Elle est du 16 décembre 1618 et datée de Layrac, l'une des places de sûreté donnée aux Huguenots ; Rohan demande à Laplume, comme aux autres villes voisines, le payement d'une contribution de guerre ; Astafort dut aussi fournir la sienne.

Cependant l'armée du roi s'avançait, et, une à une, toutes les petites places fortes du pays furent reprises aux calvinistes.

Nous lisons dans les archives de l'hôpital de Condom que, le 2 mars 1621, le régiment de Picardie composé de 2000 hommes, trois compagnies de M. de Belmont, et 1000 hommes appartenant à un autre régiment s'emparèrent de Layrac [1]; le temple fut ruiné ; la chaire, les tables, les chaises, les vitres furent brisées. Le 10 juillet suivant les murailles de la ville furent elles-mêmes rasées.

Le pays entier était couvert de troupes.

Les lettres que l'on va lire, conservées dans les archives de Laplume, dénoncent les préoccupations des municipalités, et montrent la situation générale du pays pendant cette campagne.

La première est de M. de Lasalle ; il l'adressait le 12 juin 1621, du Port-Sainte-Marie aux Consuls de Laplume ; en voici un extrait :

> « Messieurs, je reçus vostre lettre et celle là de monsieur de Marin [1]... nous fumes tous hier à Esguilhon pour faire embarquer les quatre piesses de canon qui estaient, et estymons combastre les ennemys suivant les avis de mon dict seigneur de Mayenne...

[1] Du Bouzet, seigneur de Marin, portait d'argent à un lion d'or couronné d'or lampassé et armé de gueules.

« L'on quaita tout hier la plaine de Clayrac mais rien des annemis ne parut jamais, nous allons aujourd'huy prendre résidence à Montagnacq près de vostre ville. Je cre pas que le canon tire avant mercredy ou judi ou il y aura bien de la diligence ; il y avait hier mille hommes de pié à la garde du canon, pour la cavalerie l'on pouvait estre de tous côtés, tant de mousquetons que chevaux légers trois sens chevaux. Nérac se repantira de sa folie, Dieu aydant ; il a voulu capitule et pour set effet, ils virest monseigneur de Mayenne, mais il voulest navoir garnison s'ils obeysset : il y a beaucoup de la division parmy eux, néanmoins on cre que s'était pour amuser mon dict seigneur, etc., etc. »

Cette autre lettre de M. de Lafargue est sans date, mais le siège de Saint-Jean-d'Angely, terminé le 25 juin 1621, nous aide à déterminer l'époque à laquelle elle a été écrite.

« Messieurs, sur l'avis que monseigneur le marechal eut yer à Poumevic que M. de Rouhan voulait passer la rivière vers le mas de Verdun pour aller secourir Nèrac, il accourut avec cinq cens maistres les mieulx armés que je n'en aye poinct encore veus et commandement aux gens de pié de le suivre. Je croy qu'à l'heure que je vous parle ils se sont bien chamailiés, on aura manqué aux rebelles ; Dieu par sa grasse conserve les nostres ; le roy est toujours devant Saint-Jean et ceulx de dedans bien malades ; il ne parlet ny ne tiret que fort rarement, il n'y a point eu encore d'assaut.

« Je suis, messieurs, vostre très humble serviteur.

« DE LAFARGUE. »

Saint-Jean-d'Angely et Nérac durent capituler ; après la prise de Clairac[1], les troupes se concentrèrent sur la Garonne, et nous avons sous les yeux une lettre du 11 octobre 1621 par laquelle le maréchal de Roquelaure mande au capitaine « Sainct Jamet, » commandant de la compagnie de gendarmes, de la faire rapprocher d'Agen où se trouvait déjà le vicomte de Foncaude.

---

[1] Clairac fut l'une des rares places de la Haute-Guyenne qui résista. Les « gens de dedans se vantaient d'être des soldats sans peur, défendant une ville sans roy. » Après douze jours de siège, la place dut quand même capituler le 5 août 1620. Un consul, un ministre et un procureur, qui avaient été les principaux instigateurs de la résistance, furent pendus, le reste de la population eut la vie sauve.

Le vendredi 23 juillet Louis XIII, levé à 5 heures du matin, était allé en personne assister à l'attaque de la place. (Journal de Jean Héroard, fond fr. n° 4026, bibliothèque nationale).

C'étaient sans doute des renforts que l'on voulait envoyer au siège de Montauban [1] ; les troupes royales n'en éprouvèrent pas moins un piteux échec devant cette place que défendaient les fils La Force et l'un des seigneurs d'Astafort ; Mayenne y périt. Le siège dut être levé le 12 novembre 1621 [2].

XXIX

LA PESTE EN AGENAIS

Un autre fléau, aussi terrible que la guerre, s'était abattu sur nos malheureuses contrées ; la peste faisait des ravages effrayants ; les archives d'Astafort [3] signalent que des messagers venus de Condom annoncent que le fléau a envahi cette ville ; les Consuls s'efforcent aussitôt de prendre des mesures pour préserver Astafort de la contagion, et nous les voyons placer une garde spéciale aux portes pour interdire l'entrée de la ville aux personnes venant des pays où sévit le mal ; les gages du médecin de la ville sont exactement payés ; on lui compte 25 livres pour le premier trimestre [4].

La mortalité fut très grande à Agen ; l'infatigable vicaire Lagarde nous fait connaître par des notes [5], que nous croyons intéressant de reproduire, l'étendue du mal et son origine présumée, en même temps qu'il donne l'impression du pays sur les évènements militaires qui venaient de s'accomplir.

> « A cause des grandes maladies qui y estoient, à cause des sièges de Sainct Jehan, Brageirac (Bergerac), Clayrac, Nérac, Montauban qui avoient quasy infecté tous les lieux où ils

[1] Louis XIII après la prise de Clairac alla le 8 août au Port-Sainte-Marie et le 10 à Agen ; dès le 12 il en repartait pour aller à Moissac et de là au château de Piquecos, où il s'installa pour surveiller le siège de Montauban.

[2] Louis XIII voyant l'impossibilité de s'emparer de la ville, s'était retiré à Toulouse ; il en partit le 26 novembre pour Beaumont se dirigeant sur Lectoure d'où il sortit le 27 novembre descendant la cote à pied, il passa à Cadreils, Ligardes, Campagno, et arriva à cheval à Nérac, à 4 heures du soir.

[3] Côte BB. I.

[4] La municipalité d'Astafort assurait un traitement fixe à un médecin pour le service des pauvres, et réglait le tarif de ses visites pour les autres habitants. Le livre des Jurades de 1750 fixe le traitement du docteur Thibaut à 100 livres, et lui donne le droit de prendre par visite, 5 sous en ville et 10 sous hors ville.

[5] Relevées par M. Tholin dans les archives de Laplume. Cote CC. I.

passoient, mesmes que dans Agen morut plus de quatre mille personnes, tant des habitants que soldats, à cause de cette armée de rebelles que le roy vouloict punir ; mesmes que le roy feust contrainct lever le siège de devant Montauban à cause de la dicte maladie et de la mauvaise intelligence qui estoict en son armée ; et s'en retournant assiégea Monurt [1] tout le long de la rivière de la Garonne qui se révolta après la mort de son maître M. de Boèsse Pardaillan, qui, quoy qu'il feust de la religion Huguenote, estoict bon serviteur du Roy, et feust tué misérablement et, à ce qu'on dit, par le consantement de ses enfants, ce qui est indigne de mestre par escript. . . . . . .   ' Lagarde, signé.

Après avoir, comme fiche de consolation, fait le siège de Monheurt, Louis XIII dut reprendre très mécontant le chemin de Paris [2].

La résistance de Montauban releva le courage des Huguenots, et le pays fut encore agité pendant quelques années ; mais, à bout de forces, Rohan fut quand même obligé d'accepter la paix le 19 octobre 1622.

Comme condition de ce traité, les places de sûreté qui avaient été données aux réformés leur furent reprises, à l'exception de Montpellier et de Montauban dont les murailles devaient être rasées.

On ne se pressa cependant pas beaucoup d'exécuter cette dernière condition, car c'est en 1625 seulement que l'on trouve, dans les archives d'Astafort, le procès-verbal constatant que la communauté dut concourir aux travaux de démolition des murailles de Valence, et donner au marquis d'Epernon, 25 ouvriers, « maçons, charpentiers ou autres pour faire le deguast de Montauban [3], et iceulx payés pour ung mois ».

A la même époque, Astafort dut fournir au marquis de Rieutort,

---

[1] Bassompierre alla assiéger Monheurt avec six régiments, le 21 novembre 1621.

Louis XIII s'était installé à Buzet ; le 12 décembre, après la prise de Monheurt, il alla « voir ceux de la ville en sortir, un bâton blanc à la main ».

[2] Le mercredi 15 décembre 1621, il était à Damazan, le 17 à Casteljaloux, le 18 à Bazas et le 21 il arrivait à Bordeaux (Journal d'Héroard).

[3] Le « deguast » commandé par d'Epernon se fit autour de Montauban, pour affamer les habitants. La place continua à résister jusqu'en 1629 ; les murailles ne furent démolies qu'à cette époque.

46 soldats pour escorter sa compagnie qui se dirigoait sur Lectoure, ce qui prouve que le pays n'était pas absolument tranquille.

La propagande des protestants subit un temps d'arrêt à la suite de ces évènements, au grand contentement des curés d'Astafort, à la satisfaction surtout du prieur de Layrac qui avait vu, avec un véritable chagrin, la ville dont il était le seigneur, servir de point de ralliement aux protestants de la contrée[1].

Des alternatives de paix et de guerre se succédèrent ; chaque coup de mousquet échangé en France, entre Catholiques et Huguenots, se répercutait dans la haute Guyenne, mais les livres des Jurades d'Astafort signalent seulement les efforts que faisaient les Consuls pour, d'une façon ou d'une autre, éloigner de la ville les bandes armées qui, sous prétexte de religion, parcouraient la contrée et rançonnaient les habitants.

En 1632, ayant appris que M. de Flamarens se proposait de venir occuper Astafort avec sa compagnie, ils envoyèrent MM. Lafore, baylle d'honneur, Marassé de Barbonvielle, Duluc et Sentou, pour le détourner de son projet et lui assurer que la ville saurait bien se défendre elle-même, si elle était attaquée. Les ambassadeurs réussirent dans leur mission ; Flamarens ne vint pas.

Mais tout cela causait des dépenses ; la communauté ne disposant que de ressources très limitées, était obligée de recourir à l'emprunt pour se procurer les sommes qui lui étaient nécessaires soit pour herbéger les troupes que l'on n'avait pu se dispenser de recevoir, soit pour indemniser les capitaines qui consentaient à changer de direction, soit enfin pour réparer les dégâts causés aux propriétés des habitants, par les soldats de passage.

En 1639 la communauté était endettée de 7000 livres, somme alors considérable, qui lui avait été prêtée par les religieuses du Chapelet d'Agen, par MM. Gilis et Des Vignes, aussi d'Agen, et enfin par MM. Marassé, Jean Goudin, de Lacaze, Larroze et autres d'Astafort. Le 25 février, Guillaume Fitte, Guillaume Marassé, Jean Goudin, consul, et Jean Labadie, baylle d'honneur, convoquèrent les jurats et les notables du pays pour décider la création d'un impôt spécial destiné à éteindre cette dette.

---

[1] Ce ne fut qu'en 1634 que le culte y fut ouvertement rétabli, à la suite d'une convention intervenue entre catholiques et protestants. Les archives de Condom conservent le procès-verbal de la cérémonie.

XXX

LA FRONDE A ASTAFORT

Cependant le jeune Louis XIV était monté sur le trône, et le cardinal Mazarin qui gouvernait la France sous son nom, avait réussi à mécontenter bien du monde. La Fronde avait surgi; les Frondeurs avaient gagné tant de terrain, qu'en 1652 Conti, frère de Condé, était maître d'Agen et de quelques-unes des petites places des environs, entr'autres Astafort[1], Caudecoste[2], Laplume.

Saint-Luc, gouverneur de la Guyenne pour le roi, s'avançait pour le combattre à Astafort; il occupait déjà Miradoux avec six régiments d'infanterie; ses avant-postes et sa cavalerie tenaient le pays jusqu'à Gimbrède.

Conti observait l'ennemi; ses troupes campées dans les hameaux de Guiraud, Couterot et Campagnac, essayaient de lui barrer le passage; quelques engagements d'avant-postes avaient déjà eu lieu les 19, 20 et 21 février, mais chacun se défiant des forces de l'adversaire, les deux ennemis se tenaient sur la défensive.

Prévenu du danger que court son frère, Condé qui guerroyait du côté de Bergerac, part, accompagné de Larochefoucauld, et, à marche forcée, il arrive au secours de Conti.

La nuit l'arrête à Astafort où il devance son armée de quelques heures; Conti s'y trouvait avec 2,500 hommes commandés par le marquis de Souppes.

La détermination de Condé est vite prise; il laisse Conti à Astafort avec ordre de le suivre, dès que ses troupes seront arrivées, et il part suivi de quelques bataillons. A deux heures du matin, il est déjà au pont de Gimbrède qu'il trouve gardé par 15 maistres; la défense fut énergique; Condé eut un cheval tué sous lui, mais le pont fut enlevé; il tombe à l'improviste sur les troupes de Saint-Luc, culbute sa cavalerie et rejette l'infanterie dans Miradoux.

Le jour venu, Sanit-Luc fait ressortir ses régiments et les met en ligne de bataille au-devant de la place, du côté de Fieux. Condé, bien que renforcé par l'arrivée de ses troupes, hésite à attaquer, avec des hommes fatigués, un ennemi si bien protégé par ses posi-

---

[1] Le livre des Jurades d'Agen dit que Conti était parti d'Agen le 15 février pour aller « combattre les ennemis qui menacent Astafort d'un siège ».

[2] Caudecoste, assiégé le 29 janvier, se rendit le 2 février après 5 jours de résistance.

tions ; il demande des canons à Agen et se borne, en les attendant, à livrer quelques combats d'avant-garde ; mais confiant sur son renom de valeur, il a le soin de lacher des prisonniers pour faire savoir à Saint-Luc qu'il est là et qu'il commande en personne.

L'effet attendu se produisit : Saint-Luc qui comptait peu sur la solidité des murailles de Miradoux, cherche à se rapprocher de Lectoure. Condé, qui guette, veut se jeter sur lui, mais les deux régiments de Champagne et de Lorraine lui barrent la route et soutiennent une lutte acharnée qui permet à Saint-Luc de poursuivre sa retraite, tandis que, très maltraités, les deux régiments rentrent dans Miradoux que Condé investit aussitôt.

Le siège dura dix jours; les deux pièces de canon, l'une de 18 livres, l'autre de 12, étaient arrivées d'Agen [1] et faisaient rage contre les pauvres murailles de Miradoux. Les boulets manquant à un moment donné, Condé payait les soldats pour aller les ramasser au pied des remparts afin de les utiliser de nouveau.

Les assiégés se défendaient de leur côté avec un courage remarquable; c'est à Miradoux que, sommé de se rendre, Lamothe-Vedel[2], colonel du régiment de Champagne, qui commandait la place, envoya à Condé cette orgueilleuse réponse : « Dites à Condé que je suis du régiment de Champagne » et il continua la résistance.

A bout de forces, de munitions et de vivres, la place allait quand même être obligée de capituler [3], lorsque d'Harcourt, un autre général des armées du roi, qui battait le Quercy, apprend sa détresse; il arrive à marches forcées, traverse la Garonne à Auvillards et il se disposait à tomber sur les assiégeants, lorsque, sans l'attendre, Condé, qui craignait d'être pris entre d'Harcourt et Saint-Luc, lève le siège le 5 mars et se retire vers Astafort.

D'Harcourt, en le poursuivant immédiatement, eut pu l'écraser et porter un terrible coup à la Fronde. Fut-il trompé sur la direction qu'avait pris le gros des troupes de Condé ? ne put-il faire mouvoir à son gré des hommes fatigués par une longue marche ?

---

[1] Les archives d'Agen énoncent que les deux canons furent expédiés à Condé le 23 février avec 200 hommes armés.

[2] C'est dans cette action, dit Labrunie, que Lamothe-Vedel, un gentilhomme de Puymirol, soutint seul, avec courage, le choc des troupes du prince. Condé fut obligé de lever le siège par le stratagème de ce même officier qui fit mettre le feu aux maisons qui étaient en face de la brèche que l'artillerie des assiégeants avait faite. »

[3] Vœu des habitants (archives de Miradoux).

préféra-t-il faire sa jonction avec les troupes de Saint-Luc avant
d'attaquer un ennemi redouté ? Toujours est-il que Condé s'installa
tranquillement à Astafort, tandis qu'il dispersait ses troupes à
Layrac, Caudecoste, Laplume, Moirax, Le Pergain, pour enrayer
la marche de d'Harcourt, tout en restant à portée de traverser la
Garonne.

D'Harcourt avait fait à Lomagne sa jonction avec les régiments
de Champagne et de Lorraine ; et, après s'être emparé de Beaumont,
il alla à St-Léonard, près de Lectoure, où vinrent le rejoindre les
troupes de St-Luc dispersées du côté d'Auch. Le 11 mars,
l'armée était à Fleurance, c'est de là qu'elle partit pour aller de
nouveau attaquer Condé :

Nous croyons ne pouvoir mieux faire que reproduire l'extrait
textuel du « journal de ce qui s'est passé dans l'armée du roi commandée par d'Harcourt en mars 1562 » que nous trouvons à la Bibliothèque nationale :

« Le prince[1] eut advis dans sa marche par un party qui avait
esté commandé, que le quartier de M. le Prince[2] estoit à Astafort, celuy de ses gardes et tous les officiers généraux à Pergain et celuy de sa gendarmerie à La Plume, à une grande
lieue les uns des autres, et ses autres troupes dans des quartiers beaucoup plus près de la Garonne ; ce qui obligea M. le
comte de Harcourt de se faire conduyre par des gentilshommes du pays qui lui servirent de guides au milieu des trois
quartiers, où estant arrivé il commanda à M. de Sauvebœuf
de s'avancer le plus près qu'il pourrait d'Astafort pour charger les troupes qui sortiraient du quartier de M. le Prince, et
à M. le comte de Lislebonne et au sr Chevalier d'Aubiron ma-
reschal des camps de marcher, avec la brigade de la Vilette,
du costé de Laplume, pour entreprendre sur la gendarmerie
de M. le Prince de Condé, et à M. de St-Luc d'investir le Pergain avec deux cents mousquetaires qui avaient estés desta-
chés de l'infanterie, et deux escadrons des brigades de Mercœur
et de la Vilette, pendant qu'il demeurait avec le reste de la
brigade de Mercœur et celle d'Anjou, au milieu de tous, pour
secourir ceulx qui en auraient besoin. »

[1] D'Harcourt.

[2] Condé.

XXXI

CONDÉ SURPRIS A ASTAFORT

Condé avait-il négligé d'organiser un service d'éclaireurs, ou fut-il mal servi par eux? toujours est-il qu'il ignorait absolument la situation et la marche des armées ennemies; et, tandis que les bataillons qu'il avait disséminés dans le pays, s'amusaient à piller les villages, et que ses troupes, campées sous les murs de la ville, à Saint-Félix, festoyaient pour se distraire, il attendait tranquillement d'Harcourt à Astafort. Larochefoucauld, son lieutenant, se charge de nous renseigner à ce sujet :

> « Mais, dit-il, de nouvelles troupes et de méchants officiers, exécutent mal ce qui leur est commandé, et cet ordre [1] qui aurait suffi pour mettre un camp en sureté, fut si mal suivi que M. le Prince se vit exposé à la honte d'être surpris et défait ; ainsi M. le comte d'Harcourt marcha en bataille au milieu des quartiers de M. le Prince, et arriva à un quart de lieue de lui (à Astafort 15 mars 1552) sans que personne en prit l'alarme et ne lui vint donner avis. Enfin des gens poussés [2] lui ayant donné cette nouvelle avec le trouble ordinaire en semblable occasion, il monta à cheval avec M. le duc de Larochefoucauld, en compagnie de Marsin et du Mis de Montespan, pour voir le dessein des ennemis, mais il n'avait pas fait cinq cents pas, qu'il vit leurs escadrons qui se détachaient pour aller attaquer ses quartiers, et même des gens s'ébranlèrent pour le pousser. »

Condé faillit donc être pris à Astafort.

M. de Sauvebœuf, en se jetant sur Astafort, aurait pu facilement anéantir les troupes de Condé. Mais aussi mal renseigné que son ennemi, il se borna à cette démonstration platonique; Condé put à loisir donner ordre à « ses quartiers de monter à cheval et de venir rejoindre l'infanterie à Astafort » ; l'armée se dirigea tranquillement vers la Garonne, laissant Astafort occupé par un capitaine et soixante mousquetaires, avec une pièce de canon qu'on n'avait pu emmener.

---

[1] Ce dispersement de la cavalerie.
[2] Fuyant devant l'armée.

L'armée de Condé avait 12 ou 13 heures d'avance, lorsque M. de Sauvebœuf, contournant Astafort, se décida à aller inquiéter sa retraite, mais il était trop tard, elle avait déjà traversé la Garonne à Boé. M. de Sauvebœuf, après cette inutile promenade, s'en revint renforcer les assiégeants du Pergain.

> « Cependant, ajoute le journal, « M. le comte d'Harcourt ayant appris que le canon de M. le Prince estoit resté dans le quartier d'Astafort avec deux ou trois cens mousquetaires, commanda à M. de Coudray Montpensier, mareschal des camps en jour, de prendre ceulx du régiment de Champagne et d'Auvergne, qui avoient esté commandés pour suivre la cavalerie, et deux cents chevau légers, et pria M. de Firmacon qui est seigneur d'Astafort d'y aller pour engager les habitants à donner quelques marques de leur zèle et de leur fidélité, ce qu'ils firent avec beaucoup plus de fermeté que l'on n'aurait deu vraysemblablement esperer d'une bourgeoisie, et la garnison s'estant rendeue sans trop s'ospiniastrer à une fort longue résistance, les officiers demanderent à se retirer chez eux, sous promesse de ne plus servir contre le roy, et les soldats prirent party dans ses troupes. Les dits MM. de Firmacon et du Coudray firent conduyre le canon, qui estoit resté au dit Stafort, au quartier de M. le Prince. »

D'après une légende accréditée à Astafort et rapportée par quelques historiens, Condé surpris à Astafort, aurait eu tout juste le temps de s'échapper par l'église Saint-Félix et de s'enfuir le long du Gers ; ses 400 gardes auraient été massacrés par les habitants et enterrés, sur le lieu même du combat, dans un champ voisin de l'église, désigné encore aujourd'hui sous le nom de « champ des huguenots. » La croix de pierre qui y aurait été plantée alors existe encore.

Condé a bien été surpris à Astafort, Larochefoucauld, son lieutenant et son historien, l'avoue, comme on vient de le lire, mais nous ne trouvons aucune trace d'un massacre aussi général.

Le journal de d'Harcourt, qui se plaît à rendre hommage à l'énergie dont les habitants d'Astafort firent preuve en cette circonstance, n'aurait pas manqué de signaler ce fait ; quelques soldats de Condé furent sans nul doute tués à Astafort, mais « lou camp dous higuenaous » pourrait bien n'être que l'ancien cimetière des huguenots d'Astafort, sur lequel l'armée de Condé avait posé son camp ; de là la légende enrichie par les années.

XXXII

SIÈGE DU PERGAIN

Quant au siège du Pergain, il dura huit jours; la garnison, à bout de vivres, dut capituler; les soldats sortirent «un bâton blanc à la main» et furent dirigés sur Lectoure et Fleurance où ils demeurèrent internés pendant quelques mois.

Nous ne reproduirons pas les détails que donne, sur ce siège, M. Labadie, le narrateur local contemporain, dont nous avons le récit sous les yeux, ils ont été publiés dans le fascicule « *la Fronde* » des archives historiques de la Gascogne; les impressions de cet homme de l'époque ont un intérêt général pour l'histoire de la fronde. Elles prouvent que les troupes de Condé étaient généralement très mal vues par les populations; l'armée royale fut accueillie en libératrice au Pergain. « Depuis huit ou dix jours, dit M. Labadie, les bandes de Condé pillaient, incendiaient et rançonnaient les habitants. »

> « Chose déplorable à voir, ajoute-t-il, les pauvres hommes étaient contraints de s'habiller en femme, afin que s'ils paraissaient devant les maisons, ils ne fussent pas reconnus de ces hotes, car si cela eût été, ils les auraient pris et fait mourir misérablement avec de gros coups, ou pour le moins leur auraient fait rôtir les pieds; ne se contentant pas encore de cela, ils avaient ramassé un grand nombre de sacs pour emporter le butin, etc., etc. »

L'impression éprouvée par les habitants du Pergain devait, sans nul doute, se produire, aussi mauvaise, dans tous les pays traversés par l'armée de la Fronde.

La présence de d'Harcourt avait singulièrement refroidi l'enthousiasme que les Agenais avaient d'abord témoigné à Condé. A l'approche des armées royales, ils se tournèrent en majeure partie contre les soldats de la Fronde. Labrunie raconte, en détail, page 148, les évènements qui se produisirent dans la ville à cette occasion. Condé dut se retirer, il ne reparut plus dans le pays.

XXXIII

LEGS DE CONTI

Conti avait-il conservé un bon souvenir de l'accueil que lui avaient fait les habitants d'Astafort, ou, pris de remords, voulut-il, à sa dernière heure, réparer, dans une certaine mesure, le mal qu'il avait causé à la ville?... toujours est-il que, par son testament, il légua 2,000 livres à la communauté. Le livre des Jurades constate la remise que les exécuteurs testamentaires du prince firent de cette somme aux consuls.

L'histoire militaire de la ville d'Astafort finit avec la Fronde, définitivement abattue par Louis XIV, la féodalité n'existait plus. La France était unifiée, et toutes les forces de la nation, groupées sous un même commandement, ne furent plus désormais employées qu'à vaincre l'étranger.

Astafort fournit largement aux armées du roi son contingent de soldats et de capitaines.

CHAPITRE III.

I

LA RELIGION A ASTAFORT.

La religion catholique, apostolique et romaine était, au moment
où furent rédigées les coutumes, la seule pratiquée à Astafort ; la
foi de nos pères a laissé, dans cette charte, une trace indéniable ; le
serment y joue un rôle prépondérant dans les affaires judiciaires ;
le serment prêté sur l'autel de Saint-Jean l'Évangiliste était, par
dessus tout, solennel. L'homme parjure eût été déshonoré, honni de
tous, considéré comme perdu dans ce monde et dans l'autre.

Il est même très intéressant de constater que, dans les sociétés
primitives, la crainte de Dieu était, contre les méfaits individuels,
une arme aussi puissante que la crainte des châtiments humains.

Les consuls d'Astafort s'occupèrent toujours des choses de l'église ;
l'active propagande des ministres protestants de Layrac et les fréquentes visites du roi de Navarre, ne parvinrent point à les en
distraire.

Les livres des Jurades constatent, à diverses reprises, qu'ils
prennent des arrêtés pour défendre de blasphémer dans les rues,
et de jouer pendant les offices ; en 1614, ils font un procès au curé
pour l'obliger à s'adjoindre trois vicaires qu'ils jugent nécessaires aux
besoins du culte ; en 1621, ils achètent des sandales et des mouchoirs
pour les capucins qui ont prêché le carême ; en 1701, ils constatent
par procès-verbal, la plantation d'une croix de mission ; en 1712, ils
invitent le curé à prendre deux vicaires ; leurs relations avec l'évèque
de Condom sont fréquentes et résultent de nombreuses lettres et pro-
cès-verbaux ; ils font enfin, en toute circonstance, acte de foi et de
dévotion.

II

MONUMENTS RELIGIEUX DE LA SEIGNEURIE

SAINT-FÉLIX

Les deux églises Saint-Félix et Sainte-Geneviève, qui existent encore à Astafort, datent de très loin.

A Saint-Félix, ancienne église paroissiale, aujourd'hui en ruines, le chevet de la primitive église du XIᵉ ou du Xᵉ siècle, existe encore ; on en voit les ruines derrière le chœur actuel ; elles sont appuyées de contreforts massifs qui en dénotent l'antiquité ; l'angle sud-ouest du bâtiment a aussi été conservé jusqu'à deux mètres environ au-dessus du sol ; les nouveaux murs se sont élevés sur ces bases.

La forme de l'ogive semble faire remonter la reconstruction au XIVᵉ ou XVᵉ siècle ; elle a été grossièrement faite et dénote un manque absolu de talent et de goût chez l'architecte qui en a dirigé les travaux.

En 1350, l'église Saint-Félix servait à l'exercice du culte, car les archives de la ville possèdent un testament par lequel un sieur Sanche demande à être enseveli « sous l'emban de l'église Saint-Félix ».

A diverses reprises, cette construction mal établie dut être réparée ; on voit par le livre des Jurades que des travaux furent souvent nécessaires, pour l'empêcher de tomber en ruines ; la façade a été en partie reconstruite, il est facile de le constater encore aujourd'hui ; le porche ou « emban » a été supprimé.

SAINTE-GENEVIÈVE

Le clocher de Sainte-Geneviève est assis sur un massif de vieilles constructions, restes d'un monument plus ancien peut-être que Saint-Félix ; le caractère du lourd Roman primitif s'y retrouve ; l'église a dû être la chapelle d'un château-fort, qui arrivait jusqu'aux murailles de la ville.

Il y a quelques années encore, on voyait derrière la maison qui appartient aujourd'hui à M. Dufour, les ruines des tours crénelées qui flanquaient le vieux bâtiment.

A quelle époque remontent église et château ? Qui les a construits ? Il est très difficile de le dire. Mais il est certain que Sainte-

Geneviève relevait du prieuré de Layrac fondé en 1062. Ce sont les bénédictins qui, vers la fin du XIVe ou XVe siècle, ont dû construire la jolie chapelle gothique qui existe sur le côté nord de l'église.

Il est probable que les seigneurs, propriétaires du château, avaient chargé les bénédictins du service de Sainte-Geneviève, en leur concédant, pour les indemniser de ce soin, les dîmes qu'ils prélevaient sur la seigneurie ; ces droits étaient considérables.

Il ressort d'un état dressé par le révérend père Wilfrid de Helme, prieur de Layrac[1], que les dîmes d'Astafort s'élevaient à 1254 livres[2] ; par contre, le couvent devait subvenir aux frais d'entretien d'un chapelain, de prédicateurs et du sacristain de Sainte-Geneviève ; il devait aussi payer l'impôt foncier.

Les droits du prieur de Layrac sur l'église Sainte-Geneviève d'Astafort dataient de loin, car les archives de la ville possèdent[3] un acte par lequel le pape charge, en 1387, un sieur « Sabatier, vicaire de Sainte-Geneviève, » de mettre sous séquestre « tout ce qui pouvait revenir, sur les redevances d'Astafort, à Pierre Duvergier, prieur de Layrac ».

Le pape prélevait en effet sa part des dîmes revenant aux bénédictins. D'après le compte des subsides levés pour lui en 1326, sur les paroisses de l'Agenais[4], la chapelle d'Astafort est taxée pour VI livres, la chapelle de Goulens pour XL sols, l'archidiaconée du Bruilhois pour LXX sols.

L'évêque d'Agen avait aussi des droits sur la paroisse d'Astafort ; les archives de l'évêché conservent, dit Labrunie, dans la chronologie des antiquités d'Agen, 1240 à 1303, « un acte portant ratification et approbation par le pape Clément V de dons et concessions faits, à l'évêque d'Agen, de droits de dîmes sur diverses paroisses et particulièrement sur celle « d'Astafort ».

Messieurs les prieurs de Layrac ne remplissaient cependant pas toujours leurs devoirs à la satisfaction des habitants. Nous possédons un acte notarié de 1652, par lequel Messieurs Dathia, sieur de Goudaillet et Moulinis, sieur de Beauregard, consuls d'Astafort,

---

[1] Archives nationales, carton Q, n° 607.

[2] Le même état évalue les dîmes de Caudecote, les 3/4 à 3590 livres ; celles de Laplume à 2161 livres ; celles d'Estillac à 2400, Lamontjoie et Roquelaure 714 livres, Sérignac 1700 livres, Andiran 210 livres, etc.

[3] Cote H. n° 9.

[4] Archives de la Gironde, vol. 19, p. 187 et 211.

saisissent au préjudice du prieur de Layrac, « dix sacs de blé provenant des dismes » parce que, depuis quelques années, il a négligé d'entretenir des chapelains à Sainte-Geneviève, et qu'ils ont dû faire faire le service par un prêtre étranger, soldé de leurs deniers.

CHAPELLES

Outre ces deux églises principales il y avait encore à Astafort la chapelle du couvent des Clarisses, la chapelle de Corpus Christi, située rue de Marroc, la chapelle de Fatigue, rue de Tarnac et des « angles », la chapelle Roux, celle de la confrérie des pénitents blancs, rue de Tarnac, et celle des pénitents bleus, rue des Vertus.

AMANS

L'église paroissiale d'Amans est très ancienne ; elle existait déjà en 1062; l'acte de fondation du prieuré de Layrac [1] mentionne l'église Notre-Dame d'Amans « Santa Maria de Mansovilla ».

Amans, aujourd'hui simple paroisse de la commune de Layrac, dépendait de la seigneurie d'Astafort, mais était administré par des consuls particuliers désignés par ceux d'Astafort.

Cette localité a dû être une station Romaine ; cachée au fond d'une gorge, loin de grandes voies de communication, elle dut être choisie comme lieu de refuge et de repos ; on retrouve dans les environs les fondations d'anciens bâtiments qui semblent remonter très haut ; quelques ruines existent, même encore aujourd'hui, au lieu appelé le « Couvent ».

Des éperons, des mors, des tronçons de lances et d'épées [2], ramassés dans un champ à côté de l'église, prouvent que la possession de cette station a été sérieusement disputée.

LASMARTRES.

Lasmartres qui dépendait alors de la seigneurie d'Astafort, avait aussi ses consuls particuliers, et son château seigneurial, dont le

[1] Archives de Layrac.

[2] Le forgeron d'Amans, le père du forgeron actuel, a transformé nombre de ces précieux débris, en clous de sabots pour ses clients.

propriétaire était vassal des seigneurs d'Astafort. L'église de Lasmartres n'avait rien de remarquable.

Nous avons trouvé dans les minutes de M. Goze, notaire à Astafort, un acte du 17 juillet 1723, par lequel Géraud Beles, Pierre Richefort, consuls, et Dominique Tarné, syndic de Lasmartres, assistés de Fournex, procureur juridictionnel de Lasmartres, mais habitant Astafort, et aussi de divers jurats, approuvent une transaction passée à Toulouse en 1714, entre ledit syndic et Georges Labarthe, archiprêtre de Sempeserre qui avait fait le service de la paroisse.

BARBONVIELLE.

Barbonvielle, qui est resté une paroisse-annexe d'Astafort, dépendait de cette seigneurie, mais avait aussi ses consuls particuliers et son église.

Une dame de Mareux de Montauban, faisait en 1766 hommage au roi, pour le château de Barbonvielle « ruiné par les guerres de religion ».

L'église n'offre rien de remarquable.

ANDIRAN.

Andiran qui dépend aujourd'hui de la commune de Cuq, était autrefois le siège d'une communauté qui appartenait à la seigneurie d'Astafort. Caubillan [1] faisait partie de la paroisse d'Andiran ; l'église est maintenant abandonnée.

SAINT-AVIT DE PARAIX.

La paroisse de Paraïx fut supprimée en 1793 ; nous avons eu sous les yeux de nombreux documents portant la signature de M. Phiquepau, curé de Paraïx.

Un acte du 15 mai 1561, conservé aux archives nationales [2], constate la vente faite par les commissaires du roy à un sieur

---

[1] Caubillan est le berceau des Baradat qui étaient aussi en 1578 sieurs de Rozès ; une branche s'en détacha dans le XVIIe siècle, elle fournit à la France plusieurs capitaines, des chanoines et un évêque, comte de Noyon. Quelques-uns revinrent finir leurs jours dans la seigneurie d'Astafort (arch. nat. et arch. d'Astafort et de Cuq). Chacune des branches a conservé sa part du domaine de Caubillan jusqu'au milieu de ce siècle.

[2] Archives nationales, carton Q, n° 607.

Campas et consorts, de tous les droits de la couronne sur la communauté et paroisse de Paraïx.

GLEYSE VIEILLE ET ROQUES

Il y avait une vieille église sur le plateau qui domine Astafort et qui est encore dénommé à « Gleyzo bieillo » ; nous avons vu, cette année même, des pierres ayant appartenu à la porte de cet édifice ; on les employait à établir un ponceau qui aboutit du champ à la grande route de Miradoux. Ces débris prouvent que la construction remontait à l'époque Romane.

A Roques, existait aussi l'église « Saint-Clément » dont il ne reste plus de traces.

ERMITAGE DE SAINT-JEAN.

Saint-Jean était un ermitage dans lequel nous voyons par le livre des Jurades, que les consuls d'Astafort autorisèrent, à diverses reprises, des moines ou des prêtres à se retirer.

En 1685, l'ermitage de Saint-Jean était occupé par un prédicateur célèbre, le révérend père Gabriel. C'est un M. Laplaigne, curé de Fals, qui le signale dans un mémoire relevé par M. Tholin, dans les archives municipales de cette commune.

Louis XIV venait de révoquer l'édit de Nantes, le 22 octobre 1685, bon gré malgré, les protestants étaient obligés de se convertir ; trois compagnies d'infanterie arrivèrent un soir à Layrac pour activer leur décision.

« Le matin de la Nativité de la Sainte-Vierge, dit M. Laplaigne, se fist eune procession où tous ces nouveaux convertis « en apparence » se trouvèrent. On leur avait donné pour les contenter, le meilleur prédicateur du pays, « le révérent père Gabriel, ermite d'Astafort, prêchant bien et très doctement ».

L'ermitage de Saint-Jean fut occupé en dernier lieu par des capucins récollets. Ermitage et chapelle ont disparu.

III

ORDRES ET CONFRÉRIES.

Il y avait à Astafort, deux compagnies de pénitents : les bleus et les blancs, et aussi quatre confréries :

Les marchands drapiers, placés sous l'invocation de la Sainte-Vierge.

Les laboureurs, placés sous le patronage de Saint-Blaise.

Les tisserands qui avaient Saint-Eutrope pour patron.

Et les cordonniers, placés sous le patronage de Saint-Crépin.

Les statuts de la confrérie de Saint-Crépin étaient divisés en neuf articles.

Les confrères devaient professer la religion catholique, payer une cotisation de 3 livres 10 sols à leur réception ; assister aux sépultures des confrères, et aux offices le jour de la Saint-Crépin.

Il semble résulter de l'énonciation de quelques actes, que les templiers auraient séjourné à Astafort, mais nous n'avons pu découvrir aucune trace positive de leur établissement dans la ville.

On sait déjà que les Bénédictins faisaient le service de Sainte-Geneviève.

Mais l'établissement religieux le plus important était le couvent de Saint-Claire, ordre de Saint-François ; le couvent était très riche ; il avait des armoiries particulières décrites dans l'Armorial général de France, volume 13. Les 28 ou 30 religieuses qui le composaient visitaient et assistaient les malades de la ville et donnaient l'instruction aux jeunes filles ; une école gratuite était ouverte aux enfants pauvres, et un pensionnat supérieur recevait l'élite des jeunes filles de la contrée. Nous avons sous les yeux un acte notarié, du 9 mars 1652, qui constate que deux demoiselles de Galard de Terraube, Anne et Gabrielle, y entrèrent comme élèves pensionnaires, et que l'une d'elles y prit le voile. Elle en devint plus tard abbesse.

Les bâtiments du couvent étaient très vastes. La gendarmerie est aujourd'hui installée dans la partie centrale où se trouvaient les cloîtres. Des particuliers ont acquis le restant.

VI

HÔPITAL.

Astafort possédait un hôpital qui rendait de très grands services à la classe pauvre de la ville et de la seigneurie. Nous avons déjà vu qu'en 1586, un sieur Péricot rendait compte de sa gestion ; la fondation de cet établissement remonte donc très haut. Les gens riches du pays lui faisaient de nombreux dons et legs que relatent les archives de la ville, les actes des notaires et les archives de l'hospice de Condom [1].

CHAPITRE IV

FÉODALITÉ — JUSTICE — ADMINISTRATION

I

FÉODALITÉ

Au moment où furent rédigées les coutumes qui ont motivé cette notice, la seigneurie d'Astafort était tenue en pareage par six coseigneurs ; ils avaient pour suzerain immédiat le duc de Guyenne, et pour souverain supérieur le Roi de France.

La seigneurie était divisée en un grand nombre de propriétés, constituées les unes par des terres libres, dont les propriétaires ne devaient aucune redevance aux seigneurs ; c'étaient des terres de « franc alleu » ou « franc dat », les autres par des terres féodales que les détenteurs ne possédaient qu'à titre de « fief » (espèce de bail emphythéotique), à charge de payer au seigneur une redevance annuelle « oblies » et en cas de mutation un droit « d'acceptes [2] ». Les propriétaires de terres « alleu » pouvaient avoir des feudataires ; les feudataires avaient la faculté de céder leurs droits sur le fief ou de le sous inféoder.

Quelle est l'origine des droits de propriété des seigneurs d'Astafort ? Il nous serait difficile de remonter jusqu'au premier titulaire ; nous pouvons toutefois rappeler les faits historiques qui paraissent avoir constitué les droits féodaux en général. Nous allons le faire en quelques mots, nous appuyant principalement sur les mémoires, préparés à l'occasion d'un procès intenté, au XVIIIe siècle, par les communautés de l'Agenais au duc d'Aiguillon, engagiste des droits du roi sur nos contrées.

Lorsque les Gaules passèrent sous la domination des Romains,

[1] Cote B. 9.
[2] Droit analogue au droit d'enregistrement.

elles étaient divisées en un grand nombre de communautés, régies par un corps administratif composé de leurs propres citoyens ; certaines de ces communautés, plus importantes, avaient le titre de cités et étaient le centre d'une circonscription placée sous la dépendance d'un chef politique et d'un chef religieux.

Plusieurs cités formaient une circonscription plus grande encore, dont l'administration était confiée à un chef supérieur.

Les Gaulois ayant été forcés, après quelques impuissants efforts, de subir l'alliance des Romains, eurent la satisfaction de voir, à peu de chose près, respecter leurs libertés communales.

Les cités continuèrent à être administrées par leurs propres citoyens ; les vainqueurs, devenus leurs alliés, se bornèrent à y placer des agents chargés de percevoir les impôts.

Les chefs Gaulois des grandes circonscriptions furent aussi remplacés par un gouverneur de province.

Les vainqueurs s'emparèrent bien du territoire conquis, mais seulement à titre de propriétaires supérieurs; car, en fait, la République laissa à chaque particulier les terres qu'il possédait avant la conquête, à la simple charge d'acquitter aux mains de leurs gouverneurs, l'impôt (census) qui leur incombait. Elle ne conserva en toute propriété que les terres sans maître.

Ces terres disponibles furent en partie destinées à l'entretien des légions Romaines qui occupaient la province ; d'autres furent données en récompense aux citoyens qui avaient rendu des services au pays. Elles ne devaient aucun impôt ; c'était la terre « alleu ».

Les Francs s'étant emparé des provinces gallo Romaines, à peu près aussi facilement que les Romains, en étaient eux-mêmes devenus les maîtres, ne modifièrent, non plus, rien ou peu de chose, à la propriété particulière et à l'administration des cités.

Les rois Francs devinrent propriétaires des terres libres qui eurent la même destination. Les comtes remplacèrent les gouverneurs des provinces, et s'efforcèrent de s'attacher les anciens gouverneurs des cités, ne destituant que ceux qui refusèrent obstinément de se soumettre au vainqueur ; c'est au nom des rois Francs que chacun de ces fonctionnaires, dans la limite des pouvoirs qu'il avait reçus, rendait la justice et percevait les impôts, sur lesquels une partie lui était attribuée.

Ces mandats, d'abord confiés à temps, furent ensuite confiés à vie ; un peu plus tard, les fils succédèrent aux pères ; ces charges s'appelèrent « bénéfices ».

Grâce à la faiblesse des rois de la deuxième race, les officiers s'approprièrent peu à peu les bénéfices, et la majeure partie des droits qui étaient primitivement l'apanage de la royauté ; ils firent rendre la justice en leurs noms, s'attribuèrent les services des gens de guerre, chacun dans leur circonscription, ne laissant au souverain que l'hommage, le serment de fidélité et quelques redevances qui devinrent tous les jours plus minimes. Les anciens possesseurs, restés en place, suivirent naturellement cet exemple.

Hugues Capet chercha à réagir contre l'esprit d'indépendance de ses vassaux, mais sans les brusquer, car la force lui manquait ; il leur concéda, à titre définitif, les droits qu'ils avaient usurpés, mais en établissant d'une façon régulière les charges qui devaient compenser cet abandon.

C'était la féodalité.

Les droits des seigneurs d'Astafort ont sans doute cette origine.

II

AUTORITÉ DES SEIGNEURS

L'autorité des seigneurs, qui était omnipotente au début, s'amoindrit peu à peu, sous les efforts combinés de la royauté qui poursuivait leur abaissement, et du peuple qui cherchait à s'en affranchir.

Absorbés par les soucis de la guerre et par la surveillance de domaines nombreux et éparpillés, les seigneurs furent amenés à confier à des délégués, le soin d'administrer les cités et de rendre la justice ; ils facilitèrent ainsi involontairement l'émancipation des communautés, que l'établissement des coutumes écrites vint accomplir.

Les lois Romaines, et des usages traditionnels, réglaient au début le modus vivendi des cités seigneuriales ; mais les usages, mal définis, prêtaient à l'arbitraire ; ils ne furent bientôt plus suffisants ; les rois de France provoquèrent l'organisation régulière des communes ; Louis le gros, Saint-Louis, le roi Jean, Charles VI, concédèrent les premiers privilèges écrits ; ce fut le signal ; chaque communauté posséda bientôt ses coutumes.

A dater de ce moment, les Consuls devinrent les véritables maîtres des cités ; indépendants des seigneurs, ils eurent le droit d'établir eux-mêmes les règlements intérieurs, de créer des impôts et de rendre la justice, assistés d'une Cour composée de citoyens choisis par eux et désignés sous le titre de Jurats ou de prud'hommes. Il ne resta aux seigneurs qu'un semblant d'hommages, les redevances de leurs domaines donnés à fief aux habitants de la seigneurie, et quelques droits que percevaient leur baylle.

C'était le premier pas de la révolution; Louis XIV, en achevant de briser la chaîne féodale, lui aplanit définitivement la route, ne se doutant pas qu'elle devait, quelques années après, faire tomber la tête de son petit-fils Louis XVI.

III

SEIGNEURS D'ASTAFORT

Quels furent les premiers seigneurs d'Astafort? il nous est impossible de remonter aussi haut.

Les plus anciens dont l'histoire nous ait conservé les noms, datent de 1030; ils appartiennent à la famille de Lomagne et de Terride, qui semble avoir possédé la seigneurie d'Astafort depuis les temps les plus reculés.

C'est aux mains de l'un de ses descendants par les femmes, que nous la retrouverons encore en 1789.

Les archives de la Gironde, la chronique historique des vicomtes de Lomagne [1], l'acte des coutumes, les archives de la ville, quelques actes conservés dans les études des notaires d'Astafort, et enfin les documents que M. Jules de Bourrousse de Laffore nous a autorisé à puiser dans son grand et difficile travail sur la *Race Mérovingienne jusqu'à nos jours* (histoire, filiation et preuves), ce dont nous tenons à le remercier ici, nous ont permis de suivre, à travers les siècles, quelques-uns des seigneurs, jusqu'à l'époque révolutionnaire qui les a fait disparaître.

Nous allons en donner le tableau aussi complet qu'il nous a été possible de l'établir.

XIᵉ ET XIIᵉ SIÈCLES

Arnaud Odon Iᵉʳ, vicomte de Gascogne, de Lomagne, d'Auvil-

---

[1] Art de vérifier les dates, vol. 11 p. 280.

lard, de Gimoès, de Gavarret et de Bruilhois, de 990 à 1030, est le plus ancien personnage connu qui paraisse avoir été propriétaire de la seigneurie d'Astafort.

Il eut pour fils :

Arnaud II, vicomte de Lomagne, d'Auvillars, de Gimoès et de Terride qui, après 1030, renonça au titre de vicomte de Gascogne au profit de Bernard II Tumapoler, comte d'Armagnac ; il transmit ses droits sur la seigneurie d'Astafort à ses fils :

Odon II, qui continua les vicomtes de Lomagne et d'Auvillars, et Raymond Arnaud de Lomagne qui a formé la branche de Gimoès et de Terride ; ce dernier eut pour fils :

Arnaud Gausbert de Lomagne, auquel succéda son fils Gautier.

Gautier de Lomagne de Terride, vicomte de Gimoès, prince de Verdun sur Garonne, fils d'Arnaud Gausbert et petit-fils du vicomte Raymond Arnaud, assiste en 1138 à un acte passé avec le comte de Toulouse.

Ce Gautier divisa ses domaines entre ses trois enfants :

Arnaud, Gausbert et Escaronne.

Escaronne de Lomagne épousa Bernard Jourdain, seigneur de l'Isle-Jourdain, et lui porta en dot une partie de la seigneurie d'Astafort.

Arnaud de Lomagne, son frère, vicomte de Terride et de Verdun, était bien aussi propriétaire d'une partie de la seigneurie d'Astafort, puisque en 1163, ainsi que nous l'avons vu au début de cette notice, il divise ses domaines entre ses trois enfants, dont l'aîné

Bernard Ier prend le nom d'Astafort ;

Arnaud, le second, le nom de Montaigu ;

Et Guillaume, le troisième, celui de Verdun.

A la même époque, 1178, vivait un autre Lomagne qui devait aussi avoir des droits sur la seigneurie d'Astafort et qui devait être fils ou petit-fils d'Odon II de Lomagne, c'est :

Vézian de Lomagne, dont il a été question dans la notice qui précède.

Les droits de Bernard Ier sur la seigneurie d'Astafort se partagèrent entre ses deux enfants :

Othon ou Odon III de Lomagne et d'Astafort, vicomte de Gimoès et de Terride, qui figure dans un acte en 1195.

Comtesse [1] de Lomagne et de Terride, dite d'Astafort, qui épou-

___

[1] Les titres de « comtesse » et de « marquise » étaient souvent donnés aux filles comme prénom.

sa Bernard de Révignan [1], seigneur de Moncaut, et lui porta en dot sa part de la seigneurie d'Astafort.

XIII⁰ SIÈCLE

Othon III, marié en 1141, eut une fille nommée Philippe, qui se maria en 1180 à Hélie de Talayran, comte de Périgord; une partie de la seigneurie d'Astafort lui appartenait, on le verra plus loin.

Et aussi un fils, Bernard II de Lomagne et d'Astafort, chevalier, vicomte en partie de Gimoës et de Terride; il épousa Alpaïs de l'Isle-Jourdain.

En même temps existait aussi un autre Odon IV, fils de Vézian, vicomte de Lomagne, qui épousa Mothe ou Marquéze de Pardiac.

Du mariage de ce dernier Odon, naquirent trois fils.

Vivian ou Vézian II de Lomagne et d'Auvillard ;

Guillaume de Lomagne, 1er seigneur de Fimarcon ;

Géraud Trencaleon de Lomagne, seigneur de Blaziert et de Montagnac sur Auvignon.

Ce Géraud I, seigneur de Blaziert, laissa trois fils en mourant avant 1249.

Gaston de Lomagne ;

Vézian de Lomagne et de Blaziert [2] ;

Et Arnaud de Rovinhan.

Une sentence arbitrale est rendue le 7 septembre 1255 entre les trois frères d'une part, et leur oncle, Bernard d'Astafort, au sujet du partage d'une succession [3] — celle du grand-père probablement.

C'est sans doute à la suite de toutes ces subdivisions du patrimoine de la famille de Lomagne, que la seigneurie d'Astafort se trou-

---

[1] En 1195, Bernard de Révignan, revenant de la cour d'Alphonse IX le « noble » roi de Castille (de 1250 à 1314), fait donation de la dîme de Taxoere à Bernard, abbé de Sauvelade.

Ce qui obligea, dit Marca, p. 500, Odon de Tarride, (Odon de Lomagne d'Astafort), qui possédait la moitié du château de la dîme de Taxoere, et sa sœur nommée comtesse de Moncaup, de faire une semblable libéralité de leur portion en faveur de ce monastère, ce qui fut confirmé sous l'ormeau de Moncaup, en présence de Bertrand de Beceyras, évêque d'Agen, etc. ».

[2] Gaston et Vezian de Lomagne et de Blaziert étaient seigneurs de Montagnac-sur-Auvignon ; ils donnèrent à cette ville le 13 mars 1278 des coutumes, dont nous nous disposons à publier le seul extrait qui ait pu être retrouvé, et qui est conservé aux Archives de la Préfecture de Lot-et-Garonne.

[3] Documents historiques sur le département de Tarn-et-Garonne par M. Fr. Moulenq.

vait, en 1286, appartenir en pareage, avec des droits inégaux à six coseigneurs au moins, dont les noms nous sont fournis par les actes d'hommage rendus à Edouard, roi d'Angleterre, duc de Guyenne et comte d'Agenais, que nous avons reproduits à leur date, dans la Notice historique, chapitre II, p. 21. Voici leurs noms :

Messire de Puy-Barsac, chevalier, qui n'était autre que Augier de Durfort, en même temps coseigneurs de Clermont Soubiran, et autres lieux.

Bernard Moyss, damoiseau, l'un des plus puissants seigneurs de l'Agenais.

Arnaud de Latour.

Vivian ou Vezian de Lomagne, représenté par Salabrun de Bolenx, son tuteur spécial.

Guillaume de Lomagne, dit d'Astafort, agissant avec le conseil de Bernard de Révignan, son oncle.

Et Raymond de Latour.

Nous voyons encore un Bernard d'Astafort faire, à la même occasion, des actes d'hommage au roi d'Angleterre pour ce qu'il possède dans diverses paroisses, notamment à Ste-Marie de Ville-longue, et Florac. « Item Bernardus de staforti, miles recognovit se debere etc., etc., quod habet in castro de monte gaillardo ». Mais il n'a été découvert aucune reconnaissance féodale pour Astafort. Il est cependant probable qu'il avait la copropriété d'une partie de cette seigneurie dont il portait le nom.

XIV° SIÈCLE

Les coutumes nous donnent les noms des six coseigneurs qui possédaient la seigneurie d'Astafort en 1304.

Messire Arnaud Durfort[1], le fils d'Augier de Puy-Barsac, agissant tant en son nom que comme mandataire de sa femme ;

Géraude de Melsenha, qui devait être, par sa mère, la petite-fille de Raymond de Latour que nous ne retrouvons pas.

Messire Vivian ou Vezian de Lomagne[2], le même que nous avons vu encore mineur en 1286.

---

[1] Les Durfort portaient d'azur au lion d'argent.

[2] Les Lomagne portaient d'argent au lion de gueules.

Messire Pierre de Révignan[1] et de Moncaut, représenté par son oncle Guillaume Raymond de Révignan.

Les Révignan avaient sans doute acquis leurs droits sur la seigneurie d'Astafort, par le mariage de la comtesse de Lomagne, que nous avons vu plus haut épouser un Bernard de Révignan, vers la fin du xii⁰ siècle.

Messire Arnaud de Latour, le même certainement qui rendait son hommage en 1286.

Messire Bertrand Moyss, probablement le fils de Bernard qui figure en 1286.

A diverses époques du xiv⁰ siècle, on retrouve dans des actes notariés ou judiciaires, conservés aux archives d'Astafort, les noms de :

Bertrand de Latour ; Vezian de Lomagne ; Guillaume d'Astafort ; Vézian Moyss (1348) ;

P. de Révignan, avec le titre de coseigneur d'Astafort en 1351 ;

Guillaume de Durfort, en 1369 ; A. de Faugarolles en 1374 ; plus tard : Pierre de Latour ; Pierre de Faugarolles.

XV⁰ ET XVI⁰ SIÈCLES

Les comtes d'Armagnac[2], en outre des droits de suzeraineté dont ils jouissaient depuis 1268, avaient encore l'entière propriété du quart de la seigneurie d'Astafort ; cette part leur appartenait, soit pour leur avoir été donnée en 1350 en récompense de services rendus à la France, soit pour leur avoir été apportée en dot par une femme sortie de la famille des vicomtes de Lomagne [3]. Nous avons vu, en effet, dans le cours de la notice historique qui précède, que les fils des comtes d'Armagnac prirent souvent le titre de vicomtes de Lomagne.

A la confiscation de leurs biens, en 1473, cette part de la seigneurie fut donnée par le roi à :

---

[1] Les Révignan portaient d'azur à 12 roses d'or posées en orles, et un écusson d'argent en cœur chargé d'une croix de gueules (Armorial de Guyenne, p. 499).

[2] Les d'Armagnac portaient de gueules au lion léopardé d'or.

[3] Le comte de Talayrand Périgord héritier de Philippe de Lomagne, sa femme, donna en 1301 sa part de la vicomté de Lomagne à Philippe-le-Bel, roi de France, qui, à son tour, en fit don à Garcie du Gout, ainsi que nous l'avons vu page 25. G. du Gout constitua ces biens en dot à sa fille Régine, en la mariant, en 1311, à Jean I⁰ʳ, comte d'Armagnac.

Robert de Balzac[1], sénéchal d'Agenais, qui devint à leur place, co-propriétaire, pour un quart, de la seigneurie d'Astafort.

Le reste de la seigneurie semble avoir appartenu pendant la même période aux seuls membres de la famille de Lomagne.

Un Bernard de Lomagne, descendant de Bernard d'Astafort, dont il a été précédemment question, avait en effet laissé en mourant en 1413, deux filles, Jeanne et Marcy ou Mazaïde.

Jeanne de Lomagne avait en 1400 épousé Jean Roger de Comminges, et lui avait aussi apporté une partie de la seigneurie d'Astafort.

Du mariage d'Augier de Montaigu, avec Jeanne de Lomagne, survint un fils désigné dans un acte de 1429 sous le nom de :

Jean de Montaigu de Lomagne, « comte » d'Astafort, seigneur de Nègrepelisse, qui épousa en 1432, l'héritière de la maison de Cuzorn.

De ce mariage naquirent deux fils :

Louis de Montaigu de Lomagne qui devint le neveu du baron de Fumel, et

Jean de Montaigu de Lomagne, dont le fils :

Jacques de Montaigu de Lomagne, prend le titre de seigneur d'Astafort. Celui-ci eut une fille :

Armoise de Lomagne qui se maria d'abord au baron de Fumel, le 11 juin 1578, puis le 5 avril 1587, à Balthazard de Thoiras[2].

A partir de cette époque nous ne trouvons plus trace dans cette branche, de la seigneurie d'Astafort qui, sauf les droits du roi de France, dont il sera plus bas question, semble avoir appartenu, tout entière, aux descendants de la branche des Lomagne constituée par le mariage de Mazaïde avec Roger de Comminges.

De ce mariage était née, en effet, une fille :

Marthe Roger de Comminges, qui, par suite de la mort de ses cinq frères, fut la seule héritière de la fortune de ses parents ; elle épousa, le 5 décembre 1427, Odet de Lomagne, seigneur de Fimarcon, qui devint ainsi seigneur de Gimoës et d'Astafort.

Par un testament du 17 septembre 1478, Odet de Lomagne institua pour son héritier général, Jacques, son fils aîné, mais en réservant la seigneurie d'Astafort pour son jeune fils, Gilles.

---

[1] Les armoiries de la famille de Balsac, décrites dans les Généalogies de France, vol. II, p. 435, sont : Ecartelé, au 1er et au 4me, d'azur à trois sautoirs d'argent, 2me et 1er au chef d'or, chargé de trois sautoirs d'azur, au 2me et 3me de gueules à 3 fermaux d'or ; et sur le tout à la givre d'azur à l'essaut de gueules.

[2] Généalogie de la famille de Montaigu de Mondenard.

Gilles de Lomagne fut donc seigneur d'Astafort, mais il dut mourir sans enfants, car nous retrouvons en 1499 la seigneurie sur la seule tête de Anne de Lomagne, fille de Jacques, son frère aîné. Elle en était propriétaire, lorsque le 23 mars de cette même année elle épousa :

Aymery de Narbonne-Lara qui devint ainsi marquis de Fimarcon[1] et seigneur d'Astafort.

Bernard de Narbonne-Lara, leur fils, marquis de Fimarcon, vicomte de Couseran, seigneur d'Astafort, eut un procès avec Jean ou Anet de Platz, évêque de Bazas et prieur de Layrac, au sujet des dîmes d'Astafort, il obtint un arrêt contre lui le 7 septembre 1547 [2].

Il eut pour successeur dans la seigneurie d'Astafort, son fils :

Jean-François de Narbonne-Lara, baron de Talairan, marquis de Fimarcon, chevalier de l'ordre du roi, capitaine de 50 hommes de ses ordonnances.

Ce fut Amalric de Narbonne-Lara, son fils, marquis de Fimarcon, né en 1570, qui lui succéda dans la propriété de la seigneurie d'Astafort.

XVIIe SIÈCLE.

La seigneurie paraît reposer maintenant sur la seule tête de cet Amalric de Narbonne.

Comme son père, il était capitaine de 50 hommes et chevalier des ordres du roi ;

Grièvement blessé au siège de Montauban, il fit son testament le 16 juin 1621, et mourut le 8 août 1622.

Amalric de Lomagne Fimarcon s'était marié avec Marguerite d'Ornesan, dame d'Auradé, le 24 octobre 1592, il en avait eu sept enfants :

Jacques, François, Hector, Jean-Paul, Charles, Henri-René, et Paule-Françoise.

Jacques d'Astafort de Lomagne, l'aîné, fut tué à Bordeaux en 1616.

François mourut trois jours avant son père, le 5 août 1622, d'une blessure reçue au siège de Clairac.

---

[1] Les armoiries de la famille de Fimarcon, décrites à l'Armorial général de France, vol. XIII, p. 180, sont d'argent à un lion de sable lampassé et armé de gueules.

Celles de Narbonne sont de gueules pleine.

[2] Archives de la famille d'Esclignac.

Hector fut tué au siège de Pamiers, en mars 1628.

La seigneurie d'Astafort appartenait, on le voit, à une famille de braves.

Jean, Paul-Charles et Henri-René moururent jeunes et aussi sans enfants.

Paule Françoise, qui s'était mariée le 4 mai 1623 à Paul Antoine de Cassaignet, seigneur de Tilladet et de Caussens, hérita de toute la fortune paternelle et devint marquise de Fimarcon et propriétaire de la seigneurie d'Astafort.

Les études des notaires d'Astafort possèdent plusieurs actes dans lesquels elle prend, en 1652, les titres de « Haute et puissante dame Paule Françoise de Narbonne et de Lomagne, marquise de Fimarcon, dame d'Astafort, Auradé, Seyches et autres places.

Elle eut pour fils et successeur :

Jean-Jacques de Cassagnet, marquis de Fimarcon, né en 1628, qui fut colonel du régiment d'Anjou.

Jean-Jacques de Cassagnet est qualifié marquis de Fimarcon et d'Astafort et même « marquis d'Astafort » dans un acte de 1652 retenu par M. Agasson, notaire royal à Lectoure.

Il mourut à Paris, le 28 janvier 1708.

XVIIIe SIÈCLE

Ce Jean-Jacques de Cassagnet, marquis de Fimarcon et « d'Astafort », eut treize enfants, entr'autres :

Le marquis de Narbonne, brigadier du roi, mort le 6 août 1692, des blessures qu'il avait reçues au combat de Steinkerque.

Jacques de Cassagnet de Tilladet, Lomagne, Narbonne, etc., lieutenant-général du royaume, qui s'intitule seigneur en toute propriété de la seigneurie d'Astafort, le 2 février 1724 ; mort le 15 mars 1730.

Le marquis de Tilladet, colonel de dragons, mort en 1708.

Michel-Louis, aussi colonel de dragons, qui prenait le titre de « comte d'Astafort » ; il mourut le 24 février 1710.

Aimeri de Cassagnet, marquis de Fimarcon en 1730, chevalier de Malte, lieutenant-général des armées du roi le 1er janvier 1748.

Tous décédèrent sans postérité.

Louise de Cassagnet-Fimarcon, née en 1659, qui s'était mariée en 1685 avec Aimeri de Preissac, marquis d'Esclignac, avait seule laissé un fils :

Jean-Henri de Preissac, marquis d'Esclignac[1], qui devint, par la mort de son oncle Aimeri de Cassagnet dont il fut l'héritier, marquis de Fimarcon et seigneur d'Astafort, prit le titre de « comte d'Astafort ».

Charles Magdeleine de Preissac, son fils, lui succéda. Il fut vicomte d'Esclignac, marquis de Fimarcon et seigneur d'Astafort ; il était lieutenant-général des armées du roi en 1780. Il eut pour fils :

Henri-Thomas-Charles de Preissac, marquis d'Esclignac et de Fimarcon, né en 1763. Il était grand-croix de l'ordre de Saint-Jean ; en 1787 il se maria avec Elisabeth, princesse de Saxe, nièce de la Dauphine, mère des rois Louis XVI, Louis XVIII et Charles X.

Henri-Thomas d'Esclignac fut le dernier seigneur d'Astafort.

LES ROIS DE FRANCE SEIGNEURS D'ASTAFORT.

On a vu que depuis le xviie siècle, les marquis de Fimarcon se disaient seuls seigneurs d'Astafort ; les rois de France prétendaient cependant avoir aussi des droits indivis sur cette seigneurie, « à cause de leur comté d'Armagnac ».

Le roi de Navarre avait tout au moins une partie de la seigneurie qu'il tenait de Jeanne d'Albret, et nous l'avons vu, à son avènement au trône de France, donner la ville d'Astafort à sa sœur Marguerite de Navarre.

Nous avons aussi sous les yeux, un acte reçu par M. Dupin, notaire, « En présence de Me Tourné, juge royal de la ville d'Astafort », par lequel le commissaire du roy donne à un habitant de la ville, une vigne à titre de « fief direct », comme coseigneur d'Astafort, garantissant qu'aucun autre seigneur ne pourra prétendre droit de seigneurie sur cette vigne.

Les consuls, enchantés de cette division d'intérêts, favorisèrent par tous les moyens, les prétentions de la couronne, et s'empressèrent, toutes les fois que l'occasion s'en présenta, de rendre leur hommage au roi de France, comme seigneur direct.

Nous devons à l'obligeance de M. du Mas de Rouly, archiviste de Montauban, la communication d'un acte d'hommage conservé aux archives de cette ville, acte dont nous avions déjà trouvé l'indi-

---

[1] Les armoiries de la famille d'Esclignac sont : Ecartelé au 1er d'argent à un lion de sable, lampassé et armé de gueules, au 2me d'azur à quatre fasces d'or, au 3me d'azur à un pal d'or, au 4me d'or à un lion de gueules lampassé et armé d'azur et une bordure aussi d'azur.

cation dans un mémoire des Consuls d'Astafort[1] ; en voici un extrait :

C'est M. Daniel Goze, l'un des consuls d'Astafort, qui, le 27 octobre 1633, « tête nue, sans ceinture, reconnaît, au nom de la communauté, que les consuls tiennent du roi :

1° « La justice criminelle et la police qu'ils exercent avec le bailli d'honneur, au nom de Sa Majesté ;

2° « Les boucheries[2], le droit de poids, la halle de la ville, mouvant de Sa Majesté et du seigneur marquis de Fimarcon. »

Un siècle plus tard, le 26 janvier 1766, les consuls d'Astafort représentés par M. Duffourc aîné, réitérèrent encore au roi de France leur hommage comme coseigneurs d'Astafort.

Nous avons trouvé aux archives nationales[3] l'acte par lequel le lendemain 27 janvier, ils déclarent, en présence de « Messeigneurs les Chevaliers, Présidents, Trésoriers de France et Juges des domaines du roy, en la généralité de Bordeaux, qu'ils possèdent « noblement à foy et hommage du roy, à cause de son comté de Condomois » :

1° « La justice criminelle et celle de la police dans l'étendue de ladite ville et juridiction d'Astafort. »

2° « Les petites et grandes boucheries, les droits de halle et boucherie du bétail et des oisons, suivant les coutumes de la ville. Les droits qui se prennent et perçoivent dans les quatre foires qui se tiennent chaque année, et dans les deux marchés qui s'y tiennent chaque semaine, ensemble les fossés et patus communs qui sont situés devant les portes de la ville. »

Cet hommage fut accepté, « nonobstant toute opposition », le 26 mai 1766.

La révolution vint déchirer aussi bien les titres du roi, que ceux de la famille de Fimarcon d'Esclignac, sur la seigneurie d'Astafort.

IV.

JUSTICE.

Les seigneurs étaient, dans les premiers siècles, les seuls justiciers de la seigneurie.

---

[1] Cote CC I des archives d'Astafort.

[2] Le livre des jurades de 1679 indique que les boucheries furent affermées à la condition que la viande serait vendue à raison de 6 sous la livre.

[3] Carton Q 1, n° 607.

Plus tard, et surtout à dater du jour où des coutumes écrites furent concédées au pays, le droit de rendre la justice fut conféré aux consuls assistés d'une Cour.

La Cour d'Astafort était composée du baylle, des consuls, et d'un certain nombre de prudhommes; elle rendait la justice haute et basse, civile et criminelle.

Les justiciables avaient le droit de porter en appel devant le « Seigneur Supérieur, » les jugements rendus par la Cour d'Astafort.

Ce Seigneur Supérieur fut d'abord le Comte d'Agenais.

Après avoir été placée en 1317 dans le territoire de l'évêché de Condom, la seigneurie d'Astafort conserva encore l'option de porter ses appels à Agen ou à Condom, parce que le sénéchal d'Agenais était en même temps sénéchal de Condom [1].

Les habitants d'Astafort eurent la prétention de continuer à user de cette faculté, même après l'érection du siège de Condom en présidial.

Lorsqu'en 1552 fut dressé l'état de la sénéchaussée par les commissaires royaux, les consuls d'Astafort exposèrent dans une protestation du 24 septembre, « combien de tout temps et ancienneté et mémoire perdue, ils soient en option et liberté d'aller à celluy des dictz sièges que bon leur semble, ou bien à Agen ou au dict Condom, etc.», ils font valoir la distance qui les sépare de Condom pour appuyer leur prétention.

Un arrêt du conseil privé, en date du 24 mai 1555, les débouta de leur demande et les condamna à porter leurs appels à Condom.

On obéit pendant quelques années, mais plusieurs appelants retournèrent à Agen qui les accueillit.

En 1444, époque de la création du parlement de Toulouse, l'Agenais, le Bruilhois et l'Armagnac furent placés dans le ressort de ce parlement, et Astafort y porta ses appels supérieurs. Mais lorsqu'en 1462 fut institué le parlement de Bordeaux, Condom et Agen furent placés dans sa juridiction, et Astafort les y suivit, bien qu'appartenant aux comtes d'Armagnac, alors que tout l'Armagnac et le Bruilhois restaient dans le ressort de Toulouse [2].

---

[1] Mémoire de Bruilhois contre le sénéchal de Lectoure.

La charte contenant les droits et privilèges concédés le 13 mai 1358 par Philippe de Valois aux habitants de Condom, dit à ce sujet : « Le seneschal d'Agen, le juge ordinaire, le bailli et les officiers royaux jureront, avant d'entrer en charge à Condom, etc. » (Voir ordonnances des rois de France, tome III, p. 235).

[2] De 1598 à 1608 on pourrait cependant retrouver à Toulouse des appels d'Astafort,

V

DROITS DE JUSTICE.

Les amendes bénéficiaient d'abord exclusivement aux seigneurs et à leurs bailles ; plus tard les suzerains et les rois en eurent leur part qu'ils aliénèrent quelquefois. Nous avons déjà vu en 1575 Jeanne d'Albret vendre ses droits sur la justice d'Astafort[1].

Fort aises de cette division d'intérêts qui augmentait leur indépendance, les consuls cessèrent peu à peu de rendre la justice au nom des seigneurs ; et, pour se ménager un auxiliaire dans cet acte d'insubordination, ils firent, comme nous avons déjà vu, en 1633, hommage de la justice au roi de France.

Les seigneurs négligèrent-ils ou n'osèrent-ils pas protester ? Toujours est-il qu'à dater de cette époque, la justice ne se rendit plus qu'au nom du roi.

C'est en vain que plus tard, en 1728, le marquis de Fimarcon, se disant alors seul seigneur d'Astafort, voulut exiger l'observation de la charte communale de 1304 ; il assigna les consuls devant le parlement de Paris pour les faire condamner à rendre la justice en son nom, mais il fut battu.

D'importantes modifications furent introduites par Louis XIV, en 1670, dans la procédure civile et criminelle ; les pouvoirs des consuls, des baillis, des sénéchaux furent réglementés et codifiés ; l'influence royale dominait alors celle des seigneurs ; ce qui s'était passé à Astafort, s'était produit dans tout le royaume ; partout on remplaça en tête des jugements, les noms des seigneurs par celui du roi, qui d'ailleurs en percevait les profits.

VI

CONSULS ET BAILLES.

Chaque année, les Consuls en exercice avaient le droit de nommer leurs successeurs, sans aucune ingérance de la part des Seigneurs ;

mais ce n'est qu'à la suite d'un incident particulier : Le corps de ville d'Agen ayant eu des difficultés avec le Parlement de Bordeaux, Henri IV, par lettres patentes du 30 juin 1598, envoya pour dix ans l'Agenais dans le ressort du Parlement de Toulouse ; les procès d'Astafort portés devant le sénéchal d'Agen, suivirent le sort de la sénéchaussée. Cette période de dix ans expirée, l'Agenais reprit sa place dans le ressort de Bordeaux ; il y est resté jusqu'à la création de la Cour d'Agen. (Mémoire du bailli du Bruilhois contre le sénéchal de Lectoure).

[1] Mémoire du procès de Laplume contre le sénéchal de Lectoure.

La communauté se montra toujours très jalouse de cette prérogative.

En 1728, le marquis Fimarcon prétendit choisir les Consuls sur une liste de noms qui lui serait soumise par les fonctionnaires de l'année précédente[1]. Sur le refus des consuls de se prêter à ce désir, le Seigneur les assigna, le 19 novembre 1728, devant le Parlement de Paris, pour voir casser l'élection faite sans son intervention.

Voici comment il se qualifie dans cet acte :

« L'an 1728, le 19 novembre, à la requête de messire Jacques de Cassanet-Lomagne de Narbonne, marquis de Fimarcon, seigneur en toute...?... bre de la ville d'Astafort et autres lieux, Chevalier des ordres du roy, Lieutenant général de ses armées et de la province de Roussillon, commandant du pays, gouverneur de Montlouis, demeurant à Lectoure, etc.....»

D'importants mémoires[2] furent, de part et d'autre, rédigés, au sujet de ce procès ; mais M. de Fimarcon fut battu, et la communauté continua à choisir librement ses représentants.

Après avoir résisté au Seigneur, les consuls durent lutter contre le procureur du roi lui-même.

Le livre des Jurades de 1759 contient le procès-verbal de l'élection des consuls de l'année suivante par les consuls en exercice.

M. Carcuat, premier consul, désignait M. Philip, sieur de Martelle.

M. de Lacaze de Guiraudet, deuxième consul, désignait M. Thibaut, docteur médecin.

Le procureur du roi, M. Coget de Laujac, voulut s'opposer à l'élection de M. Thibaut, sous prétexte qu'il était docteur médecin de la communauté.

Le parlement de Bordeaux, appelé à se prononcer, donna gain de cause aux consuls, et en novembre, M. Thibaut fut installé; il prêta serment de fidélité au marquis de Fimarcon, seigneur d'Astafort et à la communauté, dans les termes suivants, que nous lisons dans le procès-verbal d'installation :

« A genoux à terre, a mis et posé sa main droite sur les saints
« évangiles, a promis et juré exercer sa charge de consul en homme
« d'honneur, être fidèle au roi et soutenir en cette qualité les
« intérêts de la communauté et d'autrui. »

---

[1] Cet usage était suivi dans un grand nombre de seigneuries.
[2] Archives d'Astafort, cote AA 1.

BAYLLES ET MAIRES

Tous les ans, un baylle était aussi nommé par les consuls en exercice et les seigneurs.

Mais le temps apporta de sérieuses et importantes modifications dans le mode de nominations et dans les attributions du baylle.

Au début, à son titre de mandataire spécial des seigneurs, il percevait leurs droits et concourait avec les consuls, dont il était l'auxiliaire, à l'administration de la seigneurie.

Les baylles d'honneur, qui vinrent plus tard, eurent des fonctions plus importantes et plus honorifiques ; les seigneurs durent constituer des mandataires spéciaux, sous le nom de syndics, pour défendre leurs intérêts particuliers.

Les maires remplacèrent plus tard les baylles d'honneur ; par un édit du mois d'août 1692, Louis XIV créa pour toute la France la charge héréditaire de « maire perpétuel » et s'attribua la nomination de ces fonctionnaires.

La ville d'Astafort fut, pour la première fois, pourvue d'un maire perpétuel le 22 juin 1693 ; une ordonnance royale confia cette fonction à un vieux capitaine de ses armées « Isaac de Lacaze[1] ».

---

[1] Voici cette ordonnance dont nous possédons l'expédition dans nos archives de famille :

Louis, par la grâce de Dieu, roy de France et de Navarre, à tous ceux qui ces présentes verront, salut : Par nostre edit du mois d'aoust dernier, vérifié où besoin a esté, et pour les causes et considérations y contenues, Nous avons, entr'autres choses, créé et érigé en titre d'office fermé et hériditaire, en chaque ville et communauté de nostre royaume, un nostre conseiller maire ; voulant exécuter ledit édit, sçavoir fesons que pour entière confiance que nous avons en la personne de nostre bien-aimé Isaac de Lacaze, et en ses sens, suffisance, loyauté, prudhomie, expériance, fidellité et affection à nostre service, pour ces causes nous luy avons donné et octroyé, donnons et octroyons par ces présentes, l'office héréditaire de nostre conseiller maire du lieu et communauté d'Astafort, généralité de Bourdeaux, créé par ledit édit, et auquel n'a encore esté pourveu, pour icelluy avoir tenir et doresnavant exercer et jouir par ledit de Lacaze, ses hoirs et ayant-causes héréditairement, aux gages de soixante-quatre livres par an, à prendre par préférence sur les deniers patrimoniaux d'octroy et impositions dudit lieu, et aux honneurs, prérogatives, prééminences, franchises, libertés, rang, séances, privilèges, exemptions, fonctions, droits, fruits, profits, revenus et esmoluments y appartenant, et aux exemptions de tailles, tutelles, curatelles, guet et garde du service du ban et arrière ban, logement de gens de guerre et autres contributions, le tout suivant et ainsi qu'il est plus au long porté par ledit édit, pourvu que ledit de Lacaze ait vingt-cinq ans accomplis, suivant le procès-verbal du six mars dernier de M. Jean Sentou, lieutenant de la ville d'Astafort, et de ses témoins y dénommés, et de Rebel, greffier y attaché, avec la quittance de finance et autres pièces scellées de notre contrescel, à peine de perte dudit office, nullité des présents et de sa réception. Cy donnons et mandons à nostre ami et féal conseiller en nos conseils, maistre des requêtes ordinaire de notre hostel, le sieur Debesons, nostre commissaire de

Le nouveau fonctionnaire dut-il à son titre d'enfant d'Astafort, à ses mérites et à sa valeur personnels [1], l'honneur d'être accepté sans murmures par ses concitoyens ? Toujours est-il que son installation fut solennelle ; on en trouve le procès-verbal sur le livre des Jurades d'Astafort, à la date du 25 octobre 1693. Les consuls Charles de Garonne, sieur d'Esguillon et Jean Lamothe, sieur de Saint-Clément procédèrent à cette formalité, assistés de MM. Sentou, Rontin, Labedan, Dathia, Goze, Lacapère, Mallus, Tissier, de Thèze, Bressons, Danzas, Goudin, Belliard et Dufour, jurats.

L'autorité d'Isaac de Lacaze fut respectée pendant toute sa vie, mais son fils Jean de Lacaze fut moins heureux ; sa majorité de vingt-cinq ans arrivée, il se présenta vainement aux consuls pour leur demander la confirmation de son droit héréditaire à la mairie d'Astafort ; le livre des Jurades constate, à la date du 11 septembre 1712, qu'elle lui fut refusée, malgré l'intervention et les ordres reitérés du roi ; ce n'est qu'à la suite d'une transaction qu'il fut accepté ; la communauté racheta à l'Etat le droit d'élire son maire, et Jean de Lacaze fut élu « maire alternatif et bi-triennal ». C'est le 8 décembre 1712 qu'il fut installé par les consuls.

party, en la généralité de Bourdeaux, que luy estant apparu de bonne vie, mœurs, âge susdit de vingt-cinq ans accomplis, religion catholique apostolique et Romaine dudit de Lacaze, et de lui pris et reçu le serment accoustumé reçoive mette et institue en possession dudit office, car tel est notre plaisir ; en tesmoing de quoi, nous avons fait mettre notre scel à ces présentes.

Donné à Paris le vingt-deuxième jour de l'an de grâce mil six cent quatre-vingt-treize et de nostre règne le cinquante-uniesme. Signé : Louis. Par le roy : Lefeure.

[1] Isaac de Lacaze, né à Astafort, était fils de Jean de Lacaze et de Henriette de Garros, fille de Bernard de Garros, conseiller du roi et lieutenant principal à la Cour présidiale d'Armagnac ; Isaac de Lacaze avait successivement été lieutenant aux chevau-légers en novembre 1674, capitaine au régiment de Piémont en 1665 ; pourvu de la charge de l'un des deux cents officiers d'hommes d'armes du roi, sous le titre de la reine, le 25 novembre 1674 ; capitaine du régiment de Picardie le 25 mars 1697 ; il était conseiller du roi. Le 2 octobre 1680, il se maria avec Angélique de Rouzet de Genouillac de Lauzerte. Les armoiries de la famille de Lacaze, décrites à l'Armorial général de France, sont d'azur à deux lions affrontés d'or, lampassés et armés de sable.

[2] Jean de Lacaze, fils du précédent, était lieutenant de grenadiers au régiment d'Ussy, le 5 août 1712 il épousa Marguerite de Galard, fille de Bernard de Galard, seigneur de Paulliac (les Galard de Pauillac portent d'or à 3 merlettes de sable becquées et membrées de gueules, 2 en chef 1 en pointe), et de Henriette de Montaut de Castelnaud, fille du baron de Castelnaud (Gilles de Montaut, baron de Castelnaud, porte échiqueté d'argent et d'azur). Les Galard de Pauillac étaient une branche collatérale des marquis de Galard de Terraube, des Galard de Béarn et autres.

La branche des Galard de Pauillac et celle de Montaut de Castelnaud ne sont plus représentées aujourd'hui que par les descendants de Marguerite de Lacaze.

Il fallut cependant céder devant l'obstination royale, et nous trouvons qu'en mai 1773 le roi désigna M. Mengin comme maire.

Les consuls seuls conservèrent toujours leur indépendance d'origine.

La révolution de 1789 trouva la mairie d'Astafort occupée par M. Phiquepau de Caritan. Il présida à la rédaction du cahier des plaintes et doléances, assisté de :

MM. Malus, Belliard, Capdeville, consuls ;

Jean Baradat, Roussel, Labarthe, députés ;

Leynac, de Lacaze de Guiraudet, Dufour jeune, Coulom, Dubuc, Lagarde, Daballe, Dastros, Cubes, Lagarde, Lassaigne, Laurent Dufourc, Dulong, Lafourcade, Lamothe, Martin père, Fournex, Carreté, Dupouy, Laffitte, Leyniac, Gautier, Vidalot, Caillaoux, Ricou, Mallet, Dufour, Lucante, Lascourrèges, Dulong, jurats, et Dulong, greffier.

Les demandes contenues dans ce document nous paraissent assez intéressantes pour être reproduites ; nous le donnons en entier :

<h1 style="text-align:center">VII</h1>

CAHIER DES PLAINTES ET DOLÉANCES

Que les Députés du Tiers-Etat de la ville et juridiction d'Astafort sont chargés de présenter à l'Assemblée de la Sénéchaussée.

Vous demanderez :

Que les suffrages soient comptés par têtes et non par ordres ; que les Etats Généraux soient convoqués tous les cinq ans ;

Que le droit de faire la paix ou la guerre soit accordé à la Cour des Pairs, présidée par le monarque ;

La suppression de la capitation des vingtièmes et des octrois ;

Un impôt général sur toute espèce de terres productives ou capables de produire.

Que les communautés soient chargées du recouvrement de l'impôt, et d'en faire parvenir le produit au receveur général de la province, lequel sera tenu de le verser au trésor royal ;

Que la corvée en nature soit supprimée, qu'elle soit convertie en une prestation en argent, supportée par tous ceux qui passent ou peuvent passer sur les routes ;

Qu'il soit loisible à chaque communauté de se charger de la partie de chemin qu'il lui faudra faire ou entretenir ;

Vous demanderez pour la Guyenne des Etats provinciaux organisés comme ceux du Dauphiné ;

Que la compétence des présidials s'élève jusqu'à dix mille livres en capital ;

Que le présidial juge, en premier ressort, toutes les causes criminelles de ses justiciables, excepté celles des privilégiés ;

Que les juges royaux puissent prononcer, en dernier ressort, jusqu'à la somme de cinq cents livres ;

Que toutes les coutumes et les jurisprudences des parlements soient abrogées, et qu'il n'y ait dans un même royaume et sous un même roy, qu'une loy et qu'une jurisprudence ;

Que pour ne pas exposer à la prévention, à l'ignorance ou à la prévarication d'un seul homme, l'honneur, la vie et la fortune des citoyens, la loy ordonne de n'entendre aucune déposition, dans le criminel ou dans le civil, sans qu'il y ait dans les cours souveraines deux juges présents à la déposition, et dans les ordinaires un juge assisté d'un citoyen qui, tous les ans, sera choisi par la communauté ;

Qu'il soit fait un tarif simple et bien circonstanciel de tous les droits de contrôle ;

Que les dîmes remplissent la destination fixée par les canons, et que la portion des pauvres soit confiée à un bureau composé des principaux notables choisis par la communauté ;

Que tous les procès de réintégrande et servitude quelconque soient jugés en dernier ressort et définitivement par le premier juge ;

Que dans toute affaire criminelle, il soit permis à l'accusé de communiquer avec son conseil, et d'être défendu par lui pendant l'instruction ;

La suppression des lettres closes ;

Que le Ministre soit tenu de rendre compte, chaque année, de la recette et dépense aux Etats provinciaux ;

La suppression du droit de prélation, et que ce droit, qui n'est qu'honorifique, ne puisse jamais devenir un droit utile ;

Qu'aux Etats Généraux il ne soit consenti aucun impôt, qu'au préalable on n'ait réformé les abus et corrigé les vices de l'administration ;

Qu'on insère dans le Codé Civil l'article suivant contre le jeu de hasard : « Celui qui aura gagné au jeu de hasard n'aura point d'action pour se faire payer, et celui qui aura perdu pourra répéter ce qu'il aura perdu volontairement ; cette action sera perpétuelle et imprescriptible et passera de lui à ses héritiers et contre les héritiers de celui qui aura gagné ;

Que les mainmortes soient privées de leurs biens fonds, vu la perte qui en résulte pour l'Etat, par la négligence de la culture de leurs biens, et dans ce cas on les rédimerait par une pension ;

Qu'il soit permis à tout négociant, tant en gros qu'en détail, d'assigner les débiteurs devant les juges où la livraison leur est faite, quand même ils seraient domiciliés dans un ressort étranger ;

La suppression de la maison de la reine et des enfants de France ;

Que les frères du roy soient réduits à leur apanage et qu'on ne leur donne plus rien pour l'entretien de leur maison ;

Qu'on diminue de moitié les grâces pécunières accordées aux Ministres, aux Secrétaires d'Etat, aux premiers commis et aux Officiers généraux. »

Quelques-unes de ces demandes ont été écoutées, d'autres attendent encore qu'il y soit fait droit.

VIII

DÉPUTÉS D'ASTAFORT.

En 1790, la ville d'Astafort envoya comme Députés à l'Assemblée de la Sénéchaussée de Condom, MM. Phiquepau de Caritan, maire, Larroche, premier syndic, Baradat, bourgeois, et Routier, docteur en médecine.

M. Larroche fut envoyé à la Convention, comme représentant du département de Lot-et-Garonne. Il refusa d'y voter la mort de Louis XVI et se borna à demander l'emprisonnement du roi jusqu'à la fin de la guerre.

Après cet exposé rapide et forcément incomplet des évènements qui se sont produits à Astafort, il ne nous reste plus qu'à donner le texte des coutumes.

CHAPITRE V

COUTUMES D'ASTAFORT

I

INTRODUCTION

C'est le 12 avril 1304 que les Coutumes d'Astafort furent arrêtées entre les seigneurs, les consuls et les habitants de la seigneurie.

Existait-il une charte écrite avant cette époque ? Nous ne pouvons l'assurer. Cependant les termes de la requête adressée aux seigneurs semblent le faire supposer.

« Les Coutumes que nous avons eues jusqu'à ce jour et que nous avons encore, disent les Consuls, sont obscures sur divers points et préjudiciables tant aux intérêts des seigneurs qu'à ceux des habitants » et ils demandent de les modifier ; et plus loin : « Les règles établies par les anciennes coutumes seront respectées en tant qu'elles ne seront pas en opposition avec le nouveau pacte social ».

Toujours est-il que si une ancienne charte a jamais existé, elle a disparu sans laisser de traces ; l'original des coutumes de 1304 qui était « écrit en lettres gothiques, sur trois peaux entées et collées de sept pans de long sur trois de large », a lui-même été brûlé en 1793 sur la place publique d'Astafort, en même temps, sans doute, que bien d'autres trésors historiques possédés par les archives de la ville.

Deux copies en avaient fort heureusement été prises ; l'une date de 1621, elle fut dressée par les consuls d'Astafort pour obtenir de Louis XIII, alors au camp devant Montauban, la confirmation des privilèges de la ville. Cette copie fut déposée en 1624 au greffe du Parlement de Bordeaux pour y être enregistrée.

L'autre est une copie collationnée régulièrement sur l'original, le 10 août 1770, par M. Bonnefoux, conseiller du roy, juge et magistrat de la ville d'Astafort, écrivant sous lui, M. Guillaume Castaing, greffier ; en présence de M⁰ Marc-Antoine Moné, procureur au siège d'Astafort, sous la dictée du sieur Douazan, archiviste, à l'occasion d'un procès pendant entre un sieur Ducasse et un sieur Gayraud.

Cette copie se trouve aujourd'hui entre les mains d'un vaillant chercheur d'Astafort, M. Lafontaine, qui l'a obligeamment mise à notre disposition et qui, par ce fait, aura autant et même plus que nous, les mérites de la publication du texte Roman.

M. Roborel de Climens, archiviste de la Gironde, nous ayant, de son côté, permis de collationner ce texte sur l'exemplaire de 1621, découvert et classé par lui dans les Archives de la Gironde, nous avons pu rectifier les erreurs des copistes, combler les lacunes qui existaient dans l'une et l'autre des copies, et trouver le sens de mots qu'une orthographe irrégulière, très différente dans les deux exemplaires, rendait incompréhensibles.

Nous nous faisons un plaisir de rendre à chacun de ces messieurs la part qui lui revient ainsi très justement, dans la publication de la Charte communale d'Astafort.

Les rédacteurs de cet acte ont inscrit leurs idées comme elles se présentaient à leur esprit, sans ordre ni classement ; le texte n'est coupé par aucun alinéa ; il n'y a ni points ni virgules pour marquer les phrases.

Pour rendre les recherches plus faciles, nous avons suppléé à cette lacune, divisé les Coutumes en articles et donné à chacun un numéro et une rubrique.

En regard du texte Roman, nous avons placé la traduction en Français, aussi littérale que possible, respectant la tournure originale de la phrase Romane, toutes les fois qu'elle nous a semblé compréhensible pour le lecteur.

Les souvenirs de nos jeunes années, passées à Astafort, nous ont beaucoup servi ; il nous souvient d'avoir entendu dans la bouche de notre vieille grand'mère, Madame de Lacaze du Parc, déjà très âgée pendant notre jeune âge, des expressions que nous avons retrouvées dans les Coutumes et qui ont complètement disparu de notre patois modernisé.

Nous ne nous flattons cependant pas d'avoir toujours fait une traduction irréprochable ; nous serons satisfait, si nous avons réussi à donner le sens à peu près exact des mots et à faire comprendre l'ensemble de ces intéressantes Coutumes.

Ch. Baradat.

COUTUMES D'ASTAFORT[1]

Traduction en Français

I

COMPARUTION

Sachent tous présents et à venir qu'en présence des notaires sous-nommés, et des témoins plus bas écrits : Bertrand de Castille, Guillaume Dubroca, James de Bouc, Géraud de Bayne, consuls d'Astafort ; comme conseils : Pierre de Poutère, Guillaume de Latapie, Simon de Camcou, syndics du même lieu, pour eux et pour l'université des hommes du même lieu et de la seigneurie d'Astafort, et avec la présence publique de tous les hommes de ladite université et de la seigneurie d'Astafort ou la meilleure partie de ceux-ci faisant la meilleure partie de ladite université, ici présents, c'est à savoir :

Gaillard de Sempot, Guillaume Goze, Arnaud de Pomera, Arnaud de Castaing, Arnaud du Comtat, Bernard d'Amans, Jean Pelegrin, Géraud de Serres, Arnaud de Castet, Vinaigre de Mengen, de Mazères, Guillaume de Castaing, Pierre Canal, Richart Ménart, Bernard de Latapie, Hélie Andrieu, Guillaume Dumoulin, Guillaume Boques, Pierre Mauran, Jean Boques, Saint de Barbet, Vincent Cordet, Pierre Delpenc, Pierre Godail, Pierre Marroc, Guinot le Breton, Guillaume de Bofils, Martin Dupouy, Guillaume de Marie, Pierre Martin, Raymond le Portier, Pierre de Brian, Guillaume Dumas, Sanche de Caupene, le prudhomme Guillaume Arnaud Delcap, Bruno Bocques, Hélie Duplan le célibataire[2], Laurent

---

[1] La copie de la Gironde a pour titre : « Privillèges d'Astafort en Armagnat ».
[2] Garçon émancipé.

COSTUMAS D'ASTAFORT

Texte Roman

I

COMPARUTION

Cognoscan tugh presentes e avenidors que en presencia de los notaris nump nadors, e de los testimonis dejos escriuts[1]; en Bertran de Castillo, Guilhem Delbrocat, Jaimes de Boc, en Guiraut de Bayna, cosselhs d'Astafort, cuma cosselhs, en Pey de Poutero, en Guilhem de Latapia, Simon de Cameous, sindits del meiss loc, per lor e per la universat dels homes del meiss loc e de la honor d'Astafort, e ab presentia publica de totz los homes de la dicha universitat e de la honor d'Astafort, o la meillor partida daquels fazens la meilhor partida de la dicha universitat, aqui presens, so esassaber :

Gailhart de Senpot, Guilhem Gozo, Arnot de Pomera, Arnot de Castanh, Arnaut del Comtat, Bernat d'Aman, Jehan Pelegrin, Guiraut de Serras, Arnaut de Castet, Vinagre de Mengen, de Mazeras, Guilhem de Castanh, Pey Canau, Richart Ménart, Bernat de Latapia, Hélias Andriou, Guilhem Delmoli, Guilhem Boques, Pey Mauran, Johan Boques, Sans de Barbet, Vincens Cordet, Pey Delpène, Pey Godalh, Pey de Marroc, Guinot lo Breto, Guilhem de Bofil, Marti Delpoy, Guilhem de Mario, Pey Martin, Raimon Loportier, Pey de Brian, Guilhem Dumas, Sans de Caupena, Lo prohome Guilhem-Arnaut del Cap, Brunet Bocques, Hélias Desplan lo macip, Laurens de la Bohairia, Guilhem

---

[1] EN, que nous traduisons ici par « Messire », signifie aussi « noble », « grand ».

de la Bouhere, Guillaume de Roque, Hélie de la Réole,Guillaume Debernet, Bonhomme de Cuq, Arnaud Bascaule, Pierre de Gout, Jean de la Roque, Guillaume de Mazerolles, Martin Dupeire, Bertrand Dupouy, Bertrand de Cavanhac, Jean de Carrère, Arnaud Bordes, Fortanier de Cordoue, Bernard d'Ambarroque, Guillaume Dabrin, Bertrand Morin, Arnaud Gay, Guillaume Marsanès, Arnaud de Bouc, Vidal De Mont, Fortanier Delprat, Raymond Descomats, Guillaume du Saumon. Hélie Carrere, Pierre Tissandié, Constantin Protet, Bertrand Béarnais, Guillaume de Massias, Guillaume Lacazies, Jean Protet, Garcie de Pic, Guillaume Duran, Vidal de la Forest, Saint de la Bouère, Douat du Rieu, Arnaud de Boutan, Etienne Dauvergne, Guillaume de Carbonnel, Guillaume de Arnhes, Guillanme Dupuy, Garcias Dabrin, Vidal de Ciebe, Jean des Fournets, Saint Despuy, Etienne de Bouc, Fortuné de Saubot, Guillaume de Saubot. Guillaume de Larene, Guillaume Corné, Guillaume de Naboua, Guillaume Le Flament, Vidal de Marie, Pierre de Gauran, Bertrand de Sodadère, Arnaud Guillaume de Canin, Arnaud de Clarac, Pierre de Castaing, Julien Ficapau, Jean Marsanès, Arnaud de Carboneau, Jean Lecours, Pierre Duplant, Guillaume Coulom, Guillaume Bohan, Guillaume Milhet, Arnaud Descams, Fortanier de Barene, Jean Naymette, Bertrand de Collas, Vidal d'Amans, le fils qui fut de sieur Guillaume Arnaud Darmin, Guillaume Barse, Guillaume d'Agen, Guillaume Clavère, Hugues Bergognon, Guillaume de Madère, Jean Depic, Pierre Peytanin, Fortanier de Tarnac, Raymond Serres, Pierre de Gauran,le célibataire,Saint Olier, appelé de Cazeneuve, Guiraud de Lafont, Martin, fils de Hugues Aimont, Pierre Faure, Guillaume Lane, Guillaume Petit, Bernard d'Aman, Pierre de Barrère, Bertrand de Castant, P. Brase, Raymond Carrère, Guillaume Daneron, Vidal Dufour, Arnaud Grangerot, Etienne Baylin, Guillaume de Causac, Arnaud de France, Jean de Pene, Jean Darrivet, Gérard Payen, Pierre de Bordes, Arnaud Baqué, Guillaume Cavagnac, Arnaud d'Amans, Guillaume Despignole, Garsie de Labole, Sanche des Vignes, Bernard des Vignes, Pierre Damous, Berthoumieu des Vignes, Guillaume de la Bole, Bertrand Demicoube, fils Desvignes, Pierre de Bofils, Guillaume Descoutures, Bernard de Bordes, Fortuné de Labonne, Giles de Gayrosse, Bernard Bordes. Guillaume Gotard, Pierre Durieu, Guillaume de Gayrosse, Garsie Dufieux, Gillaume DuBroueil, Gervais Lomagne, Bernard de Casenes, Colet Milo, Fortuné

Déroch, Hélio de la Réola, Guilhem Debernus, bonshoms de Cuco, Arnaut Bascaula, Pey de Gotz, Johan de La Roqua, Guilhem de Mazerolas, Marti Delpeiro, Bertran del Pouey, Bertran de Cavanhas, Johan de Carrera, Arnot Bordas, Fortaney de Cordoa, Bernat d'Ambaroqua, Guilhem Dabrin, Bertran Morin, Arnaut Gaya, Guilhem Marsanès, Arnaut de Boc, Vidau de Mont, Fortanès Delprat, Raimont Delscomatz, Guilhem de Samont, Hélias Carrera, Pey Tissandie, Costanti Protet, Bertran Bearnès, Guilhem de Massias, Guilhem Lacazies, Johan Protet, Garcias de Pic, Guilhem Duran, Vidau de La Forest, Sans de La Boaria, doat de Riou, Arnaut de Botan, Esteno Dauvernia, Guilhem de Carbonel, Guilhem de Arnhes, Guilhem Delpuy, Guassias Dabrin, Vidal de Ciebo, Johan des Fornehz, Sans Despuy, Esteno de Boc, Fort de Saubot, Guilhem de Saubot, Guilhem de la Reno, Guilhem Corné, Guilhem de Naboua, Guilhem lo Flament, Vidau de Mario, Pey de Gauran, Bertran de Sodader, Arnaut Wuilhem de Canhins, Arnaut de Clarac, Pey de Castantz, Julian Ficapau, Johan Marsanées, Arnaut de Carbouneu, Johan Locours, Pey Duplant, Guilhem Colom, Guilhem Bohan, Guilhem Milheta, Arnaut Descams, Fortaner de Bareno, Johan Naymeta, Bertran de Colhas, Vidau d'Aman, Filh Quifoden Willhem-Arnaut Darmin [1], Guilhem Barso, Guilhem d'Agen, Guilhem Clauver, Hugues Bergonhon, Guilhem de Madira, Johan Depic, Pey Peytanin, Fors de Tarnat, Raimon Serres, Pey de Gauran lo macip, Sans Olier, appelat de Casanaua, Guiraut Lafont, Martin, filh del Huguet Aimon, Pey Faure, Guilhem Lana, Guilhem Petit, Bernat d'Aman, Pey de Barrera, Bertran de Castanhs, P. Brasc, Ramon Carrera, Guillem Daneron, Vidau del Fornius, Arnot Grangerot, Esteno Baylin, Guilhem de Causac, Arnaut de Fransa, Johan deu Peno, Johan Darrivet, Girard Payan, Pey de Bordas, Arnaut Baquer, Guilhem Cavanha, Arnaut d'Aman, Guilhem Despinola, Guassia de Labola, Sans de Vinhas, Bernat de Las Vinhas, Pey Damoos, Berthomiu de Las Vinhas, Guilhem de Labola, Bertran Demicoubo, filh de Las Vinhas, Pey de Bofilh, Guilhem de Las Coturas, Bernat de Bordas, Fortanes de Labona, Gilis de Gayrossa, Bernat Bordas, Guilhem Gotars, Pey Debretto, Guilhem de Gayrossa, Guassia de Fieus, Guilhem del Brulh, Gervais Lomanes, Bernat de Caseuos, Colet Milo, Fortaney de

---

[1] Filh qui fo d'en Willem.

de **Bax**, Jean Vilen, Bernard de Serres, Jean Dalegret, Arnaud de
Saint-Pierre, Sanche Andrieu de Temps, Jean Faure, Bertrand
Roques, Guillaume Des Costes, Gilles Boyssère, Guillaume des
Postes, Colet Bruneau, Raymond d'Amat, Vidal Dulon, Hélie
Dubois, Parisort fils Dugout, Etienne Courtois, Bertrand d'Amans,
fils de qui fut Arnaud Pierre de Bouc, Pierre de la Grave, Pierre
de Sainte Mère, Bertrand de Mazerolles, Guillaume de Marassé,
Bernard de Bofils, Arnaud Delort, Arnaud de Lacassagne, et Jean
de Cuq.

II

RÉQUISITION AUX SEIGNEURS

Requirent les seigneurs, ce est à savoir :

Le seigneur Arnaud Durfort et le noble seigneur Vézian de
Lomagne, le noble seigneur Guillaume Raymond de Révignan,
pour le nom du seigneur noble Pierre de Moncaut, son neveu, et
le seigneur noble Raymond de Latour, et le seigneur Noble Bertrand Moïss, damoiseaux, seigneurs d'Astafort ici présents,

Que les Coutumes du même lieu d'Astafort qu'ils avaient eues et
encore avaient, en certains cas de celles là, en lesquels elles étaient
obscures, ils éclaircissent, ensemble avec les dits consuls, syndics
et université, et en quelques cas auxquels elles étaient au préjudice
de la dite université et des dits seigneurs, des dites Coutumes ils
otent[1], et en mieux réforment, corrigent et amendent, et dans les
cas auxquels, par les dites Coutumes, les questions et procès et les
autres choses, intéressant la dite université, les seigneurs et la
seigneurie du dit chateau d'Astafort, ou quelqu'un ou quelques-uns
de la dite université, et seigneurs ou autres personnes, d'après les
dites Coutumes, ne pouvaient être définis et terminés à Astafort,
aux dits seigneurs qu'il plut et qu'ils voulussent, sans dommage
des mêmes seigneurs ni de la seigneurie d'Astafort et de la dite
université, qu'ils soient instruits et terminés en certaines manières
et observés et gardés ; et que sur les susdites choses à eux demandées, ils leur autorisassent des Coutumes, de façon que les choses
instruites et jugées ou en autre manière réglées par les dites Coutumes, à eux allant être accordées, soient gardées, tenues et com-

---

[1] Le texte Roman est au subjonctif, mais nous avons quelquefois employé un autre
temps pour faciliter la compréhension de la phrase.

Batz, Johan Vilen, Bernat de Serras, Johan Dalegret, Arnaut de
Senpey, Sans Andriou de Tems, Johan Faure, Bertrand Roqua,
Guilhem de Lascostas, Giliot Boyssera, Guilhem deu Postinh, Colet
Bruneu, Raimont de Namat, Vidau de lom, Helio Deubosc, Parisort,
filh Degaut, Esteno Corteos, Bertran d'Aman, filh Quifo den Arnaut
Pey de Boc, Pey de la Graua, Pey de Senta-Mera, Bertran de
Mazerolas, Guilhem de Marrassé, Bernat de Bofilh, Arnaut Delort,
Arnaud de Laccassana, E Johan de Cuc.

II

RÉQUISITION AUX SEIGNEURS

Requeiron los senhors so es assaber :

Lo senhor Arnaut Durfort e lo senhor en Bezian de Lomanha,
lo senor en Guilhem Ramon de Reuinha, per nom del senhor en
Pey de Moncaup, son nebot, e lo senhor en Ramon de Lator, e
lo senhor en Bertran moïss, donzels, senhors d'Astafort, aqui
presens,

Que las costumas del meiss loc d'Astafort que auian agudas e
enqueras auian, en alcun cas daquelas, els quals eran escuras,
desclaressan eissemps ab los digts cosselhs, sinditz et universitat,
e en alcunas els quals eran a dampnatge de la dicha universitat
e dels dihz senhors, de las dichas costumas ostessan et en melhs
reformessan, corregissan e enmendessan, e en los cas els quals, per
las dichas costumas, las questions els contrahs e las autras causas,
tocan la dicha universitat, els senhors e la senhoria del dich castel
d'Astafort, o alcun o alcuns de la dicha universitat, e senhors o
autras personas, per las dichas costumas no podian estre definitz
ni determinatz à Astafort, als dihs senhors plagues e volguessan,
senes dampnatge dels meiss senhors ni de la senhoria d'Astafort
e de la dicha universitat, fossan conogutz et determinatz en certas
maneiras e tengutz et gardatz; e que sobre las auan dichas causas,
à lor requeregudas, los autregessan costumas, en ayssi que las
causas conogudas e jutjadas [1] o en autra maneira definidas per las
dichas costumas à lor autreyadoiras, fossan gardadas, tengudas e

---

[1] Le même mot est souvent ortographié de plusieurs manières; nous conservons les
ortographes lorsqu'elles se trouvent dans les deux copies.

plétées, tout en suivant les Coutumes qu'on avait à Astafort avant
ce présent acte, en tant qu'elles ne seraient pas contraires aux choses
contenues dans le présent acte, par tous les habitants d'Astafort et
de la seigneurie de ce même lieu, et par tous les autres où qu'ils
soient, en tant qu'ils appartiendraient ou appartenir se pourraient,
quant à ces autres, à la seigneurie et aux seigneurs sus dits
d'Astafort.

Lesquels seigneurs sus dits, à la requête des avant dits consuls,
syndics et université, octroyèrent les dites choses aux dits consuls,
syndics et université, aux mêmes seigneurs demandées, comme
ceux qui auparavant avaient choses justes, ne devaient être
contestées et de telle façon que les dites Coutumes que la dite
université a, et avait avant que cette charte ne fut élucidée, soient
gardées et maintenues sans aucune infraction, en tous cas dans lesquels elles ne seraient contraires aux clauses contenues et aux cas
prévus dans ce présent acte ; et dans les cas dans lesquels elles
seraient contraires aux clauses contenues dans cet instrument,
qu'elles ne soient plus observées d'hors en avant en tant qu'elles seraient contraires ; et de telle manière que toutes les affaires et
tous les droits d'usage, et toutes les autres choses qu'ils ont et qui
ont été faits, ci en arrière de temps, jusqu'au jour d'aujourd'hui,
avec juste titre et avec juste possession, jusqu'à ce que les présents
actes soient scellés des sceaux des dits seigneurs, suivant les Coutumes et suivant les usages d'Astafort, soient maintenus et gardés sans aucun amoindrissement, en cet état dans lequel ils
étaient avant ce présent acte, et que les choses que l'on ferait d'ici
en avant, qu'elles soient faites et tenues suivant les règles contenues
dans ce présent acte, et suivant les Coutumes avant dites et les
usages que la dite université avait avant ce présent instrument, en
tant qu'elles ne seront contraires aux choses contenues dans le
présent acte; lesquelles choses aux sus dits seigneurs demandées par
les dits consuls, syndics et université, et par les mêmes seigneurs
à eux accordées, comme Coutumes se suivent en cette manière.

complidas, en segen las costumas que auian à Astafort deuant aquetz presens instrumens, en tant cum no seria contrarias a las causas contengudas en aquetz presens instrumens, per totz los habitans d'Astafort et de la honor daquel meiss loc, e per totz los autres on ques fossan, en tant quant s'appartendria e appartenir se poyria, quant aquels autres, a la senhoria e als senhors auan dighz d'Astafort.

Liquals senhors auan dighz, a la requesta dels auan dighz cosselhs, sindits et universitat, autregeron las auan dichas causas els dighs cosselhs, synditz e universitat, als meiss senhors requeregudas, cum aquels que deuan auian causas drechuras no deuian estre denegadas, e en tal maneira que las dichas costumas que la dicha universitat a e auia auant que aquestas cartas fosso enqueregudas sian gardadas e tengudas, senes tot enfranchement, en totz cas els quals no serian contrarias a las causas contengudas e els cas contengutz en aquetz presens instrumens ; e els cas els quals serian contrarias a las causas contengudas en aquetz instrumens, que no fossan tengudas d'ayssi euant en aytant cum contraria y serian ; e en tal maneira que totas las causas e totz los feuzages e totas las autras causas que an e son estadas fachas sa en rey de tems, entro al dia duey, ab drechures titres e ab drechurera possessio, entro que los présens instrumens sian segellatz dels sages dels dighs senhors, segont las costumas e segont los usatges d'Astafort, sian tengudas et gardadas, senes tot amermament, en aquel estament en que eran auan aquetz presens instrumens ; e las causas que farian d'ayssi euant, que fossan fachas et tengudas segont las causas contengudas en aquetz présens instrumens e segont las costumas auan dichas e los usadges que la dicha universitat auia auant aquetz présens instrumens, en tant cum ne serian contrarias a las causas contengudas en aquetz presens instrumens ; lasquals causas als auant ditz senhors requeregudas per los ditz cosselhs, sinditz e universitat, e per los meiss sonhors a lor autreiadas per costumas sen seguen en aquesta maneira.

III

ACTE DE CONCESSION

Au nom du Seigneur et de la sainte et indivisible Trinité, ainsi soit-il, Sauront tous que en présence de moi, notaire plus bas écrit et des témoins plus bas écrits, aussi encore et en présence de Dominique de Casculo, notaire communal d'Astafort qui, avec moi, sous les mêmes témoins, les mêmes jour, lieu et temps, en un même texte, le présent acte instruisit et reçut l'année de l'incarnation du même, mille trois cent quatre, premier mardi de la semaine de la Pâque du Seigneur.

Les seigneurs d'Astafort, c'est à savoir :

Le seigneur Arnaud Durfort pour lui et au nom et comme agissant pour et légal mandataire de la madame Géraude Messeigne, son épouse.

Le seigneur messire Vézian de Lomagne.

Le seigneur Messire Guillaume Raymond de Révignan, au nom du seigneur messire Pierre de Moncaut, damoiseau, son neveu, lequel promit et sur les saints Evangiles de Dieu jura que par le même son neveu Pupille, avec l'autorisation de son tuteur et de son curateur, cette présente charte, en toutes les clauses et en chacune en elle contenues, il fera autoriser et confirmer, à la requête et à la sommation du baille et des consuls du même lieu, et celles-là jurer.

Le seigneur messire Raymond de Latour,

Le seigneur messire Bertrand Moïss.

Damoiseaux, seigneurs du château d'Astafort, chacun en leurs parts, ont donné et établi et autorisé et confirmé pour eux et pour tous leurs successeurs, pour maintenant et pour toujours, à la communauté, aux propriétaires [1], habitants et futurs habitants du même château et de toute la seigneurie, les recevant pour eux et pour tous leurs successeurs, habitants et futurs habitants, dans le même château et dans toute la seigneurie, pour maintenant et pour toujours, les Coutumes, les franchises et les libertés en la présente charte contenues.

---

[1] Nous pensons que « Beziis » ne peut s'appliquer qu'à l'habitant de la seigneurie qui est propriétaire : « biens-ayant ». Le simple habitant est désigné par « habitans ».

III

ACTE DE CONCESSION

In nomine domini et sanctæ et individuæ trinitatis, Amen.
Noverint universi quod in presentia mei notarii infra scripti et
testium subscriptorum, nec non et in presentia Dominici de Casculo,
communis notarius Hastæ fortis qui, una mecum, sub eisdem testibus,
eodem die, Loco e tempore, uni contextu presentem instrumentum
inquisivit et recipit anno ab incarnatione ejusdem, millesimo trecentesimo quarto die martis primus quindenam Paschœ domini[1].

Li senhor d'Astafort, so es assaber :

Lo senhor Arnaut Durfort, per li e per nom e cum agennat (*sic*)
e Leial procurador de la dona na Guirauda de Melsenha, sa molher.

El senhor en Bezian de Lomanha.

El senhor en Guilhem Ramon de Reuinhan, per nom del senhor
en Pey de Moncaup, donzel, son nebot, loqual promes e sus los
sans euangiles de Diu Juret que al meiss son nebot pupil, ab
auctreitat de son tutor e de son curador, aquesta presenta carta,
en totas las causas e en sengles en aquesta contengudas, fara
autreiar et confirmar, a la requesta e al somament del bayle et
delz cosselhs del meiss loc, e aquelas Jurar.

El senhor en Ramon de Lator.

El senhor en Bertran Moïss.

Donzels, senhors del castel d'Astafort, caduns en lors partidas,
an donadas e establidas et autreihadas e confermadas per lor e per
totz lors successors, per ara et per totz tems, a la comunialtat, als
bezis, habitans et habitadors el meiss castel e per tota la honor,
recebens per lor et per totz lors successors, habitans e habitadors al
meiss castel et per tota la honor, per ara et per totz temps, las costumas, las franquessas e las libertatz en aquesta presenta carta
contengudas.

---

[1] C'est le premier mardi de la quinzaine de Pâques, d'après « l'Art de vérifier les dates »
cette quinzaine comprenait la semaine avant et la semaine après Pâques. Quelques auteurs
ne font commencer cette période qu'au jour de Pâques.

L'art. 97 ci-après indique le 12 avril ; l'une des dates doit fixer le commencement de
la rédaction et l'autre la clôture de l'acte.

IV

BAILLES ET CONSULS

Premièrement que dans le dit château et dans toute la seigneurie il n'y ait que seulement un baille communal pour tous les seigneurs ensemble, sans que plus de baille il y ait davantage de un [1].

Lequel sera propriétaire et habitant du dit château ; lequel doit être élu par les seigneurs du même château ou par leurs lieux-tenants et par le baille communal qui l'aura été l'an d'avant, et par les consuls du même château qui l'auront été ; et si, par hasard, il y avait débat et contestation au sujet de l'élection du baille entre les dits seigneurs ou leurs lieux-tenants et entre le baille et les consuls, que dès lors les dits baille et consuls, avec trois des dits seigneurs ou de leurs lieux-tenants s'accorderaient et éliraient, que cette élection ait valeur ; et si quatre des susdits seigneurs ou de leurs lieux-tenants étaient d'une part, et d'accord dans l'élection du dit baille, et deux avec le baille et les consuls d'autre part, l'élection des quatre seigneurs ou de leurs lieux-tenants ait valeur.

V

ATTRIBUTIONS JUDICIAIRES

Lequel baille, ensemble avec les consuls du même lieu, auront et exerceront en commun la juridiction et la justice haute et basse du dit château et de toute la seigneurie, au nom des mêmes seigneurs ; ce est à savoir que les consuls sus dits doivent être quatre prud-hommes et propriétaires habitants du même château et de la seigneurie.

VI

DURÉE DU CONSULAT

Et doit durer l'office de leur consulat, de l'une fête de Pâques jusqu'à l'autre, et dans ce temps, les mêmes consuls, ensemble avec le baille, doivent élire d'autres consuls et un autre baille, suivant que dit est et déclaré.

---

[1] Les Seigneurs avaient des droits fixés, mais indivis entr'eux sur la seigneurie. Un seul baille représentait l'ensemble de leurs intérêts, percevait leurs revenus, et les leur distribuait au prorata de leurs droits.

IV

BAILLES ET CONSULS

Prumerament que el dit castel e en tota la honor ayha tant solament 1 baylle cominal per totz los senhors comunalment, ses que plus baylle no y aiha mos de un ; loqual sia bezis e habitans del dit castel.

Loqual baylle deu estre elegit per los senhors del meiss castel, o per lor locstenens, et per lo baylle cominal quen seria estatz l'an deuant e per los cosselhs del meiss castel qui serian estatz ; e si, per abentura, era debat ni contrast en la eleccion del baylle, entre los ditz senhors o lors Locstenens, e entre lo baylle e els cosselhs que aqui or, los ditz baylle e cosselhs, abs tres dels ditz senhors o de lors Locstenens, sacordario e eligerio, que aquela election agues valor ; e si catre dels preditz senhors o de lors locstenens ero d'una part e d'un acort, en la election del dit baylle, e dus ab lo baylle e ab los cosselhs d'autra part, que la election dels catre senhors o de lors locstenens agues valor.

V

ATTRIBUTIONS JUDICIAIRES

Loqual baylle, eissemps ab los cosselhs del meiss loc, nauïan e exorciscan (*sic*) comunalment la juraditio et la justicia auta e bassa, del dit castel e de tota la honor, per nom dels meiss senhors. So es assaber quels cosselhs, sobre digz, deuo esser quatre prohomes e beziis, habitans del meiss castel e de la honor.

VI

DURÉE DU CONSULAT

E deu durar l'ofici de lor consolat de la una festa de paschas entro a l'autra ; e dens aquel tems, los meiss cosselhs, eissemps ab lo baylle, deuo eligir autres cosselhs e autre baylle, segont que dit es e declarat.

VII

SERMENT

Lesquels baille et consuls doivent jurer, le jour qu'ils prendront le baillage et consulat, qu'ils seront bons et fidèles et loyaux aux seigneurs et à toute la communauté et aux propriétaires du même lieu et de toute la seigneurie, étant sauvegardés les droits de seigneurie, les Coutumes, les franchises, les règlements et les libertés du même château, avec bonne foi.

De même doivent encore jurer les prédits baille et consuls, qu'ils garderont et maintiendront et observeront, sans aucune infraction, les dites Coutumes, franchises et libertés et règlements, et feront et tiendront les intérêts du pauvre et du riche communément (de même façon), et rendront justice également au pauvre et au riche, et au majeur comme au mineur, et qu'ils n'accepteront de don ni n'en feront prendre d'aucune personne qui ait un procès devant eux.

Et par même manière, les consuls et le baille qui seront élus nouvellement doivent dans l'année qu'ils seront baille et consuls, autres baille et consuls élire, de la manière ci-dessus dite, et chaque baille et chaque consul qui le seront ensuite, comme il est dit, pour toujours, et en la forme et en la manière dessus dite, et ils doivent faire le serment comme dessus il est dit.

De plus, s'il arrivait que le baille mourût, étant en son baillage (pendant son année de baillage), ou si le cas se présentait qu'il ne put gérer son baillage, il doit en être mis un autre à la place de celui-là, par les seigneurs et par les consuls, en la forme et de la manière susdite.

Et par même manière, s'il arrivait qu'il mourût un ou plusieurs des consuls, ou s'il arrivait le cas qu'il ne pût ou ne pussent remplir l'office du consulat, le baille et les consuls qui y seront (resteront), peuvent mettre autre ou autres en place de celui qui était du conseil, lequel ou lesquels doivent faire serment, comme dessus il est déclaré pour le baille toutes les fois qu'il changera.

Et si, par hasard, il arrivait que celui ou ceux qui seraient élus pour baille ou pour consul fût ou fussent récalcitrants à accepter les dites charge ou charges, les dits seigneurs ou ceux qui seront présents, les contraindront ou les contraindre pourront, et ils le pourront par la saisie de leurs biens, à accepter les dites charge ou charges.

· VII

SERMENT

Loqual baylle e cosselhs deuo jurar, al jorn que prendran la bayllia el cossolat, que il sera boos e fizels e leichals als senhors e à tota la comunialtat el als beziis dels meiss loc e de tota la honor, saluas las senhorias, las costumas, las franquezas, los establimens e las libertatz del meiss castel, ab bona fé.

Item deuo mais jurar li preditz baylle e cosselhs, que il garden e tengan e obseruen, senes tot enfranchement, las dichas costumas, franquessas e libertatz e establimens, e faran e tendran drechura, tertabe al paubre e al ric, e al major cum al menor, e do no prendran ni faran prendre de neguna persona que aïa plaghs deuan lor.

E per meissa maneira los cosselhs e lo baylle, que seran elegits noelament, deuo de dins lan que seran baylle et cosselhs, autre baylle et cosselhs eligir, en la maneira predicha dessus; e cado baylle e cado cosselhs que seran en apres, cum dit es, per totz temps, e en la forma e en la maneira dessus dicha, e deuo far sagrament, cum dessus es ditz.

E Empero si deuenia quel baylle muris estan en sa baylia, o caas s'en deuenia no pogues gouernar sa baylia, deu ne esser metut autre, en loc daquel, per los senhors et per los cosselhs, en la forma e en la maneira dessus dicha.

E per meissa maneira si sen deuenia que muris un o plusiurs dels cosselhs, o sen deuenia caas que no pogues o no poguesso usar de l'ofici del cossolat, lo baylle els cosselhs, que i seran, podo metre autre o autres en loc daquel que seren de cosselh; loqual o loquals deuo far sagrament, cum dessus es declarat el bayle totas betz quescambiaria.

E si per auentura sen deuenia que aquel o aquels que serian elegitz per baylle o per cosselh fos o fosso rebelles a recebe los ditz ofici o oficis, que los ditz senhors, o aquels que serio presens, contrenghesso e contrengher lo poguesso ols poguesso, per prendomen de lor bées, a receber los ditz ofici o oficis.

VIII

ENQUÊTES

Toute enquête qui sera faite dans le château ou dans la seigneurie, doit être faite par le baille et par les consuls du même lieu, en commun, et ils doivent juger avec la Cour, qui doit être (composée) des propriétaires et des prudhommes du même château, au nom des mêmes seigneurs ; et ils doivent punir les hommes coupables et ceux qui feront des crimes et des méfaits, et ceux qui feront des larcins, suivant que chacun devra porter peine; et ils doivent faire indemniser les méfaits clandestins, suivant qu'il est d'usage à Astafort et dans la seigneurie, si on ne trouvait pas celui qui les a causés [1], et s'il était découvert que celui ou ceux, lequel ou lesquels commis l'aurait, les réparerait ou les répareraient ou en subira ou subiront le châtiment, ainsi qu'il devra ou devront, c'est à savoir :

IX

MEURTRE — INCENDIE

Que s'il était (le criminel) cause qu'une personne dût mourir, ou s'il mettait le feu méchamment et de nuit à une maison ou à un pailler ou à une fenière ou à une gerbière, qu'il subisse la peine de mort, et de ses biens que l'on indemnise le méfait, et les autres biens attribués au seigneur, suivant que ci-dessus il est contenu dans la Coutume. Là en avant, il est parlé de celui qui donnera la mort sans raison, il subira la mort et ses biens seront confisqués au profit du seigneur.

X

BÉTAIL ESTROPIÉ

Et ici encore il est autorisé et établi que si un homme estropiait le bétail d'autrui, de nuit ou de jour, ou qu'il soit dans son habitation ou dans la maison où il l'ait enfermé, c'est à savoir : Bétail qui vaille de 25 darnes et en plus, ou sur sa propriété, ou sur celle

---

[1] Voir Coutumes de Lafox, art. 12 et suivants. Condom, art. 48.

VIII

ENQUÊTES

Tota inquesitio, ques fassa el dit castel o en la honor, deu estre faita per lo baylle e per los cosselhs del meiss loc, comunialment e el ne deuo coneisser, ab la cort, que deu estre dels beziis e dels prohomes del meiss castel, per nom del meiss senhors.

E deuo punir los homes criminos e aquels que farian crims e mals, e aquels que farian langiers[1], segont que cadaun ne deura portar pena; e deuo far enmendar las malafaitas rescostanhas, que segont que es acoustumat a Hastafort (*sic*) e en la honor, si non era atrobat qui las auria faitas, e si era atrobat que aquel o aquels loqual o loquals faitas las aurio las emendes o las emen desso on en sofrio o sofrisso pena, aytal cum deuria o deurio, so es assaber:

IX

MEURTRE — INCENDIE

Que si faia causa degun degues murir, o metio fogh maliciosoment, de nugh, en maiho, o en pailler, o en fenur, o en garber, quen sufris pena de mort, e de sas causas que hom enmendes la mala faita, e las autras causas encorsas al senhor, segont que dessus es contengut en la costuma.

La or parla qui mort fara a tort, mort prendra, e sas causas encorsas al senhor.

X

BÉTAIL ESTROPIÉ

Et aqui meiss es autreihat e establit : Si hom engarraua autrui bestiar, de nughz o de dias, o essient en son ostal, o en la maiho on lagues enbarrat, so es assaber : bestiar que valgues de xxv darnes en sus, o en sa meissa causa, o en lautrui laucizia, o lengarraua

---

[1] De même sur les deux copies, sans doute pour « Layronicis ».

d'autrui, celui qui l'estropiera, le blessera ou le tuera, devra au seigneur vingt sous Arnaudins d'amende, et celui ou ceux qui aura ou auront causé le dommage, indemnisera celui ou ceux qui aura éprouvé le dommage, à l'appréciation du baille et des consuls et à l'arbitrage d'eux et de la Cour du même lieu ; et si le méfait ou l'abattage ou l'estropiement était fait de nuit ou de jour, sur son propre bien ou d'autrui, de bétail qui vaille de vingt sous Arnaudins et en dessous, celui ou ceux qui l'auront fait, indemnisera ou indemniseront à l'arbitrage et à la connaissance du baille et des consuls et de la Cour, et il donnera au seigneur 5 sous Arnaudins d'amende, si plainte ou dénonciation lui est faite.

Et si celui ou ceux qui aura ou auront commis le méfait, ne peut payer ou indemniser le méfait, le baille et les consuls avec la Cour, le banniront du dit lieu et de toute la seigneurie, et il sera banni, autant jusqu'à ce que il ait payé l'amende et le méfait, à moins qu'il fût rappelé par les mêmes baille et consuls.

De plus, si celui qui aura fait l'abattage ou l'estropiement l'annonçait le jour même qu'il l'aurait fait aux consuls, en disant que cet accident lui était arrivé et qu'il était prêt à indemniser à leur appréciation, il serait sans amende, pourvu que les consuls cela fissent indemniser, dans huit jours après qu'il sera déclaré ; et si ainsi il n'était fait, l'amende serait comme ci-dessus.

XI

FORÊTS — LIBRE PATURE

Tous propriétaires et habitants du dit château et de la seigneurie aient (auront) l'usage de bois à brûler et d'échalas et de poutres dans tous les bois du château et de la seigneurie, en franchise, nécessaires à vignes, maisons et vaisselles (meubles) qu'ils possèdent ou qu'ils veuillent faire dans le dit château ou dans la seigneurie.

Ils auront aussi le droit de pâturage, pour leur bétail, dans tous les pâturages et dans tous les bois du même château et de toute la seigneurie[1].

Mais pour les porcs et les truies, il en sera de telle façon que tous les habitants et futurs habitants du dit château et de la seigneurie,

[1] Dans le dix-septième siècle, le marquis de Fimarcon, seigneur d'Astafort, essaya vainement de défendre de passer et de faire paccager dans les prés de La Bayne ; les Consuls s'opposèrent à sa prétention en s'appuyant sur les Coutumes. Un procès s'en

que daria al senhor xx sols darnaudins de gatge, e que enmendario
aquet o aquets que feit o auria o aurio, daquel o daquels de cuy lo
dampnage serio donat, a la conoguda del baylle et dels cosselhs, e
al arbitratio de lor o de la cort del meiss loc ; e si la mala faita o
lengarrament o laussiament era fait de nugh o de dias, en sa
meissa causa o en lautrui, de bestiar que valgues de xx sols
darnaudins enjos, que o enmendes o enmendesso aquel o aquels
que feit o auria o aurio, a la arbitratio e a la conaissensa del baylle
e dels cosselhs e de lor cort, e que dones al senhor v sols darnaudins de gatge, si clamor o denonciament nera fait.

E si aquel o aquels que aurio o auria faita la mala faita, segont
que dit es, no podio pagar o enmendar la mala faita, quels baylle
els cosselhs, ab lo cort, lo forbandisso del dit loc e de tota la honor ;
e fo forbandit, tant entro que lo gatge e la malafaita agues pagat,
o que fos per los meiss baylle e cosselhs apelat.

Empero si aquel que l'engarrament o laussiament auria faghz
ac demonstraua, lo dia meiss que faghs o auria, als cosselhs dizens
que aytal caas lera auengud, e que era aparelhat de enmendar a lor
conoguda, fos ses tot gatge, ab que los cosselhs ac fesso enmendar
dens viii dias, après quels seria demostrat ; e si ayssi no era faghz,
seria el gatge segont que dessus.

XI

FORÊTS — LIBRE PATURE

Totz beziis e habitans del dit castel e de la honor aiha espleghz
de lenha e de paissels e de fusta per totz los boéez del dit castel e
de la honor franquament, obs a vinhas, e maihos et vaisselas que
agues, o far volgues, el dit castel o en la honor.

Et aiha pasten, a lor bestiar, per totz los pastencz e per totz los
boscz del meiss castel e de tota la honor.

Mos en porcs o en troias, sen sia aytal maneira, que totz habitans
e habitadors del dit castel e de la honor aiha pastencz à soos porcs

ait pâturage pour ses porcs qu'il fera hiverner, et celui qui en fera hiverner, peut en faire hiverner de dix jusqu'à douze.

Les seigneurs ni les dames du dit château, ni personne des leurs, ne peuvent tenir plus de deux vaches nourricières, tous les ans, et le fruit qui sera d'elles, jusqu'à ce qu'il ait trois ans, et, au bout de trois ans, ils pourront les mettre à leur charrue ou les vendre, de façon que les dites vaches puissent être en toute occasion chacune quatrième sans plus, et celles qui sont siennes propres, sans qu'il les tienne à part d'aucune personne ; et cela durera toujours, à moins que les terres ne deviennent dans le pays en friche, et, dans ce cas, que l'on en puisse tenir autant qu'il serait juste.

De même, chaque habitant et habitant futur du même château, peut tenir une vache quatrième avec ses produits, en la forme et de la manière dessus dite.

XII

RÉSERVES

De plus, chacun des seigneurs du dit château peut conserver cinq conquades agenaises de bois pour les besoins de sa réserve, et qui sera défendue de toute coupe et de tout bétail, et chaque habitant et futur habitant deux concades, aux mêmes conditions.

Les seigneurs et les propriétaires peuvent en planter et en acheter d'autrui, s'ils en trouvent à vendre, outre les dites 5 concades et outre les dites 2 concades ; et celui qui dans les bois ni les réserves dessus dits coupera, sans la volonté de qui ils seront, s'il le fait de nuit, cela lui coûtera 65 sous arnaudins d'amende, perçus savoir : le tiers au seigneur, le tiers à celui qui aura constaté le dommage, et le tiers à celui de qui était la réserve ; de plus il indemnisera le méfait au maître de la réserve. Celui qui, de jour, y coupera, payera de gages 5 sous arnaudins, pris comme il est dit ci-dessus, et il indemnisera le dommage.

De plus, si de jour il y sapait avec une hache ou une scie, il payerait 65 sous arnaudins, partagés comme il est dit, et s'il ne pouvait payer, il en serait à l'appréciation du baille et des consuls.

Sauf un bouvier qui y peut couper latte, branche et contre branche nécessaires à la charrue qui en labourant serait à l'instant brisée, afin que de labourer il ne se retarde, ni perde sa journée.

que auria eissiuernatz; e al que no agues de yssiuernatz, pot ne
eissiuernar de x entro xii.

Li senhor ny las donas del dit castel, ny algu de lor, no poscan
tenir mas de duas baquas mairitz cadans el noiris que eissira de
lor, entro que aiha tres ans; e al cap dels tres ans, quel posca metre
a lor aray, o quel venda, en ayssi que las dichas baquas posca estar,
totas betz, cadauna si quarta, ses plus[1], en aquelas que sian suas
proprias, ses que no las tengua a part de neguna personna; e
aiso que durara totz tems, sino que las terras tornesso per lo pays en
ermages, e la donez[2] quen poguesse tener segont quels seria just.

Item que cadaun habitant e habitador del meiss loc e de la honor
ne posca tenir una baqua si quarta de noiris, en la forma e en la
maneira desus dicha.

XII

RÉSERVES

Empero es assaber que cadaun dels senhors del dit castel podo
tenir v conquadas agenessas de boscz, ob sa defes, e que sia defendut
de tot tail e de tot bestialh, et cada besi, habitant e habitador duas
conquadas, per meissa maneira.

E li senhor e li bezi podo ne semenar e comprar d'autrui, sin
trobo à vendre, oltra las dichas v conquadas e oltra las dichas duas
conquadas; e qui si en boscz ni els defes dessus ditz tailhera, ses
volontatz daquel de cuy er, si o fa de nughz, quel costaria de gatge
lxv sols darnaudins, petits so es assaber : lo ters al senhor, el ter
a aquel quel trobaria, el ters a aquel de cuy lo defes er, e que
enmendaria la mala faita al senhor del defes; e qui de dias, i
tailharia, que pagaria de gatge v sols darnaudins, petits cum dit
es, e que enmendaria la mala faita.

Empero si dedias i segaua, ab faux o ab segua, pagaria de gatge
lxv sols darnaudins, petits cum dit es; e si paguar no ac podia, que
estaria a la conoguda del baylle e dels cosselhs; saup boer y pot
tailhar endoltra, etanilha e coltre etanilha obs a larai que en aran
sero ades peciat, per que de larar nos destarde ni pergua son jornal.

[1] La mère et trois veaux.
[2] « Doncz » sur la copie de Bordeaux.

Et de même tous propriétaires, habitants et habitants futurs du même château et de la seigneurie, qui charrieraient de la gerbe ou du bois avec du bétail ou autres choses, qu'il le charroye avec ses bœufs ou avec d'autre bétail, s'il brisait son lien, il pourra en couper où plus vite il en trouvera à mettre en place de celui qu'il aurait brisé.

Si dans une réserve était trouvé du bétail, il payerait d'amende, bœuf et vache, porc et truie, vi deniers arnaudins; jument, cheval, mulet, âne, chèvre, iii deniers; brebis, chacune i denier, et la personne qui les gardera v sous arnaudins.

Les seigneurs et les propriétaires et chacun d'eux et leurs gens, et le garde communal peuvent faire payer indemnité à tout homme, toute femme et tout bétail qui y entrera pour faire paccager ou pour mal faire; et s'il y avait contestation entre celui qui trouvera et le trouvé, le baille et les consuls apprécieront celui qui sera le plus digne de foi, et s'arrêteront au serment du plus digne.

<h1 style="text-align:center">XIII</h1>

<h3 style="text-align:center">CLAPIERS — VIVIERS — PIGEONNIERS</h3>

Tous habitants et habitants futurs du même château et de la seigneurie, peuvent établir et garder réserves en leur bien, c'est à savoir : Réserve de clapier de lapins et réserve de pigeonniers et de viviers, sans que un homme, en cette réserve, ni en aucune de celles-là, ne doive chasser, ni entrer, ni pêcher, ni filets lancer ou poser, ni autre chose faire de mal, sans la volonté et sans l'autorisation de celui ou de ceux de qui elles seront[1]; et ceux qui, pour mal faire, y seraient entrés et auraient fait aucune des choses prédites de jour payeront d'amende 65 sous arnaudins, attribués : 40 sous au seigneur et 5 sous à cette personne qui l'aura découvert, et 20 sous au maître de la réserve; et, à part cela, le méfait devra être indemnisé premièrement; et s'il ne pouvait payer, il serait banni, comme il est dit ci-dessus.

Et si c'était fait de nuit, il devra être puni comme voleur.

Le baille et les consuls doivent juger semblables délits commis en la réserve d'autrui, de jour ou de nuit.

---

[1] Ces droits étaient généralement réservés aux seigneurs dans les pays voisins.

La chasse était permise pour tous dans la seigneurie d'Astafort. Les consuls fixaient le temps pendant lequel elle était interdite (Livre des Jurades).

E per meissa maneira, totz beziis, habitants e habitadors del meiss castel e de la honor, si carreihaua garba o lenha, **ab bestiar** o autras causas, o ab soos boeus carrieihaua, o ab autre **bestiar**, el peciana eudorta, quen pogues talhar or abans ne trobes e metre en loc d'aquela que seria peciada.

E si en defes ero atrobat bestiar, gatgeria boeu et baqua, **porcs e** troiha vi dinès arnaudins, equa, rossi, mul, aze, craba, iii dinès, aolha cadauna 1 dine, e la persona quels i gardaria **v sols arnau-** dins.

E li senhor e li bezi, e cadaun de lor, e lors companhas, e la gardes comunial podo far gatgar tot home e tota femna et tot bestiar que i entres per apastencar ni per mal far; e si era debat entro aquel qui trobaria el trobat, quel baylle, el cosselhs gardes qual sere plus digne de fes, e que al sagramen del plus digne estesso.

XIII

CLAPIERS — VIVIERS — PIGEONNIERS

Totz habitants e habitadors del meiss castel e de la honor, pot far e tenir defes en sa causa, so es assaber : defes de clapers de conhils, e defes de columbers e de pesques, senes que hom en aquel defes, ni en algu daquels, ne deu cassar, ni entrar, ni pescar, ni filatz adobar, ni appareilhar, ni autra causa far de mal, senes voluntat e senes licencia daquel o daquels de cuy serio; e aquels que per mal far isserian entratz, e aurian faghz alguna de las causas predichaz de dias, gadcharia en lxv sols darnaudins, petits : xlv sols [1] als senhors, e v sols a aquela persona que lauria trobat, e xx sols al senhor del defes; e, part aysso, la malafaita quel deu estre enmendada prumerament; e si paguar no podio, que sia **forbanditz,** segont que dessus es dit.

E si de nugh era faghz, deuria estre punitz cum a **layronici.**

El baylle ab los cosselhs deuo connaisser aytal excès **faghz en** lautruy defes, de dias o de nughz.

---

[1] L'original contenait évidemment une erreur de chiffres, puisqu'elle se reproduit sur les deux copies que nous avons sous les yeux, c'est sans doute XL.

De plus, chaque réserve de lapins peut durer et s'étendre à l'appréciation des consuls, et celui à qui elle appartient, doit la limiter à l'appréciation des mêmes consuls ; et si ainsi ils ne le faisaient, on (le délinquant) ne payerait d'amende plus que celui qui aurait causé du dommage en vigne ou en jardin, pourvu qu'il indemnise le mal fait intégralement, suivant qu'il sera minime ou grave.

XIV

MOULINS ET FOURS

Tous habitants et habitants futurs et propriétaires du même château et de la seigneurie, peuvent établir, dans leurs limites, étangs nécessaires pour moulins ou nécessaires pour viviers, dans toute la seigneurie du même château, et des moulins tournant s'y faire, s'ils veulent ils peuvent, excepté au courant du Gers.

Et tous habitants et habitants futurs et propriétaires du même château et de la seigneurie, peuvent avoir un four en franchise, dans toute l'étendue du château ou de la seigneurie[1].

XV

PROCÉDURE — DÉLAIS

Tout homme propriétaire du dit château, de qui sera portée une plainte, doit assurer la réclamation s'il peut, et s'il dit qu'il ne peut fournir caution, il doit jurer sur les saints Evangiles qu'il soutiendra le procès jusqu'à la fin en présence de la Cour. Le seigneur aura 5 sous d'arnaudins du vaincu et 5 sous arnaudins pour chaque jour de défaut, et 5 sous d'arnaudins pour jugement définitif.

De plus, celui auquel il sera assigné jour devant le baille ou devant le seigneur du fief, peut s'excuser pour nécessité reconnue, et il n'est tenu à l'amende, envers aucune personne, ni aucune demande ne peut lui être faite, en dehors de ce jour, pourvu qu'il présente, le jour qu'il sera convoqué, un loyal excusateur.

Tout homme qui aura procès devant le baille et les consuls, ou devant les consuls, s'il n'a d'avocat, peut obtenir huit jours, et huit pour conseil, et huit pour répondre s'il le demande.

---

[1] Ces libertés sont très rares dans les coutume

Empero cada defes de conhils pot durar e estendre a conoguda dels cosselhs, e aquels de cuy serio, deuo los Sarrar [1] à la conoguda dels meiss cosselhs ; e si aissi no ac fazian, no si gadcharia hom, mos cum qui auria fagh dampnage en vinha o en cazal, mos que la mala faita enmendaria entegrament, segont que seria pauca o graua.

<h1 style="text-align:center">XIV</h1>

<h3 style="text-align:center">MOULINS ET FOURS</h3>

E totz habitans e habitadors e Beziis del meiss castel e de la honor pot far, en son fins, estans obs a moliis, e obs a pesquer, per tota la honor del meiss castel ; e moliis molian, si far ny volo ni podo, exceptat el fliurs del giers.

E totz habitants e habitadors e beziis del meiss castel e de la honor pot tenir forn franquament el dit castel e per tota la honor.

<h1 style="text-align:center">XV</h1>

<h3 style="text-align:center">PROCÉDURE — DÉLAIS</h3>

Totz hom beziis del dit castel, de cuy sia faita clamor, deu fermar lo clam si pot ; e si ditz que no pot, deu jurar, sur los sans evangelis, que segra lo plaghz, entro a fi, a esgart de la cort ; el senhor aura v sols darnaudins del vencud, e v sols darnaudins per cada dia de falhitz, e v sols darnaudins per judiament definitio.

Empero a cuy sia donatz dia deuant lo baylle o deuant lo senhor del fieus, sen pot desencuzar per esconogud, e no es tengutz de gatge, a alcuna persona, ni demanda far, a part per aquel dia, ab que i trainecra lo meiss dia que sera mandatz leichal excusador.

Totz hom que aura plaghz deuant lo baylle e cosselhs o deuant los cosselhs, se no a auocat, pot ne auer viii dias, e viii per cosselh, e VIII per rendre, si o demanda.

---

[1] Tel au deux textes.

De plus, si le demandeur avait acte public, il (l'intimé) n'aura pas plus de trois jours de réponse, après les huit jours de conseil, à moins (il est fait exception dans les cas de) d'un dessaisissement opéré de un an et de un jour, et de force, et de violence, et de trouble en la possession, de torturer et de contraindre un homme par la force ou par la peur, laquelle violence fut, en ce moment même exercée et de larcin ou de meurtre, qui alors fut fraîchement commis (dans ces cas), il ne doit pas être accordé de jour de délai, mais tout aussitôt doit être faite la réponse des faits portés devant la Cour.

Tout homme qui ait procès, dans ledit château et dans la seigneurie et qui veuille produire des témoins, aura trois jours (délais), chacun de huit jours, dans lesquels il aura indiqué et produit ses témoins.

En outre, si les témoins ne voulaient venir par lui (sur sa simple réquisition), ceux qui composeront la Cour doivent les faire venir et les contraindre.

XVI

AVOCATS D'OFFICE

Tout homme qui aura procès devant le baille et les consuls ou devant les consuls, et ne pourra avoir d'avocat, le baille et le consul ou les consuls, devront lui en donner un de ceux qui seront à la Cour, convenablement, s'il le demande, avec ses deniers; et si tous les avocats étaient de l'autre partie, il doit lui en être donné un des meilleurs, sauf un qui soit celui de sa contre-partie.

XVII

FAUX TÉMOINS

Si nul homme était faux témoin, contre un homme ou une femme, il courrait la ville la langue transpercée, ainsi que ceux qui les auront produits, s'il peut être prouvé qu'il ait porté par sa volonté faux témoignage, et ils encourront envers le seigneur 65 sous arnaudins d'amende.

De plus, si les témoins qui porteront le faux témoignage, s'il (si ce faux témoignage) est cause que la personne contre laquelle il sera porté dut supporter une peine corporelle si le fait était vrai, que les faux témoins supporteront et souffriront le châtiment que

Empero s'il demandaire nauia carta publica, non auria mos tres dias de resposta, après los viii dias de cosselh, saup de tot dessasiment que fos feit de un an et de un dia, e de forsa, e de violensa, e de turbation en possessio, de toldre, e de constrenher hom per forsa o per paor, laqual forsa fos ades faita, o de layronici, o de multre que ades fos fresquament faghz, no deu estre donalz dia, mos tan tost que deu estra faita resposta de ce que en cort sera.

Totz hom que acha plaghz el dit castel e en la honor e uulla traire testimonis, acha tres dias, cudaun de viii dias, dens losquals acha mentagut e traghz soos testimonis.

Empero si lo testimoni no volio per lui venir, aquels que tendrian lacort lo deuo far venir e costrenher.

XVI

AVOCATS D'OFFICE

Totz hom que acha plaghz deuant lo baylle e cosselhs, o deuant lo cosselhs, e no posca auer razonador, lo baylle el cosselh, ols cosselhs, len deuo donar daquels que en lacort seran razonablement, si o demanda, ab soos diners ; e si tughz li razonador eran de lautra part, deu len estre donat un des melhors, saup de un en que salche sa part quels a.

XVII

FAUX TÉMOINS

Si nulhz hom era falz testimonis contra home ni contra femna, corran la vila las lenguas traucadas, e aquels quels traire ab lors, si pot estre probat que aicho portat, ab sa volontat, fals testimoniage; e que encorran al senhor lxv sols arnaudins de gatge.

Empero si li testimoni que portario lo fals testimoniage, la persona contra laqual seria portat, es causa per loqual degues passar pena corporal, si era vertat, quels fals testimonis passo e

l'autre devrait subir[1], et leurs biens seront confisqués au profit du seigneur.

XVIII

FAUSSES MESURES

Tout homme qui tienne fausse mesure en blé, ni en vin, ni en autre chose, le seigneur a droit à 5 sols arnaudins d'amende, et la mesure fausse est confisquée.

XIX

INJURES ET BATTERIES

Et (dans) toute injure et batterie, dont plainte ou rapport sera fait, doit immédiatement répondre la principale personne de qui il sera dit qu'elle aura fait le méfait ou l'injure, sans aucun délai, et ensuite, là même, faire le serment de calomnie, et après ledit serment, la partie plaignante doit avoir produit ses témoins, si produire elle en veut, dans quatre jours les plus proches, non fériés, en suivant (consécutifs), et l'autre partie doit avoir donné ses défenses, si elle veut en donner, dans ces quatre jours, et dans autres quatre jours, après en suivant, qu'il ait produit ses témoins et produit ses défenses comme il pourra, de manière qu'à la huitaine, les témoins des deux parties soient publiés, si chaque partie en a produit, et que, dans autres huit jours, les témoins aient déposé et prouvé ce que prouver ils pourront, de manière que les témoins qui seront produits, sur les contradictions des témoins produits sur le principal, soient, au bout de ces autres huit jours, publiés et que les parties donnent leur renonciation ou concluent, et s'ils ne le faisaient, que la Cour puisse les avoir pour renoncé ou conclu et puisse prononcer sa sentence quand il lui plaira.

De plus, si cas il y avait que les témoins ne pussent être entendus dans lesdits délais, comme par maladie, ou par absence, ou pour autre cause qui fut juste et raisonnable au baille et aux consuls y advenait, peuvent lesdits baille et consuls lesdits termes prolonger et accorder plusieurs termes, s'il est juste de le faire.

---

[1] Nous avons rarement trouvé dans des Coutumes cette pénalité, d'ailleurs très logique.

suffrisso la pena que lautre deuria suffrir, e lors causas encorsas al
senhor.

XVIII

FAUSSES MESURES

Totz hom que tengua falsa mesura en blat, ny en vin, ny en
autra causa, lo senhor y a v sols darnaudins de gatge, e la mesura
falsa encorsa.

XIX

INJURES ET BATTERIES

E tota injuria de batezo, don clam o rancura sia faghz, deu ades
respondre la principal persona de cuy sera dit que aura faghz la
mala facha o la injuria, ses tota dilation; e apres aqui meiss jurar
de calumpnia, e apres lo dit sagrament, la part demandant deu
auer traghz soos testimonis, si traire en vol, dens catre dias probe-
dans, no feriatz. en seguens ; e l'autra part deu auer donadas sas
defensios, si donar ne vol, dins aquets catre dias, e dins autres
catre dias apres enseguens, que aiha traghz soos testimonis, e
aperadas sas defensios cum poyra, de maneira que als viii dias
se publiquen los testimonis de cadapart, si de cada part ni a traghz,
e que dintz autre viii dias acho dit als testimonis e proad so que
proar poyran, de maneira quels testimonis que seran traghz, sobre
las réparatios dels testimonis traghz sul principal, sian, al cap
daquels autres viii dias, publicats'e que la part la done sa renonciant
o conclusan ; e se no o fazio, que la cort pusca auer per renonciat
o conclus, en posca donar sententia, quant lo plaira.

Empero si caas y auia agut quels testimonis ne poguesso estre
auzitz dins los ditz termes, cum per malancia[1], o per absentia, o
per autra causa que fos justa razonabla al baylle e als cosselhs y
endeuenia, podo los ditz baylle e cosselhs los ditz termes alongar,
e donar plusors termes, sils es justz fazedor.

---

[1] L'expression se retrouve encore dans le vieux patois d'Astafort.

XX

PRIVILÈGE POUR RÉPARATION DE DOMMAGES

Dans tout procès où le seigneur devra avoir 5 sous d'amende ou 65, doit le baille faire payer d'abord le montant de la condamnation à celui au profit duquel elle a été prononcée et de ces amendes de 5 ou de 65 sous, le seigneur doit être satisfait[1], sans que lui ni son baille, ni les consuls, ni le sergent, ni autres personnes, ne doive plus rien prendre pour mander, saisir, ni contraindre de payer.

XXI

PART DU BAILLE

Le baille communal doit avoir, sur tout gage qui revient au seigneur, la cinquième part ; le reste doit être remis au seigneur loyalement quand il l'aura reçu.

Lequel baille doit mener toutes les affaires qui surviendront dan[s] ledit lieu, à raison de la seigneurie, des amendes communales à tous les seigneurs, et de sa cinquième part simultanément.

XXII

DE LA RÉCLAMATION PRÉALABLE

Nul homme propriétaire ou habitant du même château ni de la seigneurie, ni aucun étranger, ne doit ni peut porter plainte contre un propriétaire dudit château ni de la seigneurie, si premièrement il ne lui a adressé sa réclamation ; la forme de la réclamation est ainsi, que celui qui voudra réclamer une dette ou l'exécution d'une convention ou autre chose, doit le demander à l'autre devant témoins dudit château ou de la seigneurie, et qu'il lui demande qu'il paye ou répare le tort qu'il a (éprouvé), sans quoi il s'en plaindra au baille, et si celui à qui il veut demander ne lui rend pas raison devant les consuls du même lieu, il peut se plaindre au baille, et celui à qui il veut demander est tenu de lui répondre.

De plus, si celui à qui il voudra demander lui offre droit devant les consuls du même lieu, il doit accepter. Les consuls doivent et

---

[1] Sur ces amendes le seigneur doit rétribuer tous les fonctionnaires, afin que le condamné n'ait plus rien à payer en sus.

XX

PRIVILÈGE POUR RÉPARATION DE DOMMAGES ·

De tot plaghz don lo senor deia auer v sols de gatge o LXV, deu far lo baylle pagar prumerament la causa judchada ad aquel a qui sera judchada, e conoguda ; e del dit gatge de v sols o de LXV sols deu estre lo senhor abondoos, sees que el, ny son baylle, ny cosselhs, ny seruent, ny autra personna non deuo plus traire per mandar, ny per penhorar, ny per constrenher de paguar.

XXI

PART DU BAILLE [1]

El baylle communal deu auer de tot gatge que en deuingua al senhor, la cinquena part ; el remanent que deu rendre al senhor leichalment quant o aura recebut; loqual baylle deu menar totas las coytas que vendran el dit loc, per razo de la senhoria, dels gatges communials de totz los senhors e de sa cinquena part comunialment.

XXII

DE LA RÉCLAMATION PRÉALABLE

Nulz hom bezi o habitant del meiss castel ni de la honor, ni hom estranch, nos deu ni pot clamar de bezi del dit castel ni de la honor, si prumerament enqueregud no lauia; la forma de la enquesta es aytal, que aquel que voldra demandar deute o couent o autra causa, deu l'autre enquerre ab testimonis del dit castel o de la honor, e quel requeria quel pague o enmendes lo tort quel a, si que no el s'en clamara al baylle, e si aquel a cuy vol demandar nol presenta dregh deuant los cosselhs del meiss loc, pot se clamar al baylle, et aquel à qui vol demandar li es tengutz de respondre.

Empero si aquel a cuy voldra demandar lo presento dreghz deuant los cosselhs del meiss loc, el o deu prendre ; els cosselhs ne

---

[1] Cet article est semblable sur plusieurs points, au premier paragraphe, chapitre V des Coutumes d'Agen.

ont pouvoir d'apprécier et de juger; et doivent être toutes les deux les parties devant les mêmes consuls, au premier jour qui sera avisé (ou qu'ils se réuniront), après la demande faite, ou du moment que, le demandeur le requérant, il sera mandé par les consuls.

Les mêmes consuls doivent et peuvent juger sommairement, sans aucune écriture, et ledit jugement sera fait par eux et au nom des seigneurs, et le baille communal fera l'exécution de la sentence à la requête des consuls ou de la personne au profit de laquelle le jugement sera rendu, et il en aura 5 sous de gages, pour faire la dite exécution.

Et si il (l'intimé) ne se présentait pas, le demandeur peut s'en plaindre au baille du même lieu.

Si celui qui fait la réclamation demande une caution à celui qui offre droit devant les consuls, il (ce dernier) doit le cautionner, s'il peut, par une caution parlante, ou par serment; si par caution parlante il ne peut, qu'il lui fera droit devant les consuls. Et s'il ne cautionne pas, ainsi qu'il est dit plus haut, il peut en appeler au baille susdit.

Toutefois, en cas de meurtre, de larcin, de vol, d'envahissement (empiètement), ou de dessaisissement qui fussent récemment faits, une demande préalable n'est pas utile, mais on peut s'en plaindre sans réclamation[1].

XXIII

PLAINTE CONTRE ÉTRANGERS

Tout homme dudit château et de la seigneurie, qui sera propriétaire, se peut plaindre contre un homme étranger sans réclamation préalable, et si l'étranger ou autre propriétaire se plaint d'un propriétaire sans réclamation, il doit être renvoyé de la main du baille, c'est-à-dire qu'il doit payer au baille 5 sous arnaudins d'amende et payer les frais à l'autre partie, si elle en avait fait de convenables à l'appréciation de la Cour; et s'il y avait contestation au sujet de la réclamation entre les parties, que (le réclamant prétendit que le débiteur) ne lui a pas offert droit devant les consuls, ce peut être prouvé par un témoin propriétaire du lieu.

De plus, celui qui veut adresser une demande à un homme du lieu, peut la faire par lui-même, ou par une autre personne propriétaire de la localité.

----

[1] L'art. 22 est en partie semblable au chapitre 5 des Coutumes d'Agen.

deuo en pode o connoisser e far dregh ; e deuo estre ambeduas las partidas deuant los meiss cosselhs, al prumer dia que sa visto[1] apres la enquesta facha o de sequel demandador l'en requera, en sia mandat per los cosselhs.

El meiss cosselhs deuo en podo connoisser somariament, ses tot escrigh, e la dicha conoissensa sia faita per lor e per nom dels senhors, e quel baille comunial fassa la exécutio de la conoissensa, a la requesta dels cosselhs, o de la persona per laqual la conoissensa sera faita; e quen acha v sols de gadge per far la dicha executio.

E si no venia, pot sen clamar lo demandaire al baille del meiss loc.

E si aquel qui fa la enquesta demanda fermensa a aquel quel presenta dregh deuant los cosselhs, deu lo fermar, si pot, per fermansa parlant, o ab sagrament, si ab fermansa parlant no pot, que el lo fara dreghz a esgart dels cosselhs ; e si no lo ferma, ayssi cum dessus es dit, pot sen clamar al baylle predit.

Saup que en multre, o en layconici, o en raubaria, o en bauziment, o en dessaziment que fos noelament fait, no a enquesta, ans sen pot clamar ses enquesta.

XXIII

PLAINTE CONTRE ÉTRANGERS

Totz hom del dit castel e de la honor que sia beziis, se pot clamar dome estranh ses enquesta, e si l'estranh o autre bezi se clama de bezi senes enquesta deuo lo gitar de la man del baylle, so es que deu paguar al baylle v sols d'arnaudins de gadge e paguar las messios a l'autra part si fachas, nauia couenablas a esgart de Lacort; e si contrast era de la enquesta entro las partidas, que no lagues presentat dregh deuant los cosselhs, pot se proar per un testimoni bezi del loc.

Empero quel que vol enquérir home del Loc pot o far per si o per autra porsona bezi del loc.

<hr>

[1] La copic du XVIIe siècle donne « que sa justo », celle du XVIII^d « que sa visto ».

XXIV

DES SUCCESSIONS AB INTESTAT

Si un homme ou une femme meurt sans héritier, qu'il ne soit découvert ni ordres ni testament, le baille et les consuls doivent et peuvent prendre tous les biens du défunt, ils en doivent faire inventaire loyalement, en présence d'honnêtes gens, et ils doivent conserver les biens un an et un mois, si, dans l'année, il n'était venu un héritier qui en doive hériter; et s'il en vient, ils doivent lui remettre, pacifiquement et sans aucune contestation, les biens du défunt, satisfaits qu'ils soient des frais raisonnables qu'ils auront faits, à raison de l'inventaire et des autres choses ci-devant dites.

Et s'il ne venait dans ce délai, le baille et les consuls doivent acquitter avec le mobilier les dettes du défunt, et la dot de sa femme, et les engagements, s'il en avait ; le restant du mobilier doit revenir au seigneur dans la seigneurie duquel il se trouvait ; Les fiefs reviendront au seigneur duquel le défunt les tenait ; et si avec les meubles on ne pouvait payer toutes lesdites charges, il doit en être payé autant qu'il y aura de mobilier, et le restant qui restera à payer doit se payer sur les fiefs, par sous et par livre, sur chacun suivant son importance.

Et si après le délai indiqué, il survenait un parent qui prétendit devoir hériter, ou s'il se présentait des créanciers qui réclament une dette ou l'exécution d'une obligation, le seigneur de qui dépendait le mort, et les seigneurs des fiefs qui auraient perçu les biens doivent répondre, devant le baille et devant les consuls du lieu, à ces personnes, et ils doivent faire, sans faux fuyants, ce que le baille et les consuls apprécieront.

XXV

ORDRE DES SUCCESSIONS

De plus, doit succéder le plus proche parent en ligne directe d'où la succession sera venue.

Et si le mort faisait testament ou autre dernière volonté, celui-là ou celle-là doit être observé suivant que le droit le veut[1].

---

[1] D'après cet article, le droit de tester était absolu pour les habitants d'Astafort.

XXIV.

DES SUCCESSIONS AB INTESTAT.

Si home ni femna mor ses heret que no apparia, e ses ordents, e ses testament, lo baylle els cosselhs deuo e podo prendre totas las causas del mort,en deuo far embentari leichalment, en présentia de bonas gens, e deuo tenir los bees un an e un mes, si en an no era vengud hereter que y degues heretar; e si i ven,deuo lo liurar,en patz e ses totz constratz, lo bees del mort,satisfait a lor de las messios razonablas que faitas naurian per razo de l'enuentari et de las autras causas auant dichas.

E si no venia dens aquel terme,lo baylle els cosselhs deuo pagar del moble los deutes del mort e lauer de la molher e commandas sin tenia,el remanent del moble que deu estre al sehnor ab cuy lo mort era el castel; els fieux que tornario als senhors desquals lo mort los tenia; et si del moble las dichas causas pagar nos podio, deu sen paguar taut cum lo moble sestendra, el remanent que remandra a paguar deu se paguar dels fieus per soos e per lioura de cadaun segont que sera.

Et si après lo dit terme,venia parent que disses que deuia heretar, o venia crésedor que demandes deute o obligatio, lo senhor dejus cui era lo mort, els senhors del fieus que auria agut los bées, ne deuo estar a dregh deuant lo baylle e deuant los cosselhs del loc, ad aquelas personas; e deuo, ses tota defucha, far aysso quel baylle . els cosselhs ne conoisseran.

XXV

ORDRE DES SUCCESSIONS

Empero deu secceder lo plus probz parent uert lo linatge do la heretat sera venguda.

E si lo mort fasia testament o autra darreira volumtat, aquel o aquela deu estre gardada, segont dregtz vol.

XXVI

DÉPENSES DES CONSULS

Toutes les dépenses que les consuls du même lieu auront à faire ou faites, doivent se prendre sur les ressources communes du château et de la seigneurie.

Quant aux dépenses que les seigneurs du même lieu feront, le même château, ni la communauté, ni leurs biens, n'en sont tenus, à moins que les consuls ou la majeure partie des consuls s'y fussent obligés[1].

XXVII

CRÉATION D'IMPÔTS

De même, les consuls peuvent faire des réquisitions et des impôts, chaque année, dans ledit lieu et dans la seigneurie, avec le conseil des prud'hommes du même lieu[2], dans toutes les occasions qu'il leur paraîtra nécessaire, à raison des dépenses qu'ils feront ou qu'ils auront à faire par état, pour les besoins du château et de la seigneurie.

De plus, pour établir des impôts et pour régler la façon dont ils se percevront, les consuls y doivent appeler des prud'hommes du lieu et régler, avec leur conseil, s'ils les établiront par sous ou par livre, ou par feu, ou par personne, ou de quelle manière.

XXVIII

ARRÊTÉS DES CONSULS

Le baille et les consuls dudit lieu peuvent faire, chaque année, avec d'autres prud'hommes du lieu, dans le même lieu, des règlements sur terres, vignes, prés, jardins, blés et autres objets et sur dommages et préjudices ; ces règlements doivent être observés et valoir comme une coutume, jusqu'à ce que ceux qui les auront faits quittent le baillage et le consulat, et qu'ils soient annulés par le baille et par les consuls qui viendront après.

---

[1] Cet article est très remarquable.

[2] Les plus imposés dont l'assentiment a été demandé, jusqu'à ces dernières années.

- XXVI

DÉPENSES DES CONSULS

Totas messios quels cosselhs del meiss loc acha affar o fachas, se deuo traire del communial del castel e de la honor.

Empero els messios quels senhors dels meiss loc fasso, lo meiss castel, ni la comunialtad, ni lors causas non son tenguds, si no quels cosselhs o la major partida dels cosselhs si fosso obligatz.

XXVII

CRÉATION D'IMPÔTS

Empero los cosselhs podo far questas e tailhas, cada an, el dit loc, e en la honor, ab cosselh dels prohomes del meiss loc, totas beguadas cum los semblara de razo, per razo de las messios que farian ni aurian mestier a far, per las coitas del castel e de la honor.

Empero affar talhas e a ordonar, cum se trégan los cosselhs, i deuo appelar dels prohomes del loc, e ordonar ab lor cosselh, si las faran per soos o per liura, o per fogh, o per persona, o en qual maneira.

XXVIII

ARRÊTÉS DES CONSULS

Lo baylle els cosselhs del meiss loc podo far, cada an, ab dels autres prohomes del loc, el meiss loc establimens sobre terras, vinhas, pratz, cazals, blatz e autras causas, e sobre damnages, excès; es quals establimens deuo estre gardatz e valer cuma costuma, entro que aquels que faghz los auran se mudo de la bayllia e del cossolat, e que sio rebocat per lo baylle e per los cosselhs que vendran après.

XXIX

FRANCHISES

La communauté du dit château et de la seigneurie, et chacun (des habitants) de la communauté, ont franchises et libertés ; et il est coutume dans ledit lieu, que les seigneurs du même lieu, ni aucun d'eux, ni personne pour eux ni pour aucun d'eux, ne doit avoir quête, ni taille, ni fouage[1], ni emprunt, ni don, ni aucune autre exaction sur ladite communauté, ni sur aucun de ses membres, si ce n'était par la volonté de ladite communauté ou de la majeure partie de celle-là, qui le fit de bonne grâce, sans aucune contrainte.

XXX

LIBERTÉ INDIVIDUELLE

Nul propriétaire du même lieu ne doit être arrêté ni pris, par nul homme, pour aucun fait dont on l'accuse, tant qu'il pourra garantir pouvoir se défendre devant le baille et devant les consuls du même lieu, à moins que le cas ne fût trop grave, comme de meurtre ou de blessure mortelle, ou de vol important, ou de larcin à l'instant même fait, ou d'autres causes capitales, et qu'il existât de sérieuses présomptions contre celui dont il serait dit qu'il a commis le fait, comme d'un témoin de bonne foi, qui aurait vu ou entendu, ou de présomption qui valussent un témoin.

XXXI

OBJETS INSAISISSABLES

Aucun propriétaire du dit lieu ne doit être saisi des draps de son lit, ni des linges de son corps ni de sa famille, ni de ses armes, ni de ses instruments, ni des outils avec lesquels il travaille, ni des bœufs, ni autres bêtes avec lesquels il laboure, ni des instruments aratoires.

Mais le baylle peut saisir les autres biens pour amende ou pour cas jugés faire payer tout homme du dit lieu et de la seigneurie, si appel n'était fait qui fût pendant.

---

[1] Droit sur chaque feu.

XXIX

FRANCHISES

La comunialtad del dit castel et de la honor, e cadaun de la comunialtad, an franquesas e libertatz ; e es costuma el dit loc, que li senhor del meiss loc ni algu de lor, ni hom per lor, ni per algu de lor, ne deuo auer questa, ni talha, ni fogadge, ni prest, ni do, ni autra exaction sobre la dicha comunialtad, ni sobre algu daquela, si no era per voluntad de la dicha communialtad o de la major partida daquela, que o fesso de grassia, ses tol costrenhement.

XXX

LIBERTÉ INDIVIDUELLE

Nuls beziis del meiss loc no deu estre restatz ni pres, per nul home, per negu fagh, de qui hom lencolpe, tant cum posco fermar destar à dreghz deuant lo baylle o deuant los cosselhs del meiss loc, si no quel caas fos trop greu, cum de multre, o de plagh mortal, o de layronici greu, o de raubaria adès facha, o d'autres caas capitals, e que fos violens présumtios contra aquel de cuy seria dit que auria fagh lo fagh, cum de un testimoni de bona fama de bezer e d'auzir, o de presumtios, que valguesso un testimoni.

XXXI

OBJETS INSAISISSABLES

Nuls beziis del dit loc no deu estre penhorat de draps de son legh, ni draps de so cors ni de sa maynada, ni de sas armas, ni de sos ferramens, ni estrumens ab que saffane, ni bou, ni autre bestiar ab que are, ni estrumens d'arai.

Empero lo baylle pot penhorar autras causas, per gadge o per caas iudchada far pagar tot home del dit loc e de la honor, si appellatio no era faita quen pendes.

Non plus, aucun propriétaire dudit lieu ne doit être saisi ni expulsé par le seigneur du fief, ni par autre personne, ni ses biens ni ses fiefs, si ce n'était pour chose jugée et reconnue, de laquelle il n'y eut pas de pendant, un appel qui en fut fait, ou si ce n'était pour défaut d'être venu au jour à lui assigné, ou si ce n'était pour droits de ventes ou pour accaptes[1] ou pour oblies[2] qu'il dût.

XXXII

DOMMAGES DES BESTIAUX

Si un homme du même lieu ni de la seigneurie trouve du bétail en méfait chez lui, il peut le chasser ; le maître de qui est le bétail est tenu d'indemniser le dommage que le bétail aura causé ; celui qui l'a trouvé doit être cru sur son serment que le même bétail il a trouvé en son dommage, si le dommage monte jusqu'à dix sous arnaudins et si le dommage s'élève à plus de dix sous, celui qui l'a constaté doit jurer sur l'autel de Saint-Jean l'évangéliste, qu'il a trouvé le dit bétail lui faisant dommage, et il doit être cru sur ce serment de l'autel, si par la partie ou les parties de qui sera le bétail, il lui était nié qu'il l'ait trouvé.

De plus si le bétail était trouvé, de nuit, au méfait, celui qui le trouve peut l'emmener et le garder la nuit, jusqu'au matin ; le matin, il doit le livrer aux consuls du même lieu, et s'il ne le faisait, il payerait cinq sous arnaudins d'amende au seigneur.

De plus, s'il emmenait le dit bétail de jour ou de nuit,, et que le maître, de qui sera le bétail ou autre personne au nom de lui, demandait qu'il lui donne le dit bétail, en récréance, celui qui l'a trouvé doit le lui donner en récréance moyennant caution suffisante ; et s'il ne voulait le donner ainsi en récréance, le maître de qui le bétail serait peut s'en plaindre sans autre demande au baille communal du même lieu.

Et s'il était surpris de jour, le pasteur ou le messager qui garderait le bétail doit le même jour ou le lendemain payer l'amende aux consuls ; et s'il ne le faisait, il payerait cinq sous au seigneur, et de même manière s'entend à la famille du seigneur.

[1] L'accapte était le droit payé au seigneur à l'occasion de chaque constatation de vente par le seigneur (analogue aux droits d'enregistrement actuel).

[2] Les oblies étaient une espèce de fermage annuel payé par le feudataire au propriétaire du fief.

Ni negus beziis del dit loc no deu estre penhoratz ni baudit per senhor de ficus ni per autra persona, ni sei be ni sei fleus, si no era per causa iudchada e conoguda, de que no pendes appel quen fos fagh, e si no era per defauta que no fos vengutz al dia a luy assignatz, o si no era per vendas o per accaptes o per oblias que degues.

XXXII

DOMMAGES DES BESTIAUX

Si hom del meiss loc ni de la honor troba bestiar en sa mala faita, jettar l'en pot; el senhor, de cuy lo bestiar es, les tengut d'enmendar la mala faita quel bestiar aura faita; el trobador deu estre crezut per son sagrament quel meiss bestiar a trobat en sa mala faita, si la mala faita monta entro a x sols arnaudins ; e si la mala faita monta en sus des x sols, lo trobador deu jurar, sus lautar de Sant-Johan l'éuangéliste, quel dit bestiar a trobat en sa mala faita, e deu estre crezud per aquel sagrament de lautar, si per la partida o las partidas de cuy sera lo bestiar, lera negat que no lauria atrobat.

Empero si lo bestiar era atrobat de nughz en la mala faita, lo trobador len pot menar e tenir la noit, entro del maiti ; el maiti deu lo liurar al cosselh del meiss loc, et si no o faia, gagcharia en v sols darnaudins al senhor.

Empero si menaua bestiar de dias o de noitz, e lo senhor de cuy lo bestiar sera o autra persona, per nom de luy, requeria lo dit bestiar que li dones a recreze, lo trobador li diu donar a recreze, ab fermensa sufficient; e si ayssi no volia donar a recreze, que sen pogues clamar lo senhor, de cuy lo bestiar seria, ses autra enquesta, al baylle communial del meiss loc.

E si, de dias, penhoraua pastor o message quel bestiar gardaria, quel meiss dia o lendoma reddes lo gadge al cosselh, e si no o fazia, gadcharia en v sols al senhor, e de meissa maneïra senten, en companha de senhor.

XXXIII

VENTES JUDICIAIRES

Tout héritage qui sera vendu par procureur, ou par curateur, ou par tuteur, ou par baille, ou par consul, qui appartienne à autrui, pour payer des dettes ou pour autre cause, doit être annoncé trois fois publiquement dans le dit château par le crieur communal du même château, et il doit désigner l'héritage qui est à vendre, quand il le publiera une première fois, et ce que on en a offert, si on en a rien offert ; et à chaque annonce, quand elle se fera, également ; et si ainsi n'était pas faite la criée, la vente ou l'aliénation serait nulle ; et d'une criée à l'autre il doit y avoir huit jours.

Celui qui ordonne la vente, ni le tuteur, ni le curateur, ni l'administrateur des biens d'autrui, ne doivent être saisis, ni contraints, à moins d'avoir été négligents de faire les dites criées, lesquelles il doit avoir fait faire dans quarante jours après que la chose sera arrêtée par jugement.

Le tuteur, le curateur, l'administrateur des biens d'autrui, peuvent conserver, sur ces propriétés qu'ils veulent vendre ou aliéner pour autrui, autant qu'un autre pourrait en obtenir, faire faire préalablement les criées, ainsi qu'il est dit, et qu'ils se présentent devant les consuls et jurent, dans la main du baille ou des consuls, que, loyalement, ils ont cherché pour que ledit bien fût vendu au plus haut prix qu'ils ont pu, et qu'ils n'en ont trouvé, pendant le temps des criées, aucune personne qui voulût en donner plus qu'ils n'en donnent ; ce serment fait, le baille et les consuls les leur peuvent vendre, pour autant qu'ils affirmeront qu'il n'y a personne pour en donner davantage, pendant la durée des criées.

Le baille ni les consuls ne sont tenus de porter garantie à l'acheteur, mais les autres biens de la personne qui devait la dette et la chose pour laquelle ladite vente est faite, y sont obligés.

Toutefois, ladite vente ne préjudicie pas à l'ayant droit de retour, ni au seigneur du fief, qu'ils ne puissent retenir (le bien vendu), ainsi que dans la coutume du droit de retour il est contenu.

XXXIV

TARIF DE MOUTURE

Il est à savoir que tous les moulins de la dépendance du même

XXXIII

VENTES JUDICIAIRES

Tota heretatz ques venda per ordenhz, o per curador, o per tutor, o per baylle, o per cosselh, que fos d'autruy, per paguar deute, o per autra causa, deu estre cridada tres betz publicament, per lo dit castel, per la crida comunial del meiss castel ; e la deu mentaura la hereditat que es vendadouera quant la cridera prumerament, e so que hom y a uffert, si uffert y a res, e cada crida quan se fara eissament; e si ayssi no era faita la crida, la uenda o la alienatio siria nulha; e de la una crida a l'autra deu auer viii dias.

El ordener nil tutor, nil curador, nil administrator dels autruy bees, no deuo estre penhoratz, ni costrehz, si no que agues estatz nochalent de las dichas cridas far ; lasquals deu auer faitas far dens quaranto dias après que la causa sera conoguda per judchament.

El tutor, el curador, el administrator dels autruy bees podo retenir daquela heretad quel volra vendre o alienar per autre, tant cum a dautres ne poyrio auer, faitas far prumerament las cridas, ayssi cum dit es, e que se tragan deuant los coselhs, en juren, den la ma del baylle o dels cosselhs, que leihalment an procurat cum aquela causa fos venduda al major fort que an podut, e que no i an atrobat dens lo tems de las cridas, alguna persona que meiss volgues donar que el i dono; e fagh lo sagrament, lo baylle els cosselhs los i podo vendre, per tant quant affirmeran que plus no nauia hom per mes en donar. dens lo tems de las cridas,

El baylle nils cosselhs no son tengudz de portar guerentia al comprador, mos los autres bees de la persona quel deute deuia o la causa per que la dicha venda es facha, ne son obligatz.

Empero la dicha venda no fa préjudici a torner ni a senhor de fieus que no o posco retenir, ayssi cum, en la costuma del torn, es contengut.

XXXIV

TARIF DE MOUTURE

E es assaber que totz los molis de l'apartenement del meiss castel

château doivent moudre, tout le temps, pour la treizième part des blés qu'ils moudront, sans que davantage en doivent prendre ni homme, ni meunier, ni seigneur.

XXXV

MARCHÉS

Les marchés dudit château doivent être (tenus) le mercredi, francs et sûrs, à l'aller et au retour, pour ceux qui au marché viendront, sans arrêt ni saisie, que personne ne puisse leur y faire d'eux-mêmes ni de leurs biens, à moins que mort d'homme il y eut, ou qu'il eut retenu prisonnier, ou pour dette reconnue qu'il dût, ou pour choses faites au marché ou en chemin, pour qu'il pût être pris et saisi.

XXXVI

FOIRES

Le baille et les consuls d'Astafort, avec le conseil d'autres prud'hommes, peuvent instituer et établir des foires à Astafort, une fois ou deux l'an, à cette époque qui leur paraîtra le plus favorable.

Et la foire doit être sûre et réservée, de façon que tout homme y puisse aller sauf et sûr et venir, c'est-à-dire qu'il ne doit lui être rien pris ni retenu, comme pour le marché dessus il est établi, et qu'il y ait ainsi coutume au marché de même que pour la foire.

Les seigneurs dudit château ont, sur les choses vendables qui seront vendues par un homme étranger, leurs droits, savoir : pour porc et pour truie un denier arnaudin; pour chèvre une mailhe[1]; pour brebis et pour moutons, jusqu'à douze, une mailhe de douze en sus rien; pour cheval seize deniers arnaudins, et pour jument huit deniers; pour bœuf deux sous; pour vache un sou; pour âne deux deniers; pour bourrique un denier; pour mulet deux deniers; pour mule un denier; nulle bête tétant ne doit de droit.

---

[1] Espèce de monnaie valant 1/2 denier.

dcuo molre, totz temps, per la trezena part delz blatz que molran,
ses que plus non deuo pre prendre ni hom, ni moliner, ni senhor.

XXXV

MARCHÉS

Lo marcatz del dit castel deu estre al dimelcres, saub et segur
a anar e a tornar a aquels que al marcat vendran, senes restz
ni penhora que hom nols i deu far de lor meiss, ni de lors causas,
si no que home mort i aguesso, o près lo tenguesso, o de deute
conogud i deguesso, o causa ni auio faita el marcat o el camin,
per que deguesso estre prées o penhoratz.

XXXVI

FOIRES

Lo baylle els cosselhs d'Astafort, ab cosselh dels autres prohomes
podo far establir feira a Astafort, una begada o duas lan, en aquel
tems quel sera mels vistz fazedor.

Et la feira deu estre segura e gardada, ayssi que totz hom i posca
anar saub e segur e venir, so es que no i deu estre pres ni arestat
res, ayssi cum al marcatz dessus es contengud, e o aytal costuma
el marcat cum en la feira.

Li senhor del dit castel an, en las causas vendablas que sian
vendudas per hom estranh lor costuma, so es assaber : en porc e
en troiha I dine arnaudin; en craba meailha; en aolhas e en crestot
entro a douze, mealha ; de XII en sus no res ; en caval XVI dines
arnaudins ; e en equa VIII dines ; en boeu dus s.; en baqua I s.;
en azo II dines; en sauma I dine; en mul II dines; en mula I dine;
nulha bestia popant no deu costuma.

Si un homme étranger fraudait les droits de péage ou de la leude, le jour du marché ou de la foire ou un autre jour, ou de nuit ou de jour qu'il franchit les limites, le seigneur y aura soixante-cinq sous et une mailhe d'arnaudins, mais son corps et ses biens saufs.

Et sont les limites d'Astafort quant aux foires et marchés sont à leur extrémité au Gers, qui passera la première fourche du chemin, le pont du Gers passé, celui qui passera le Gers à l'extrémité du moulin de la Bayne, celui qui franchira le ruisssau de la Molie et aussi de Fondragon, celui qui franchira le champ de la Carrère et les vignes de Fernadis, situés l'un à l'extrémité du Baillarguet et l'autre au bout de la côte de Bayne, celui qui passera le carrefour qui est au-dessus de Sodader, celui qui passera le carrefour de Fontaroux et aussi le moulin neuf (devront les droits), et ceux qui franchiront ces limites sans payer la Coutume, devront l'amende selon qu'il est dit.

Tout propriétaire qui soit soumis aux impôts et coutumes, est affranchi de droits, dans toute l'étendue de la seigneurie d'Astafort, pour ce qu'il vend ou achète.

XXXVII

ARRESTATION DU DÉBITEUR EN FUITE

Tout propriétaire du même château peut prendre de sa propre autorité, sans autorisation du seigneur, son débiteur fugitif et les biens avec lesquels il s'enfuyait ; il peut le conduire et le ramener au château, devant le baille ou devant les consuls, lesquels lui doivent donner droit.

XXXVIII

DÉLAIS DE PAYEMENT POUR LES ACHATS DE VIVRES

Les seigneurs du même lieu ont, pour les denrées alimentaires qu'ils achètent d'un homme du même lieu, savoir : pour viande de boucherie et pour pain de boulanger et pour vin d'auberge, pour poisson qu'un homme met en vente, un mois de délai, moyennant un gage ou une caùtion, le gage qui vaille le tiers de plus ; et s'il ne l'avait payé dans le mois, le vendeur peut vendre le gage, après avoir

E si nuls homs estranh penaua la costuma del peages o de la ledza, lo dia del marcat o en la feira, o autre dia, de nughz o de dias ni passaua los deyz, lo senhor i aura lxv sols e una mealha darnaudins, e son cors e sas causas saluas.

E son los dex d'Astafort, quant a la feyra el marcat, son de lestrem ental giers, qui passaua la prumera forcada dels camiis, lo pont del giers passat, ne qui passaua lo giers enta lestrem del moli de la bayna, ne qui passaua lo riu de la molia, ne fondragon, ne qui passaua los camps de las carreras, de las vinhas del fernadis, la una enta lestrem del balharguet, e lautra entro al cap de la cotura de bayna, ne qui passaua lo cayrefort que es de sobre sodader, ne qui passaua lo cayrefort de fontaros nil moli nau, e qui aquetz dex passara, ses paguar la costuma, gadgere segont que dit es.

Totz beziis que fassa fors e costumas, es francz en tot lapparte-nement d'Astafort en so que ven ni compra.

XXXVII

ARRESTATION DU DÉBITEUR EN FUITE

Totz beziis del meiss castel pot prendre per sa propria autoritat, senes licentia de senhor, son deutor fugitivi, e las causas ab que sen fugiria ; el pot menar e tornar ental castel deuant lo baylle o deuant los cosselhs, liquals len deuo far drechura.

XXXVIII

DÉLAI DE PAYEMENT POUR LES ACHATS DE VIVRES

Li senhor del meiss loc a, en las causas meniadoiras que compre, dome del meiss loc, so es assaber : en carn de mazel e en pan de prestinhera, e en vin de taberna, eu peiss, que hom tengua a vendre, un mees despera, ab lo penhs, o ab una bona fiansa; el penhs que valha lo ters deus maiss, e si pagat no lauia dens lo méés, lo vendador pot

demandé au seigneur de le payer ou réclamé à celui de qui il a le cautionnement sans aucune requête.

De plus, s'il était obtenu du gage plus que la dette ne serait, le surplus doit être restitué au seigneur qui aura donné le gage.

Et de même manière, tout propriétaire du lieu a quinze jours de délai pour les dites denrées alimentaire qu'il achète.

XXXIX

TARIF DES DENRÉES VENDUES AU SEIGNEUR

Aucun homme ni aucune femme, propriétaires du lieu, ne doit vendre au seigneur, poule plus de six deniers, ni chapons plus de huit deniers, ni oie plus de dix deniers arnaudins, excepté le jour du marché et de la foire,

Les seigneurs, ni aucun homme pour eux, ne doivent prendre ni tuer ni poule, ni chapon, ni oie, ni chevreau, ni bœuf, ni vache, ni porc, ni truie, ni aucune autre chose d'un habitant du dit château, ni de la seigneurie, s'ils n'avaient d'abord été mis en vente, ou s'il n'y avait une cause pour laquelle le seigneur en eut grand besoin, comme s'il tenait Cour ou s'il avait des visites, ou pour nécessité, car dans ce cas ils doivent s'adresser aux consuls et les consuls doivent s'informer d'abord auprès des gens des seigneurs s'ils connaissent les besoins des seigneurs, et s'ils n'en ont pas (des gens) auprès d'autres personnes que les consuls aviseront, pourvu que le seigneur ou son messager paye ou donne gage ou bonne caution, en la manière qu'il est dit, pour les denrées alimentaires, pour le prix que les consuls apprécieront, excepté pour les poules, les chapons et oies qui ont leur tarif.

Il est ordonné : si les seigneurs ou quelqu'un d'eux, ou un homme de leur famille allaient dehors ou chassaient à l'autour ou à l'épervier, ou au faucon, dans ce cas ils en peuvent prendre une par jour, sans requérir les consuls, pouvu qu'ils payent le prix ci-dessus.

Et si par hasard, le seigneur ou son messager ne trouvait pas les consuls, ou que les consuls ne voulussent ou ne pussent y aller, les dits seigneurs peuvent en faire prendre par leur famille, pourvu qu'ils payent, ou moyennant gage, ou avec caution, comme ci-dessus il est dit.

vendre lo penhs, enqueregud los senhors que li solua, o clamar daquel a fermansa, ses tota enquesta.

Empero si maiss era agud del penhs quel deute no seria, lo maiss deu estre redut al senhor quel gadge auria baillat.

E, de meissa maneira, a tot bezis del loc xv dias despera en las dichas causas meniadoiras que compre.

XXXIX

TARIF DES DENRÉES VENDUES AU SEIGNEUR

Nulz home ni nulha femna, bezi del loc, no deu vendre al senhor galina mos vi dines, ni capo mos viii dines, ni auca mos de x dines arnaudins, exceptat lo dia del marcat e de la feira.

Li senhor, ni home per lor, no deu prendre ni ausire galina, ni capo, ni auca, ni creston, ni boeu, ni baqua, ni porc, ni troiha. ni nulha autra causa de habitant del dit castel ni de la honor, si no era prumerament trait venal, o si no era causa quel senhor agues grand coita, cum de cort o dostes, o per necessitat : car en aquel caas, deu venir als cosselhs els cosselhs deuo prendre prumerament dels homes del meiss senhors si nan sagut la necessitat del senhor, e si non an, dels autres a cuy los cosselhs sera vitz, ab que lo senhor o son messatgé pague, o balhe penhs o bona fermensa, en la maneira cum dessus es dit, en las cauzas meniadoiras, per taut cum lo cosselh ac pensara, exceptat galinas, capos, aucas que an lor for.

Empero si li senhor o alcus de lor, o hom de lor companha, anauan defora o cassauan ab austor o ab espariuet, o ab falcon, en aquel caas, ne podo prendre una[1] lo jorn, senes requere cosselhs, ab que pague lo for dessus dit.

E si, per abentura lo senhor o son messatge lo dit cosselh no trobaua, ol meiss cosselhs anar no volia o no podia, quel dit senhor ne pogues far prendre, a sa companha, ab se pague o ab penhs o ab fersmansa, cum dessus es dit.

---

[1] Poule, chapon, etc.

XL

TEMPS DE DOMICILE

Tout homme qui vient pour habiter dans le dit château, s'il y reste un an et un mois doit dépendre du seigneur, sur (le domaine) duquel il restera et sera trouvé ; et il doit être avec lui dans le château, si dans ce délai d'un an et d'un mois qu'il n'est pas réclamé par un autre seigneur, car dans ce cas il serait de celui par qui il serait réclamé.

XLI

PROCÈS ENTRE SEIGNEURS

Si aucun des seigneurs se plaignait en justice de l'autre, il peut lui faire sa réclamation par droit ou par serment, et celui qui aura causé le dommage, doit le jour même l'indemniser à l'appréciation de la cour du même château, sans aucun retard ; et s'il ne le faisait pas, la cour et l'autre seigneur et les propriétaires du lieu doivent être avec celui auquel aura été faite l'entrave ou l'injure, contre l'autre, jusqu'à ce qu'il l'ait indemnisé.

Et il en serait de même si un seigneur causait un dommage à un propriétaire.

XLII

DENI PAR SERMENT

Si pour dénégation le serment était imposé par le baille et par les consuls dans un procès porté devant eux, à l'une des parties, avant que le serment de calomnie ne soit prêté, le serment doit être fait par la partie qui aura été jugée devoir le faire ; et si elle ne veut le faire, elle doit être convaincue de la chose, et elle doit donner satisfaction à l'autre partie de la chose demandée, si le serment est ordonné sur cette chose.

Et l'autre partie doit être acquittée de la main du baille et des consuls si le serment n'était pas donné, et déchargé de frais.

Il est ordonné qu'un tel serment ne doit être accepté d'aucune des parties, si ce n'est pour son propre fait, ou pour une chose qu'un homme dise qui avait été faite par cette partie, et qui réponde sur ce fait.

XL

TEMPS DE DOMICILE

Totz hom que vengua per estar el dit castel, si esta un an e un mees, deu estre del senhor sobre cuy estara o sera atrobat; e deu estre ab lui el castel, si dens aquel terme d'an et d'un mees atechat dautre senhor no sera, car la doncz sere daquel decuy sere alechat.

XLI

PROCÈS ENTRE SEIGNEURS

Si neguns dels senhors senpenhia en drechura de l'autre, pot las demandar per dex e per sagrament, e aquel que aura facha enpencha deu lac ades enmendar, à la conoguda de la cort del meiss castel ses tot perlongament; e sino fazia, lacort et l'autre senhor e li bezi del loc deuo estre ab aquel a cuy sera facha lenpencha ol excès, contra lautre, entro que enmendat o aiha.

E per meissa maneira si senbor fazia enpencha a bezi.

XLII

DENI PAR SERMENT

Si per denec era conogud sagrament per lo baylle e per los cosselhs, de plagh que fos deuan lor, ad alguna de las partidas, auant que fos jurat de calumpnia, deu far lo sagrament la partida de cuy sera conogud quel fassa, e se nol vol far, que sia per convencud de la causa, e deu satisfar a l'autra partida de la causa demandada, si sobre la demanda es conogud lo sagrament, e deu gitar l'autra part de la ma del baylle e des cosselhs, sil sagrament no era aquitat, e deffar las messios.

Empero aytal sagrament no deu estre conogud de alguna de las partidas, si no era per son propre faghz, o de causa que hom disses que era estada facha ad aquela partida, e que sobre aquo respondes.

XLIII

COMPOSITION DES TRIBUNAUX

Les seigneurs ni aucun d'eux, ni leur baille, ni aucune autre personne dudit château ni de la seigneurie, ne doit ni ne peut prononcer une sentence, ni juger aucune affaire sans les consuls du même lieu ou deux d'entre eux ou d'autres prud'hommes.

Si tous les consuls ne pouvaient y être, et après y avoir eu conseil spécial desdits consuls ou de deux d'entre eux et d'autres prudhommes, si appelés, ils ne voulaient venir, un d'eux avec d'autres prud'hommes du lieu pourront juger et prononcer une sentence.

XLIV

SAISINE DES BIENS DU DÉBITEUR

En tout procès pour dette, qui sera porté devant le baille et les consuls, ou devant les consuls, si la partie était défaillante avant de répondre, qu'elle ne vienne pas citée par trois fois, doit l'auteur (de la demande) être mis en possession de ses biens, à raison de ce défaut sur premier jugement, d'autant de biens que puisse valoir la chose demandée, préalablement fait sommaire examen, savoir : que l'auteur ait prouvé, par son serment, ou par témoins, ou par actes, que sa demande est loyale et vraie.

Et à quelle heure que le tenancier vienne, dans deux années, il (débiteur) peut et doit reprendre sa possession, pourvu qu'il paye les frais ou qu'il indemnise le demandeur, de ce qu'il aura fait et souffert et qu'il cautionne de suivre le procès jusqu'au bout. Lesdits frais et intérêts doivent se prouver par le serment du demandeur, et sur la fixation qui en sera préalablement faite par celui qui jugera l'affaire.

Et si, dans les deux ans, le (tenancier) n'était pas venu pour purger sa contumace, et pour faire et payer, ainsi que dessus, lequel dit demandeur soit d'alors en avant, véritable maître et possesseur des biens à raison de sa créance.

XLIII

COMPOSITION DES TRIBUNAUX

Lo senhor, ni algun de lor, ni lor baylle, ni nulla autra persona del dit castel ni de la honor, no deu ni pot donar sentencia, ni conoisser en nulha causa, senes los cosselhs dels meiss loc, o de dus de lor, o d'autres prohomes, si tugh li cosselh estre no y podian ; e agud expres cosselh dels ditz cosselhs, o de dus daquels ab d'autres prohomes ; si apelatz, venir no y volian, que ab lun de lor e ab d'autres prohomes del loc poscan conoisser e sentencia donar.

XLIV

SAISINE DES BIENS DU DÉBITEUR

En tolz plaghz de deute, que sia deuant lo baylle e cosselhs, o deuant los cosselhs, si la part era de falh auant de resposta, que no vengua citada per tres betz, deu lactor estre mees en possession de sos bees, per razon de las contumacias, per prumera conoissensa dautan de bees que posca valer la causa demandada, faita prumerament somaria conoissensa, so es assaber : que lactor acha proat, per son sagrament, o per testimonis, o per cartas, que sa demanda es leials e vera.

E qual hora quel ten vengua, dens dus ans, pot e deu cobrar la possession, ab que pague las messios e enmende que lactor nauria fagh ni suffert, e que ferme de perseguir lo plagh, entro a fi ; e las dichas messios els digh interesso deuo se proar, ab sagrament de lactor, e ab taxatio que sia feita prumerament per aquel que conoissera de la causa.

E si, dens los dus ans, lo ten no era vengud per purgar sas contumacias, e per far et paguar, ayssi cum dessus, quel dit actor sia daqui a euant vertader senhor e possessor de la causa, per razo de son deute.

XLV

APPELS

De toute sentence définitive qui sera rendue par le baille et le conseil ou par le consul dudit lieu, il doit être fait appel dans les dix jours, si appel doit en être interjeté.

De plus, avant qu'une sentence ne soit définitive, on ne peut en appeler, si ce n'est pour défaut de droit ou pour un grief qui puisse annuler la sentence, ou pour dénégation d'actes ou de jugements, ou d'interlocutoire, ou d'homme à mettre à la question, ou de telle grave interprétation qui pût entraîner la perte de tout le procès, ou détruire tous les droits de l'une des parties. Car, dans ce cas, on peut en appeler, comme d'une sentence définitive.

XLVI

RECOURS EN GARANTIE

En tout procès qu'un homme fasse à un propriétaire du lieu même, au sujet de la propriété de terre, de vigne ou de pré, ou de bois ou d'autres biens, non meubles, qui ont été vendus ou échangés ou donnés à fief, ou payés ou donnés, ou, par d'autres titres réguliers, lui ont été transmis, le propriétaire peut appeler en garantie le ou les personnes desquelles il tient lesdits biens qui lui sont contestés, et cette personne est tenue de prendre le procès sur elle et de le poursuivre, à ses propres frais, jusqu'à ce que soient finis ce procès et celui de l'appel, si du premier il y avait appel.

Et s'il arrivait que celui qui doit la garantie fût vaincu, il devrait indemniser celui ou ceux à qui il doit la garantie qui auraient eu le bien de lui, d'autant comme le bien vaudrait en ce moment, ainsi que les frais et l'intérêt qu'il aurait faits et supportés pour ce procès s'il en avait fait, à l'appréciation du baille et des consuls du lieu et de la cour, dans un mois du jour où le procès principal et celui de l'appel, s'il y en a eu, seraient terminés.

Le demandeur du principal procès qui trouverait la chose faite et jugée sur lui, doit exercer sa garantie si le procès est terminé dans les cinq ans que le bien lui aura été vendu, ou par une autre manière transmis, ainsi comme dessus il est dit, si tant est que le possesseur veut que celui de qui il tient le bien, lui porte garantie,

XLV

APPELS

Tota sentencia deffinitiua que sia donada per lo baylle e cosselh o per los cosselhs del dit loc, deu estre apelat dens dex dias si apellatio sen faia.

Empero auant de sentencia deffinitiua nol deu apellar hom, si no era per defauta de dregh, o de tot greuh que nen pogues reuoquar la sentencia, o denaguament dactas o de conoissensa, o dentrolocutoria, dome metre en turment, o de tal greuh entrolocutio perque pogues perdre tot lo plagh o tot lo dregh de la una part ; car en aquel caas se pot hom appelar cum de sentencia deffinitiua

XLVI

RECOURS EN GARANTIE

En tot plagh que hom fassa a bezi del loc meiss, sobre propriétat de terra, o de vinha, o de prat, o de bosc, o d'autra causa non mobla, que sia estada venduda o escambiada, o afieusada, o pagada, o donada, o per autres drechures titres lo sia baillada, pot aquel bezi traire per guerent, aquela o aquelas personas de cuy la causa demandada aura aguda, e aquela persona es tenguda de prendre lo plagh sobre si, e de menar, a sas proprias messios, entro sia fenit, aquel plagh e aquel de l'apellatio, si del prumer s'appelaua.

E si era causa, que aquel qui portaria la guerentia fos vencud, el deuria enmendar aquel o aquels a cuy faria la guerentia que de lui aurian la causa aguda, aytan cum la causa valdria en aquel tems, e las messios e linteresso que faitas nauria e suffert per aquel plagh, si faitas nauia, a conoguda del baylle e dels cosselhs del loc et de lor cort, dens un mees que plagh principal e aquel de l'apellatio, si agut nauia, serian deffinitz.

El demandaire del principal plagh que trobaria las causas conogudas e judchadas à lui, e la dicha guerentia deu estre facha e portada, sil plagh es mogut, dens v ans que la causa lo sera venduda o per autra maneira alienada, ayssi cum dessus es dit, si tant es quel possideire vulha que aquel, de cuy aura la causa aguda, lo

car le possesseur peut défendre ce procès, en sa propre personne, s'il le veut.

De plus, lorsque celui de qui il tiendra le bien, portera la garantie, le possesseur peut y être et suivre le procès, pour veiller à ce qu'on ne lui fasse pas entrave ni tromperie.

Et si le possesseur qui aura la chose achetée, ou acquise d'une autre manière, selon que dessus est dit, entamait le procès avant les cinq ans, ou après, en son propre nom, il doit dénoncer ce procès à celui qui doit lui porter la garantie, avant que les témoins ne soient publiés dans ce procès. Et si le possesseur était battu dans ce procès, celui de qui il aurait eu le bien de la manière ci-dessus dite ou ses héritiers, est tenu de le couvrir du coût et des dépenses que le possesseur aura faits, et il doit l'indemniser d'autant que vaudra la chose au sujet de laquelle sera battu le possesseur, pourvu que le possesseur ait fait connaître le moment du procès, ainsi qu'il est dit ; et si ce n'était que le possesseur se fût laissé évincer sciemment et qu'il n'ait pas voulu faire valoir son droit et son devoir, il paye-rait dans ce cas, pour lui-même ; de même si c'était que le juge qui aurait jugé l'affaire, n'eût prononcé sa sentence contre le possesseur que pour cause d'injure ou d'incapacité.

XLVII [1]

PAYEMENT DES OBLIES

Si le feudataire ne payait pas au seigneur les oblies du fief, qu'il lui doit, au jour fixé, le seigneur de ce fief a sur lui cinq sous arnaudins d'amende.

De plus, si le seigneur du fief ne voulait pas prendre ses oblies, si le feudataire les lui présente ou les lui fait offrir, au jour, il n'y a pas d'amende aucune. Et si le seigneur du fief disait avoir une cause pour laquelle il ne doit pas prendre ses oblies ou ses deniers, il doit les prendre si le feudataire les lui offre, pourvu que le feudataire lui donne caution parlante de lui faire droit devant la cour ; et la cour doit se composer des seigneurs et des consuls et des autres prud'hommes d'Astafort, et elle doit être tenue dans la ville d'Astafort [2].

---

[1] A dater de cet article jusqu'à l'art 23, il y a une grande similitude entre les Coutumes d'Agen et celles d'Astafort.

[2] Conforme à l'art 81 des Coutumes de Condom.

porte la guerentia, car la possideire pot défendre aquel plagh en sa
propria persona sil vol.

Empero tant aquel, de cuy aura aguda la causa, portera la guerentia, lo possideire i pot estre e menar lo plagh per gardar que no
li fassa hom barat ni engan.

E sil posseideire que aura la causa comprada, o en autra maneira
aguda, segont que dessus es dit, menaua lo plagh deuant los cinq
ans, o après, en sa propria persona, deu far assaber aquel plagh ad
aquel quel deura portar la guerentia, euans quels testimonis sian
publicats en aquel plagh, et sil possideire era vencud en aquel
plagh, aquel de cuy aura aguda la causa, en la maneira dessus
dicha, o soos heretes, es tengud deffar lo costz e greugh quel possideire nauria fagh, el deu enmendar tant cant valdria la causa de
cuy sera vencud lo possideire, per que lo possideire acha fait assaber
lo moment del plagh, ayssi cum dit es; o si no era quel possideire
se fos laissat vencer, siement, que no agues volgud auant metre
son dregh e son deuer, o per sa pagaria, o sino era que aquel
judge que aura conogud de la causa per injuria o per nessietat [1]
agues donat la sentencia contra lo possideire.

XLVII [2]

PAYEMENT DES OBLIES

Si lo feusatey no pagua al senhor sas oblias del fieus quel deuia, al dia establit, lo senhor daquel fieus a sobre luy v sols darnaudins de gadge.

Empero sil senhor del fieus no volia prendre sas oblias, s'il fieusatey la i presenta o las i fa presentar al dia, no i a gadge negu ;
et si lo senhor del fieus dezia causa per que nol deuia prendre sas
oblias o soos deners, deuo prendre, si las i presenta lo fieusatey, ab
que lo fieusatey lo do fermansa parlant destar a dregh a esgard de
lacort; e lacort deu estre del senhor e dels cosselhs e dels autres
prohomes d'Astafort, e dens la villa d'Astafort.

<hr>

[1] La copie du XVIIe siècle porte necessitat, mais c'est plutot necitat « ignorance ».

[2] Semblable au chap. 38 d'Agen.

Louis XVI par lettres patentes des 8 et 9 mai 1790, autorisa les débiteurs de droits
féodaux à les racheter, et à devenir propriétaires définitifs des immeubles dont ils jouissaient à titre de bief.

Le feudataire doit lui prouver l'offre de ses oblies par acte ou par deux témoins.

Et si, avec caution (le seigneur) il ne veut prendre ses oblies et ses deniers, il n'y a pas d'amende.

Et le feudataire doit cautionner, par caution parlante, s'il peut, et s'il ne peut, par sa main (serment) et sur le fief; qu'il tient de lui, et de cela il (le seigneur) doit se contenter ; et si ainsi il ne le cautionnait, le seigneur a droit sur lui à cinq sous arnaudins d'amende.

XLVIII

PAYEMENT DES ACCAPTES

Le seigneur doit avoir ses accaptes, dus au sujet de ses fiefs changeant de maître, mais pour les accaptes il n'y a d'amende qu'au bout de quarante jours, mais il peut saisir le fief, et si, dans quarante jours, le feudataire n'était venu devant le seigneur, le seigneur a droit à cinq sous arnaudins d'amende.

Et si le seigneur du fief mettait ban sur son fief, le feudataire doit lui offrir et le cautionner de lui faire droit devant sa cour, et si le seigneur ne voulait pas l'accepter, ou celui qui aurait mis le ban au nom du même seigneur, le baille communal, au nom de tous les seigneurs, avec les consuls ou avec d'autres prud'hommes, si les consuls n'y étaient, prendront ladite caution et feront ladite recréance, sans quoi l'objet sur lequel le ban aura été mis, pour la cause qu'il a été mis, doit être attribué au seigneur du fief.

XLIX

VENTE DE FIEF — DROIT DE PRÉFÉRENCE

Tout fief qui sera vendu doit être vendu par la main du seigneur du fief; le seigneur doit avoir ses capfieux savoir : un denier par chaque douze deniers, et ses accaptes savoir: autant d'oblies autant d'accaptes, sans que le feudataire soit tenu de rien payer pour faire autoriser le fief, à moins que, de sa propre volonté, le feudataire ne lui en veuille donner ; et il doit à l'instant l'autoriser à l'acheter, sans aucun retard, moyennant le payement de ses droits de vente et de ses accaptes, sauf cependant que si le même seigneur le veut retenir (le fief vendu), il peut le faire par droit de

El fieusatey deu lo proar la présentatio de sas oblias ab carta o ab dus testimonis.

E si ab fermensa prendre nol vol sas oblias o sos deners, no i a gadge.

E deu lo fermar lo fieusatey per fermensa parlant, si pot, e si no pot, per sa ma, e sobre lo fieus que te de luy; o que daco se deu costrenher ; si ayssi no lo fermaua, lo senhor i a sobre lui v sols darnaudins de gadge.

XLVIII

PAYEMENT DES ACCAPTES

El senhor deu auer soos accaptes deguts de sos fieus, a senhor mudant ; mos en accaptes no a gadge, entro al cap de xl dias ; mos penhorar ne pot el fieus ; e si dins xl dias, lo fieusatey no era vengud deuant lo senhor, quel senhor agues v sols arnaudins de gadge.

E si lo senhor del fieus metio ban en son fieus, lo fieusatey lo deu presentar e fermar destar a dregh a esgart de lacort ; e si lo senhor prendre no la volia, o aquel que ban auria metut per nom del meiss senhor, quel baylle comunial, per totz los senhors, ab los cosselhs o ab d'autres prohomes, silhs cosselhs no eran, prengan la dicha fermansa, e fazan la dicha recrehensa, si no que la causa en que lo ban seria metut, per la causa qu'i seria metut, degues estre encorreguda al senhor del fieus.

XLIX[1]

VENTE DE FIEF — DROIT DE PRÉFÉRENCE

Totz fieus que sera vendut deu estre vendut en ma del senhor del fieus; el senhor deu ne auer sos capsoos, so es assaber : i diné de cada xii dinés, e soos accaptes, so es assaber: quals oblias tals accaptes, ses que lo fieusatey no les tengud de donar res per lo fieus autreihar, si noque, per sa propria voluntatz, lo fieusatey dar len volgues; e deu lo ades autreihar al comprador, ses tot prolongament, ab sas vendas e ab soos accaptes, saup aytal que si lo

<hr>

[1] Agen, chap. 38.

seigneurie, avant autrui, pour tel prix (autant) qu'un autre en voudra donner, et il peut (le seigneur) avoir huit jours consécutifs pour réflexion, s'il veut le demander, et au même jour il doit retenir s'il veut pour autant qu'un autre en voudra donner, et il doit faire ce payement comptant ou au terme, comme l'acheteur aura convention avec le vendeur.

De plus, s'il y avait un ayant-droit de retour qui eût des droits antérieurs, qui le veuille pour ses besoins, cet ayant-droit de retour doit l'avoir avant le seigneur et avant tout autre, au prix qu'un autre en donnera ou en aura donné.

En outre, si le seigneur veut le retenir (le fief), ainsi comme il est dit, il peut le faire, pour sa toute propriété, sans aucune autre tromperie ni feinte qu'on ne lui fasse ni cherche à faire, et s'il n'y a conventions qu'il ait faites de le laisser à autrui, pourvu que le seigneur dise à l'acheteur, si cela lui est demandé par l'acheteur, en cette manière par serment, « que je l'ai fait pour le garder, les Coutumes d'Astafort autorisant cela, sans mauvaise foi et je n'ai non plus fait convention de le laisser à autrui ».

Mais si un ayant-droit de retour le retient avant le seigneur et avant autrui, il peut le retenir et il peut le vendre quand il l'aura retenu ; il peut en faire chose que voudra sa volonté, pourvu qu'il jure sur les saints évangiles de Dieu, si cela lui est demandé, que quand il l'a retenu, il l'a acheté pour ses propres besoins, sans mauvaise foi et sans l'avoir retenu pour autrui.

Et si, à l'expiration des huit jours, le seigneur ne veut pas le retenir, il doit aussitôt l'autoriser (la vente) à l'acheteur au même terme, sans plus grand retard, moyennant ses capfieux, et moyennant ses droits de vente, suivant qu'il est dit ; et s'il ne voulait donner l'autorisation à l'acheteur, ainsi qu'il est dit, l'acheteur ou le vendeur, celui qui voudra, doit s'en plaindre au conseil, et si par le conseil il ne veut être autorisé, il peut s'adresser au seigneur souverain du fief sans requête.

Si l'ayant-droit de retour, homme ou femme, qui fut parent de celui à qui avait appartenu le fief, ne se mettait en avant pour le retenir, ainsi qu'il est dit ci-dessus, tout homme ou toute femme qui soit parent du vendeur, de quelque manière qu'il soit parent ou parente, qui habite le lieu susdit, ou qu'il vienne y être résidant et habitant, le peut retenir, de même manière que l'ayant-droit de retour; s'il n'y en a qui le retirent avant, aussi bien que si c'était

meiss senhor o vol retenir, pot o far per dregh de sa senhoria, deuant autruy, per tant quant autre i voldra dar ; e pot ne auer viii dias continuables per cosselh, si se vol li o demandar ; e al meiss dias deuo retenir, sil vol, per tant cant autre i voldra dar, e deu ne far aquelas paguas ades, o al terme cum lo compraire aura couent al vendador.

Empero si i auia torner que sentraisses auant, que o volgues per soos ops, aquel torner o deu auer deuant lo senhor e deuant autruy, per tant cant autruy dara o dat i auria.

Pero sil senhor i vol retenir, ayssi cum dit es, pot o far, per sa tauta propriament, senes tot autre genhz ni enbersa que no y fé ni geren a far, e senes couent que no affagh de laissar ad autruy, ab que lo senhor digua al comprador, si per lo comprador les demandat, en aquesta maneira, per lo sagrament, que i o a fait a guardar, las Costumas d'Astafort i o estan que aquesta causa ses tot mal genh, ni nei fait couent ab autruy de laissar.

Mos si torner o rete deuant lo senhor o deuant autruy, pot o retenir e o pot vendre quant retengut o aura ; en pot far causas se vulha sa voluntat, ab que jure sus los sans euangelis de diu, si les demandat, que quant lo retene lo crompet per soos ops propriament, senes tot malgenh, e senes que per autruy nol retenia.

E si a la fi dels viii dias, lo senhor retenir nol vol, deu o ades autreihar al comprador, al meiss terme, senes major alongament, ab soos capsoos, e ab sas vendas, segont que dit es, e si autreihar nol volia al comprador, ayssi cum dit es, lo comprador ol vendedor qualques vulha, sen deuo rancurar al cosselh, e si per lo cosselh autreihar no vol, pot clamar al senhor sobira del fieus, senes enquesta.

E si torner, so es home o femna, que fos de parentatz, dento fieus agues estat, no se traia auant per retenir, ayssi cum dit es de sobre, tot home e tota femna que fos de parentatz de vendedor, en qualque sia maneira sia parent o parenta, que estes en loc predit o venguesso estar residens e habitans, o pot retenir de meissa maneira cum torner, sino agues ques traisses a euant, tant

son droit de retour, avant le seigneur, ou avant autrui, selon qu'il est dit ci-dessus.

L

ENGAGEMENT DU FIEF

Tout fief qu'un homme veuille engager devant le seigneur, du fief, le même seigneur le doit autoriser, c'est à savoir qu'il aura ses capfieux, une maille par sou ; et si plus tard ce même fief engagé, il venait à vendre, pour la même dette, pour laquelle il était engagé, ou pour une autre, le seigneur y aurait ses droits de vente, pour autant qu'il serait vendu ; et si le seigneur du fief voulait retenir le même fief hypothéqué, il peut le faire si l'engagement dure de cinq ans et en sus.

De plus, l'ayant-droit de retour peut le retenir s'il veut, pourvu qu'il remplisse les mêmes engagements que celui qui avait pris l'hypothèque ferait ou devrait faire comme il est dit ci-dessus.

Et si le seigneur mettait opposition, indûment et sans raison, et qu'il ne voulût pas autoriser la vente, celui à qui besoin sera peut s'en plaindre au conseil ; et s'il ne veut pas être autorisé par le conseil, celui à qui besoin sera, qu'il requière les autres seigneurs, ou leurs représentants et les consuls, de faire maintenir cette coutume et observer ainsi qu'il est en ce cas contenu.

Si un seigneur de fief autorisait l'engagement d'un fief sur lequel il y eut par lui[1] un engagement à autrui existant, celui à qui le premier il l'aura engagé étant le premier engagiste (au premier rang), celui (le seigneur) qui aura autorisé la première hypothèque, doit et est tenu de fournir autant que le fief vaudra de moins que l'ensemble des deux dettes sans aucun retard ; la première dette devant être payée avant que l'autre.

LI

PROCÈS SUR FIEF

Dans tout procès porté devant le seigneur du fief, au sujet de son fief dont il ait eu réclamation, doit avoir le défendeur tous ses jours

---

[1] D'après le texte du XVIIe siècle, la traduction serait : « Si un seigneur de fief autorisait l'engagement d'un fief mouvant de lui, un engagement à autrui existant, celui », etc., etc. L'une et l'autre phrase semble impliquer une pénalité contre le seigneur qui autorise des engagements excessifs sur un objet.

be cum si era de son dregh torn, deuant lo senhor o deuant autruy, segont que dit es dessus.

L

ENGAGEMENT DU FIEF

Totz fieus que hom vulha enpenhar en ma del senhor del fieus, lo meiss senhor lo deu autreihar, so es assaber que nauria soos capsoos, del soos mealha ; et si, en apres, aquel meiss fieus enpenhat o venia a vendre per aquel meiss deute per loqual seria enpenhat, o per autre, quel senhor i agues sas vendas, per tant quant sere vendut ; e si lo senhor del fieus volia retenir los meiss fieus enpenhatz, pot o far, si lenpenhement dura de v ans a en sus.

Empero totz torners o pot retenir sils vols, ab que fassa los meiss deuers que aquel quel dit penhs prendria faia, o deuia far ayssi cum dessus es dit.

E si lo senhor metia contrast no degudament, e senes razo, que autreihar no o volgues, pot sen rancurar aquel a cuy obs sera, al cosselh ; et si per lo cosselh autreihar no o vol, aquel a cuy obs sera requerisca los autres senhors o lors loctenens e cosselhs, que fassau tenir aquesta costuma e observar, ayssi cum en aquetz caas es contengutz.

Si algun senhor del fieus autreihaua fieus que ni ogues[1] de lui enpenh ad autruy, estien aquel a cuy prumerament enpenhs lauria autreihat, estan lo prumer penhs, aquel qui prumerament lauia enpenhat deu e es tengud redre tant lo fieus valdra menhs, dambe tot los deutes, ses tot perlongament ; el prumer deute que deu auant estre pagatz que l'autre.

LI

PROCÈS SUR FIEF

De totz plagh sia deuant lo senhor de fieus, per razo de son fieus, don a agut clam, deu auer lo defendeires totz soos dias costumals

---

[1] La copie du XVIIIe siècle porte « ni ogues » ; celle du XVIIe, d'accord avec les Coutumes d'Agen, portent « mogues ».

accoutumés, pour conseil et avocat et réponse, suivant la Coutume
d'Astafort, ainsi comme il est dit ; la défense, comme dans le même
cas des autres procès doit venir devant le baille et les consuls ;
et du vaincu, le seigneur doit recevoir cinq sous d'arnaudins d'amende, et cinq sous de la part de son feudataire faisant
défaut, et cinq sous pour serment ordonné en sa Cour, sur
quelque décision de procès, sur sa demande, si celui à qui le
serment sera déféré ne l'osait faire.

LII

FEUDATAIRE CRU SUR SERMENT [1]

Si le seigneur du fief adressait une réclamation à son feudataire,
qu'il prétendit que le feudataire lui doit ses oblies qu'il ne lui aurait
pas payées pour le passé, ce feudataire doit en être cru sur son
serment, de quelques années que le seigneur prétende que le feudataire lui doit ses oblies, si le feudataire ose jurer sur les saints
évangiles, qu'il lui a régulièrement payé ses oblies, et outre ce
serment ne doit aller le seigneur du fief.

De plus, si le feudataire l'en croit de n'avoir pas payé ses
oblies au jour il doit immédiatement payer tant comme il le croira.

Le seigneur peut revenir sur son fief, s'il ne voulait payer.

LIII

APPEL EN GARANTIE

Tout propriétaire habitant du dit château à qui sera demandée
terre ou vigne ou autre propriété devant le seigneur du fief, peut
avoir ses délais accoutumés suivant que ci-dessus il est contenu en
la coutume des procès, et de plus huit jours pour visite sur lieux
s'il le demande, et huit jours pour appeler un garant, si en appeler
il veut.

De plus, si le garant n'était pas dans la terre [2], il peut obtenir
un plus long délai des seigneurs et de la cour.

---

[1] Aucune des Coutumes que nous connaissons ne donne ce grand avantage au feudataire.

[2] L'étendue de la seigneurie.

de cosselh e dauocat e de resposta, segont la costuma d'Astafort, ayssi cum dit es; la oparsa sobre aytal caas dels autres plaghz, que deuo venir deuant lo baylle e cossêlhs ; e del vencut deu auer lo senhor del fieus v sols darnaudins de gadge, e v sols per son fieusatey défailhit, e v sols per sagrament judchat en lacort, sobre al en deffiniment de plagh, per son clam, si aquel a cuy lo sagrament seria judchat far no laussaua.

LII

FEUDATAIRE CRU SUR SERMENT

Si lo senhor del fieus faia demanda a son ficusatey, que dissès quel fieusatey lo degues sas oblias, que no las i auia pagadas sa enreire, aquel ficusatey ne deu estre crezut per son sagrament, de quans ques ans aquel senhor disses quel ficusatey lo degues sas oblias, si lo fieusatey auzo jurar sobre los sans éuangiles que continuablement la pagadas sas oblias, e otra son sagrament ne deu anar lo senhor del fieus [1].

Empero sil fieuzatey l'en creire que no laiha pagadas sas oblias al dia, deu las agues pagadas [2], tant cum lo creira ;

En pot lo senhor tornar en son fieus, si paguar nol volia.

LIII

APPEL EN GARANTIE

Totz beziis habitans del dit castel a cuy sia demandada terra o vinha o autra possessio, deuant lo senhor del fieus, pot auer tots sos dias costumals, segont que dessus es contengut en la costuma dels plaghz, e maiss viii dias per terra garda, si o demanda e autres viii per traire guirent, sin traire en vol ;

Empero sil guirent no era en la terra, pot ne auer plus lont dia a esgart del senhor e de lacort.

[1] Très remarquable.
[2] L'art 41 des Coutumes d'Agen qui contient la même phrase porte « deu las ades pagar », ce qui donne bien mieux le sens.

LIV

DÉLAI DU RETOUR

Et nul ayant droit de retour, ne peut reprendre un bien qui soit vendu grevé de son droit de retour, si dans les huit jours après qu'il connaîtra la vente, il ne l'a annoncé, tout au moins s'il est en lieu où le faire il puisse, et s'il est en un lieu où le faire savoir il ne puisse, et qu'il ne fut pas sur le territoire, il peut obtenir de plus longs jours du seigneur et de la cour ; et ceux-là aussi qui sont tuteur ou curateur, au nom de leur pupille, et autre s'entend.

Et il devra faire le payement, celui qui voudra exercer le droit de retour, suivant qu'il est ci-dessus contenu en la Coutume du retour.

LV

PROCÈS ENTRE SEIGNEURS ET FEUDATAIRES[1]

S'il y avait procès et discussion entre le seigneur et le feudataire, savoir que le feudataire lui nie le fief en tout ou en partie, et que le seigneur prouve par témoins certains ou par actes publics, que ce feudataire tient ce fief de lui, le même fief est confisqué au profit du seigneur.

De plus, si le seigneur du fief disait que le feudataire tient de lui un fief plus grand et qu'il ne peut ou ne veut le payer au seigneur, et que ce feudataire ose jurer sur les saints évangiles, qu'il a montré tout le fief qu'il tient de lui, le seigneur du fief ne peut plus rien lui réclamer.

Tout feudataire peut appeler de tout jugement du seigneur du fief, et c'est ainsi la même coutume à l'égard du sous-fief.

Si quelque feudataire ne servait pas à son seigneur du fief ou du sous-fief, le fief qu'il tient de lui, qu'il ne lui en paye ni ses oblies, ni ses accaptes, ni ses autres rentes telles qu'il les aura sur lui (le seigneur) peut s'en retourner sur le fief et en expulser le feudataire dépossédé, s'il le trouve dans le fief ou sous-fief, et il doit lui payer ses oblies, ses accaptes et ses autres droits. Et il peut le laisser à son seigneur (le fief) servi (soldé) s'il veut le laisser, et payer ses rentes.

1. Agen 81.

LIV

DÉLAI DU RETOUR

E nulz torners no estornaria en causa que sia venduda de son torn, se dins VIII dias, après que la venda sapia, no hia sonat, e empero nes en loc ayssi que far o posco, e si era en loc que sonar no y pogues, e no era en la terra, pot ne auer plus lont dia, a esgart del senhor et de lacort; e aquel meiss en tutor e en curador, per nom de son pupil e aute senten ;

E que fassa las paguas aquel que la tornaria voldra, segont que dessus es contengut en la costuma del torn.

LV

PROCÈS ENTRE SEIGNEURS ET FEUDATAIRES

Si plaghz e contratz era entre lo senhor el fieusatey, so es assaber quel fieusatey lo negues lo fieus, tot o partida, el senhor proaua ad testimonis abondos, o ab cartas publicas, que aquel fieusatey tengues aquel fieus de luy, lo meiss fieus es encors al meiss senhor.

Empero sil senhor del fieus dizia quel fieuzatey tenia meiss fieus de luy, el senhor pagar no vol o no pot, e aquel fieuzatey auzo jurar sobre los sans euangelis que tot lo fieus que té de luy la mostrat, lo senhor del fieus no len pot plus demandar.

Tot fieusatey se pot appelar de tot judchament del senhor del fieus, e es aytal costuma meissa en deuer de sobre fieus.

Si algus fieuzater no sernia a son senhor de fieus o de sobre fieus lo fieus que tendria de luy, que no len pagues sas oblias ni soos accaptes ni soos autres deuers, aytal cum los auria sobre luy, pot sen tornar el fieus e baudir el fieusatey penhorat, si el fieus lo trobo o el sobre fieus, e deu lo pagar sas oblias et soos accaptes et soos autres deuers, e pot lo laissar a son senhor seruit, se laissar lo vol, e paguar sos deners.

LVI

ATTRIBUTION DE JURIDICTION

Tout procès qui sera porté devant aucun seigneur de fief qu'un homme tient de lui, d'après la Coutume d'Astafort, doit être plaidé et définitivement jugé à Astafort et en la cour de seigneur du fief, qui doit se composer des consuls et des autres prudhommes du même lieu ; et aucun feudataire ne doit plaider un procès, au sujet d'un fief qu'il tient d'un seigneur, devant un autre que devant le seigneur de ce fief ; et s'il le faisait, le seigneur de ce fief a droit à cinq sous d'arnaudins d'amende sur lui, si ce procès était entre les seigneurs et le feudataire, ou entre le feudataire et seigneur, à moins que ce ne fut un procès en appel.

Si aucun seigneur de fief reçoit plaintes contre le feudataire, au sujet d'un fief qu'il tient de lui, le feudataire doit faire droit devant le seigneur duquel il tient ce fief ; le seigneur de ce fief doit l'en obliger sur ce même fief.

Et si quelqu'un s'adresse à un autre au sujet d'un fief qu'il tient du seigneur, en quelque Cour, quelle que soit la Cour, et que le feudataire lui offre droit devant le seigneur de qui il le tient féodalement, il doit accepter (le débat et la juridiction) et il doit être renvoyé quitte de cette Cour ; pour cela, doit le seigneur de qui il dira qu'il tient le fief le maintenir en sa Cour.

LVII

SOUS-FEUDATAIRES

Si quelque homme veut sous-inféoder un fief qu'il détient ou détiendra suivant la Coutume d'Astafort, il peut le faire à la condition qu'il réserve des capfieux, valant chacun les oblies que celui qui sous-inféode doit payer au seigneur ; le premier seigneur, de qui un homme tiendra ce fief sous-inféodé, doit avoir ses droits de vente et les accaptes ; et si celui qui sous-inféodera ne se réserve pas de capfieux qui vaillent comme il est dit ci-dessus, toutes les oblies dues pour ce sous-inféodement, le même fief sous-inféodé reviendrait au seigneur de qui celui qui aura consenti un tel sous-inféodement le tenait, en telle façon que le feudataire, auquel on l'aura sous-inféodé, lui portera, tous les ans, toutes les

LVI

ATTRIBUTION DÉ JURIDICTION

Totz plaghz que sia deuant algu senhor de fieus que hom tenga
de luy a la costuma d'Astafort, deu estre plaideiehat e definit ad
Astafort e en lacortd el senhor del fieus, que deu estre delhs cosselhs
o dels autres prohomes del meiss loc ; e neguns fieusatey no deu
presentar dregh de plagh que sia de fieus que tengues d'algu senhor,
en autra ma, saup en la ma del senhor daquel fieus ; e si o faia, a
lo senhor daquel fieus v sols d'arnaudins de gadge sobre luy ; se
aquel plagh era entro los senhors e fieusatey, e o entro lo fieusatey
e senhor, si no que fos plaghz d'apellatio.

Si alguns senhors de fieus a clamant de son fieusatey de fieus que
teugue de luy, lo fieusater [1] deu far dregh en la ma del senhor de
cuy tendra aquel fieus, lo senhor daquel fieus len deu constrenher
el meiss fieus.

E si algus desmanda ad autre, de fieus que tenga de senhor en
alguna cort, quals que sia lacort, el fieusater lo presenta dregh en
la ma del senhor de cuy o te fieusalment, deu o prendre et deu e
deu gitar quitti de lacort, per o meiss deu lo senhor de cuy dira
que te aquel fieus en lacort.

LVII

SOUS-FEUDATAIRES

Si alguns hom vol sobre afieusar fieus que ten o tenguera a la
Costuma d'Astafort, pot o far, ab que restenga cap fieus valen, cada
an, las oblias quel sobre affieusaire ne fa al senhor ; el prumer
senhor de cuy hom tendra aquel fieus sobre affieusat deu ne auer
las vendas e los accaptes ; e si aquel que sobre affieusara no si rete
cap fieus, valent ayssi cum predit es, totas las oblias degudas per
aquel sobre affieusament, el meiss fieus sobre affieusat, tornario al
senhor de cuy aquel qui aura facha aytal sobre affieusament o
tenia, en tal maneira que los fieusaters als quals hom o auria sobre

---

[1] On trouve sur les deux copies, tantôt « fieusater », tantôt « fieusatey » souvent dans
la même phrase.

oblies que devaient payer ceux qui tiendront le fief de lui pour les parties que chacun en tiendrait.

De plus, si le feudataire n'avait pas réservé, dans le sous-inféodement, autant d'oblies qu'étaient les premières, le feudataire qui détiendra le fief sous-inféodé, doit compléter au premier seigneur autant que de moins sera en proportion (des parties) que chacun tiendra du fief.

Et si celui qui a sous-inféodé se désistait de son capfieux, toutes les oblies reviendraient au seigneur de qui il le tenait; c'est à savoir que le feudataire, les lui payerait, chaque an, pour la partie, que chacun tiendrait le fief de lui, si celui qui a sous-inféodé ne s'en était dessaisi volontairement.

De même le sous-bailleur à fief ne peut vendre ni engager, ni aliéner, ni donner le capfief, dont il s'en retiendra rien en aucune façon, si de tous les fiefs il ne se dessaisissait; il ne peut non plus louer ni laisser, ni prêter, mais seulement à terme fixe et cela à terme de dix ans au plus long, et de là en dessous ; et chaque fois que prêter ou louer il voudra[1]; et s'il faisait autrement qu'il est dit ci-dessus, le même capfief et toutes les oblies, que le sous-bailleur à fief y aurait, redeviendraient au seigneur du fief de qui il le tenait, et de telle façon que le feudataire qui y serait par ce sous-inféodement, s'il ne l'a seul du sous-inféodant il tiendra tout le fief du seigneur de qui le sous-inféodant le tenait, et il rendrait, en tout temps, au seigneur les oblies qu'il en devrait au sous-inféodant.

<h2 style="text-align:center">LVIII</h2>

PRESCRIPTION TRENTENAIRE

Toutefois encore tout homme et toute femme qui aura eu et gardé en bonne possession, lui ou celui ou celles pour qui ils seraient, oblies ou fiefs comme alleu, sans capfief, trente ans ou plus, est, de là en avant, prescrit contre le seigneur du fief, et contre toute autre personne ; et aucun homme ne lui peut désormais rien réclamer.

---

[1] C'est-à-dire par termes successifs de 10 ans chacun.

afieusat, len portario cada an, totas las oblias que en deurio faz e en tendrian lo fieus de luy, per las partidas que cada un ne tendria.

Empero si lo feusater en aquel sobre affieusament no sen auria retengudas tantas oblias cum las prumeras serio, lo fieusater, quel ficus sobre affieusat tendrio, deu complir al prumer senhor tant quant mens ne seria, per razon que cadaun ne tendra del fieus.

E si lo sobre affieusaire se dezenia de son cap fieus, totas las oblias tornario al senhor de cuy o tenia, so es assaber : que lo ficuzater las i fario cada au en tendrio lo fieus de luy, cadun per sa partida, si aquel que auria sobre affieusat, ab sa voluntat dezeissit no sen era.

Item lo sobre affieusaire no pot vendre ni enpenhar, ni alienar, ni dar lo cap fieus que sen retengua re, en nulha maneira, si de totz los fieus nol dezeissia, nil pot loguar, ni laissar, ni prestar mos solament à terme saubut, e aquo a terme de x ans al plus lonh, e daqui en jos, e cada betz que prestar o loguar o voldria ; e si o faia en autra maneira que dit es de sobre, lo meiss cap fieus e totas las oblias quel sobre affieusaire y aurio, tornario al senhor del fieus de cuy o tenia, e en tal maneira que li fieusater que i serio per aquel sobre affieusament, serio a so loc del sobre affieusador, en tendrio tot lo fieus del senhor de cuy lo sobre fieusaire lo tenia, en rendro, totz temps, al senhor las oblias quen fario al sobre afieusador.

LVIII

PRESCRIPTION TRENTENAIRE

Saup empero que tot hom et tota femna que aiha agud e tengud, en bona possessio, el o aquel o aquelas per cuy serio, oblias o fieus ad aleu, senes cap fieus, xxx ans o plus, daqui en la, es per escriutz contra lo senhor del fieus, e contra tota autra persona, que no li pot hom re, daqui en là, demandar.

LIX

TITRE NOUVEL

Si le seigneur demande acte de reconnaissance du fief qu'un homme tiendra de lui, et qu'il lui assigne son capfief en place certaine du même fief, si sous-inféodation il y a, le feudataire doit le faire sans aucune contestation, et sans aucun procès qu'il puisse faire.

De même manière le seigneur du fief doit donner à son feudataire s'il le lui demande, acte de reconnaissance et de renouvellement du fief qu'il tient de lui, les droits de seigneurie saufs, moyennant deux sous d'arnaudins que le feudataire paye au seigneur, pour la concession de l'acte du fief, de chaque concade, et pour chaque quatre concades en plus jusqu'à ce qu'il y ait pour chaque fief dix sous ; et qu'il paye les oblies au jour fixé.

Et si le seigneur voulait donner au feudataire acte de son fief et que le feudataire n'en voulut pas prendre, il peut le faire, et le feudataire est tenu de lui payer les deux sous par fief, ainsi qu'il est dit, tout de même que si le feudataire lui avait demandé l'acte.

LX

STELLIONAT

Quand maintes fois il survient que quelqu'un vende ou sous-inféode ou donne, ou échange, ou engage, ou d'une autre façon, aliène maison, terre ou autre héritage à une personne, et qu'ensuite il la vende, l'aliène ou l'engage à une autre ; que l'un soit mis en possession par l'intermédiaire du seigneur du fief, et l'autre non ; que tous les deux disent qu'ils possèdent par celui qui, par acte public ou par autres preuves loyales prouvait la possession, c'est à savoir que (l'un) ait ce bien par la main du seigneur du fief, et que l'autre partie est en possession par celui de qui la chose était, mais non par la main du seigneur du fief, la possession est attribuée à celui qui, par la main du seigneur a eu la possession, et non à l'autre ; et il est (celui-là) tenu de payer les frais à celui qui retient la possession, à l'appréciation et à la connaissance du seigneur et de sa cour.

Et celui qui aura payé ces dépenses, peut les réclamer à celui qui cette chose lui aura vendu ou engagé ou inféodé, ainsi qu'il est dit.

LIX

TITRE NOUVEL

Si lo senhor demanda carta de reconessensa del fieus que hom tendra de luy, e que ly assigne son cap fieus en loc cert del meiss fieus, si sobre afieusat i a, lo fieusater o deu far, ses totz contratz e senes totz plaghz, que no y pot metre.

E per meissa maneira, lo senhor del fieus deu donar a son fieusater, si o requer, carta de reconessensa e de renoelament del fieus que tendra de luy, la senhoria salua, ab ii sols darnaudins, quel fieusater dones al senhor, per lautreihament de la carta del fieus, de cada conquada, e de cada carta de conquada en sus, tant quant aiha en cada fieus x sols, e las oblias quel pagues al dia establit.

E sil senhor volia donar e autreihar carta a son fieusater, de son fieus, e el fieusater no ac volia prendre, que o pot far, e quel fieusater li es tengud de donar los ii sols de cadauns fieus, segont que dit es, tertabé cum sil fieuzater lagues la carta demandada.

LX

STELLIONAT

Quan mantas begadas sendebengua, que algu venda o affieuso, o dono, o escambio, o enpenho, o en autra maneira aliano, maiho o terra, o autra heretat, a una persona, o en apres la vendo o la liano, o la enpenho ad autruy, e lun es ne mes en possessio en la ma del senhor del fieus, e lautre no, cambediis[1] dizo que possedisso ad aquel que, per carta publica o per autras probansas leichals, proera la possessio, so es assaber que aquela causa acha en la ma del senhor, e lautra partida que nes en possessio per aquel de cuy la causa era, mos no en la ma del senhor del fieus, es judchada la possessio ad aquel que en la ma del senhor a aguda la possessio, e no a lautre ; e es tengud de paguar las messios ad aquel que rete la possessio, a la arbitratio e a la conoissensa del senhor e de lacort.

E aquel, qui las despensas aura pagadas, pot las demandar ad aquel qui la causa laura benduda o enpenhada o affieusada, ayssi cum dit es.

LXI

LIBERTÉ D'ALIÉNER LE FIEF

Tout homme dudit château ou de la seigneurie peut vendre ou engager ou donner ou délaisser ou léguer et faire ses propres volontés de tout ce qu'il détient à titre de fief, à tout homme étant dans ledit château ou dans la seigneurie, ou qui vienne y demeurer. Le seigneur doit l'autoriser (l'aliénation) immédiatement, ses droits réservés, suivant que dessus il est établi à la coutume des fiefs; il ne peut vendre ce qu'il tient, à titre de franc-don, si ce n'est par besoin reconnu; il peut l'engager, s'il veut, les droits du seigneur réservés.

S'il le vend, il peut le vendre au seigneur de qui il le tient, ou aux hommes du même seigneur; il peut l'engager à qui il voudra.

Tout homme peut sous-inféoder ses fiefs et ses francs-dots, et les droits de vente et les accaptes appartiendront au seigneur de qui le fief ou le fraudat relève, mais les oblies reviendront à celui qui a fait le sous-fief; et ce qui a été fait ci-avant, sera maintenu ainsi qu'il est dit.

LXII

INTERDICTION DE VENDRE AU CLERGÉ

Et nul homme dudit château ni de la seigneurie ne peut vendre ni engager ni donner ni en aucune façon aliéner ce qu'il tient à titre fief ou de franc-don, à un chevalier, ni à un clerc, ni à maison d'ordre ni de religion.

LXIII

PERCEPTION ACQUISE

Depuis que le feudataire se serait présenté devant le seignur du fief, au sujet d'une chose qui fut de son fief, qu'il eût vendue à autrui, et que cette vente soit résolue entre le vendeur et l'acheteur, point pour cela le seigneur ne perd ses droits de vente, mais il doit les avoir intégralement, et il peut, à ce sujet, saisir le même fief. Et si, depuis que cette vente a été rompue, la même chose était vendue à un autre, le seigneur du fief y aurait aussi bien, une autre fois, ses droits de vente pour autant que cette chose aura été vendue, de celui

LXI

LIBERTÉ D'ALIÉNER LES FIEFS

Totz hom del dit castel e de la honor pot vendre o enpenhar, o donar, o laissar, o ordenar, e sas proprias voluntatz far tot aco que tengua per razo de fieus, a tot hom estang el dit castel o en la honor o que vengues estar; lo senhor deu lo ades autreihar, sos dreghz saubz, segont que dessus es contengut en la costuma dels fieus; aquo que te de frandat no pot vendre, si no per esconogut, enpenhar o pot si vol, los dreghs saup del senhor.

Si o ven, pot o vendre al senhor de cuy o te, o als homes del meiss senhor, enpenhar o pot a cuy se vulha.

Totz hom pot sobre affieusar de sos fieus o de sa fran dat, e que las vendas els acaptes sia del senhor de cuy los fieus o la frandat moue, e las oblias daquel que fa lo sobre fieus; e so que fagh en sa enreire temps que sia tengud ayssi cum dit es.

LXII

INTERDICTION DE VENDRE AU CLERGÉ

E que nul hom del dit castel ni de la honor, so que te de fieus o de fran dat no pot vendre, ni enpenhar, ni donar, ni en alguna maneira alienar a cauaer, ni a clerc, ni a maiho d'ordre, ni de religio.

LXIII

PERCEPTION ACQUISE

Depuis quel fieusater se sera presentatz deuant lo senhor del fieus, de causa que fos de son fieus que agues venduda ad autruy, e aquela venda remania que no fos entro lo vendador e comprador, lo senhor del fieus gees per aco no perd sas vendas, ans las deu auer entegrament, e pot ne penhorar el meiss fieus, e si, depuis que aquela venda fos defacha, la meissa causa era venduda ad autruy, lo senhor del fieus y aura, tant bé autras betz, sas vendas de tant cum aquela causa seria venduda, daquel que comprat o

qui l'aura achetée. Même si celui qui l'avait achetée primitivement la reprenait, depuis que la première vente a été défaite, il payerait d'autres droits de vente, sur le prix qu'elle sera vendue, et il les payerait au seigneur de ce fief.

Le seigneur du fief n'a aucun droit de retour, sur un objet qu'un homme tienne de lui, à titre de fief, qui soit donné à titre de donation, pourvu que cette donation soit faite de bonne foi, sans fraude, ni à autre personne ci-dessus défendue.

LXIV

ÉCHANGE DE FIEFS

Tout homme peut échanger un fief contre un autre, pourvu que lesdits fiefs soient estimés préalablement par le conseil ; et le seigneur de qui relèvent les fiefs doit avoir ses droits de vente et les accaptes, sur le prix qu'ils seront estimés qu'ils vaillent par le conseil.

Et dans tel échange, seigneur ni ayant droit de retour, ne peuvent exercer le droit de retour.

LXV

PROCÈS POUR FIEFS LIMITROPHES

S'il y avait contestation ou procès, entre quelques-uns, au sujet de (fiefs réunis) sur la tête du même feudataire, qui se touchent, et qui relèvent de deux seigneurs ou de plusieurs, ces seigneurs doivent constituer une Cour commune, laquelle Cour, ce différend et ce procès terminera, dans les délais accoutumés, sans autres indus retards, outre les jours accoutumés ; et si ces seigneurs ou l'un d'eux ou leur Cour étaient défaillants ou négligents ou mettaient un indu retard, outre les jours habituels, la partie qui en aura préjudice s'en peut et doit plaindre, selon que dessus il est dit.

auria; mos si aquel que comprat o auria prumerament o retenia, depuis que la prumera venda seria defacha, pagaria autras vendas, per tant quant sere venduda, e pagaria las al senhor daquel fieus.

El senhor del fieus no a torn negu en causa que hom tenga de luy a fieus, que sia donada en donatio, pero que aquela donatio sia faita en bona fé, no per baratz, ni a persona autra[1] dessus defenduda.

LXIV

ÉCHANGE DE FIEF

Totz hom pot escambiar un fieus ab autre, ab que los meiss fieus sio prezatz prumerament per lo cosselh; e li senhor; de cuy los fieus mauio, deu auer las vendas e los acaptes de tant quant serio presatz, per lo cosselh, que valguesso.

E en tot cambi senhor ni torner no a torn.

LXV

PROCÈS POUR FIEFS LIMITROPHES

Si contrast o plagh era entro alguns, sobre fieus conjons[2] que se toquo, que mouo de dus senhors o de plusors, aquelz senhors i deuo establir cort comunial, loqual cort aquel contrast e aquel plagh deffiniscan per los dias costumables, senes autres no degutz allongament otra los dias costumables ; e si aquels sonhors o lun de lor o lor cort nero defailhent e negligent, o metio no degut alongament, otra los dias costumables, la part quel tort prendria sen pot e deu rancurar e requerir, segont que dessus es dit.

---

[1] La copie de Bordeaux porte « auta ».

[2] La copie de Bordeaux porte « quintz », mot probablement mal copié. « Conjons » qui se trouve sur la copie du XVIIIe siècle est sans nul doute le vrai mot.

LXVII

FEUDATAIRE RÉCALCITRANT

Si quelque feudataire était récalcitrant, qu'il ne voulût se présenter devant le seigneur du fief pour répondre à une demande qu'on lui fait au sujet de rien qu'il tienne de lui à fief, et qu'il ne voulût pas se conformer à son jugement, ni pour engager, ni pour autre chose, le seigneur du fief a droit à une amende de cinq sous; ainsi que dessus, il pourra mettre le fief à ban.

En outre, aussitôt que ce feudataire viendra au seigneur du fief pour remplir son devoir, le seigneur doit lever son ban et lui rendre son fief.

Aucun seigneur du fief ne peut avoir reprise sur rien de ce feudataire, en dehors de ce qu'il tient de lui, à titre de fief ; et il ne peut porter de plainte à un autre ; mais le seigneur du fief peut saisir sur son feudataire le fief qu'il tient de lui, pour se couvrir de ses droits et pour la réclamation d'autrui, si sur le même fief, ils lui adressaient des réclamations, à défaut par le feudataire de faire droit envers lui ou de payer ses amendes ; sans quoi il n'est tenu à rien envers le principal seigneur ni envers autrui.

LXVII

DOT — MARIAGE

Au sujet de la dot, il est coutume à Astafort, que doivent être respectées les conventions qui seront arrêtées aux fiançailles[1] ; cependant s'il est donné une dot en argent au mari, et qu'il n'ait pas été convenu à qui serait cette dot, si premièrement décédait la femme que le mari, elle doit, cette dot, être donnée au mari pour faire ses volontés, s'il en avait été payé; et si premièrement décédait le mari que la femme, elle doit recouvrer sa dot qu'elle aurait donnée et payée au mari ou à d'autres, à raison de ce mariage, s'il n'avait été fait de convention contraires aux fiançailles.

De plus, si la femme était demoiselle au moment du mariage, et que le mari décédât le premier, sans que il y ait ou y ait eu d'héritier provenant d'eux, la femme doit recouvrer toute sa dot qui pour elle aura été donnée et payée au mari, et les deniers s'il en a

---

[1] Liberté de convention matrimoniale.

LXVI

FEUDATAIRE RÉCALCITRANT

Si alguns fieusater era rebelles, que no volguesse estar a dregh, deuant lo senhor del fieus, de demanda que hom lo fes en re que tengue de luy a fieus, e sas drechuras rendre nos volia, lo senhor del fieus y a v sols de gadche ; ayssi cum dessus, en poyria lo fieus bandir.

Empero tant totz cuma quel fieuzater vendra al senhor daquel fieus per far son deuer, lo senhor ne deu gitar son ban e a lui redre lo fieus.

Nil senhor del fieus no pot tornar en res daquel fieusater, saup en aco que de lui tendra tant solament a fieus, ni ad autruy clamar no sen pot, mas lo senhor del fieus pot penhorar son fieusater el fieus que de luy tendra, per soos dregh, o per clam dautruy, que sobre meiss fieus si clamaria a luy, sil fieusatey era defaillent de far dregh deuant lui o de paguar soos gadges ; ses que non es, tengud al prencipal senhor ni ad autruy.

LXVII

DOT — MARIAGE

Sobre dot es aytal costuma, que deuo estre gardatz los couens que seran en pres a las fermalhas ; empero si es donat dot en deners al marit, e couent no i a fagh a cuy sera aquel dot deners, si prumerament desanaua de la molher que del marit, deu estre, aqel dot, donat al marit, per far sas voluntatz si pagatz nera estatz ; e si prumerament desanaua del marit que de la molher, deu cobrar son dot que donatz e pagatz auria al marit o ad autre, per razon daquel matrimoni, si couens no era estatz fagh contrari a las fermalhas.

Empero si la molher era puncela, en temps de las fermalhas, e prumerament desanaua del marit que de leiss, senes heret prouent que no y agues o no y agues agut, la molher deu cobrar tot son dot que per leiss seria estatz donatz et pagatz al marit, els deners sen i

été donné en dot, devront être rendus, et en outre autres autant[1]
que le mari ou les héritiers du mari, sont tenus de donner, si conventions contraires n'avaient été faites aux fiançailles.

LXVIII

AUTORISATION MARITALE — LIBERTÉ DE TESTER

Et il est à savoir que si la femme donne, ou d'autres personnes pour
elle, terre, vigne, maison oblies, pré, bois ou autres biens, non
meubles, en dot, le mari sans la volonté de la femme, ni la femme
sans la volonté du mari, durant le mariage, ne les peuvent vendre;
et s'ils le faisaient, cette vente ne vaudrait ni aurait valeur.

Il est ordonné que la femme peut à sa fin, les laisser à qui elle
voudra, et au sujet de ces biens, faire testament à sa volonté.

LXIX

INFÉODATION OBLIGATOIRE

Toute terre, vigne, pré et autre objet non meuble qui soit tenu à
titre de fief, par un habitant actuel ou futur du dit château ou de
la seigneurie, qui sera revenue par une cause quelconque en main
d'un seigneur, du même lieu, de quelque façon qu'elle y soit venue,
doit en sortir dans l'année; le seigneur auquel elle sera advenue,
dans cette année, doit la donner à fief à un habitant convenable du
même lieu et de la seigneurie qui ne soit pas personne hostile à
celui de qui ils mouvaient sans intermédiaire (immédiatement)
quand le seigneur les a pris en main.

Et si le seigneur ne faisait ainsi qu'il est dit, dans cette année,
celui de qui la chose mouvait sans intermédiaire doit et peut prendre
ce bien en sa main et tous les fruits doivent être siens, ainsi
que les profits qui viendront jusqu'à ce que il y soit remis un feudataire de la façon que dessus est dit.

De plus, si celui de qui l'objet mouvait à fief, avait fait des frais
à raison de cet objet, comme de travailler les vignes, d'étayer une
maison, ou de cultiver la terre, dans un semblable cas, il peut
garder l'objet en ses mains, jusqu'à ce qu'il ait été payé et satisfait

---

[1] La dot sera doublée au profit de la femme. Les Coutumes d'Agen disent : « Lo marit
lo deou doblar ».

auia estatz donatz ny pagatz en dot quel deurio estre redutz e maiss altres talhs quel marit ols hereters del marit ne son tenguds de donar, si couens no era estatz fagh contraris a las fermalhas.

LXVIII

AUTORISATION MARITALE — LIBERTÉ DE TESTER

E es assaber que si la femna dona, o autras personas per lui, terra o vinha, maiho, oblias, prat, bosc, autra causa no mobla en dot, lo marit ses voluntat de la molher, ni la molher senes volontat del marit, esto lo matrimoni, no ac podon vendre ; e si o faio que aquela venda no valdria, ni auria valor.

Empero la molher las pot a sa fin laissar a cuy se voldra, e sobre aquelas testament far a sa volumtat.

LXIX

INFÉODATION OBLIGATOIRE

Tota terra vinha, prat e autra causa no mobla que sia tenguda ab fieus d'algun habitan o habitador del dit castel o de la honor, que sia venguda per alguna causa a ma d'algu senhor del meiss loc, en qualque maneira i sia venguda, ne deu estre ostada dens un an; en deu aquel senhor a cuy seria venguda dens aquel an redre fieusater habitan del meiss loc e de la honor covenable que no y sia persona forsaigna ad aquel de cuy mouia, senes meiha, quan lo senhor o mes a sa ma.

E si lo senhor no faia ayssi cum dit es dens aquel an, aquel de cuy la causa mouia senes meiha, deu e pot metre aquela causa en sa ma, e deu estre tot los frughz soos, e els gauzimens que neisserian tant entro quel sia redut fieusater en la maneira que dessus est dit.

Empero si aquel de cuy la causa mouia el fieus auia faitas messions per razo d'aquela causa, cum d'obrar vinhas, o dadobar mailho, o de coitiuar terra, o en semblan caas, e pot tenir la causa a sa ma entro que sia estatz pagatz e satisfait per lo fieusater nouel

par le feudataire nouveau que le seigneur voudra y placer, à moins que celui de qui l'objet mouvait, pût s'en être payé avec les fruits et revenus qu'il aura pris.

De plus, le feudataire nouveau devrait payer toutes les oblies qui seraient restées à payer à celui de qui l'objet mouvait.

LXX

EXÉCUTION DU DÉBITEUR

Quand certains hommes doivent des dettes, dont le montant grève maison, terre ou autres propriétés par la main du seigneur du fief, il est de coutume à Astafort que si quelqu'un doit dette envers autrui, dont il ait hypothéqué terre ou maison ou autre propriété, par la main du seigneur de ce fief, et qu'il ait donné pouvoir (au créancier) de les vendre ou engager ; au terme indiqué pour le payement de la dette, s'il ne la payait et qu'il ne voulût pas autoriser la vente ou l'engagement, que le créancier en voudrait faire, à la requête du créancier, le baille et le conseil du dit lieu, en vertu de leur autorité, le débiteur sommé à la requête du créancier de payer, de vendre ou d'engager, et si le faire il ne veut, le même baille et conseil contraignent le débiteur, par prise de corps ou s'emparent du bien hypothéqué, ce qu'ils préfèrent, ils le peuvent pour le vendre ou pour l'engager, ainsi qu'il est dit.

Et ils doivent en payer le créancier et s'ils ne pouvaient le solder, le débiteur est tenu de payer le reliquat, à toute heure, jusqu'à ce qu'il l'ait soldé, et le créancier peut s'adresser (à ce sujet) au baille, sans requête, et cette vente ou cet engagement que le baille et le conseil feront, ainsi qu'il est dit, de cette chose par nécessité du débiteur, aura autant de solidité que si le débiteur la vendait ou l'hypothéquait.

De plus, si le créancier, en vertu du pouvoir que le débiteur leur aura donné, la voulait vendre ou engager, à défaut, du débiteur de le faire, ils peuvent le faire, et cet acte aura autant de solidité que si le débiteur ou le conseil avaient vendu ou engagé, le débiteur appelé.

De plus, dans le cas où le bien hypothéqué doit être vendu par aucune (de ces) personnes, il doit être crié à trois reprises, ainsi que dessus dans autre Coutume il est parlé des criées, le baille et le conseil doivent donner leur autorisation, et doivent la confirmer par acte public.

quel senhor i voldra metre, si no aquel de cuy la causa mouia sen pogues estre pagatz del frughz e delz.autres gauzimens que pres nauria.

Empero lo fieuzater nouel deuria paguar totas las oblias que serian remassas a paguar a aquel de cuy la causa mouia.

LXX

EXÉCUTION DU DÉBITEUR

Quan mans homes deicho deutes don lo coueque[1] enpenho maiho, terras o autras honors, en ma del senhor de fieus, es ayssi acostumat a Astafort que si algu dels[2] deute ad autruy don lacha enpenhada terra o maiho o autra honor, en ma del senhor daquel fieus, e len acha donat poder de vendre ou denpenhar al terme establit de paguar lo deute, si paguat nol auria o autreihaz nol volia la uenda, ol penghz, quel creires far ne volia a la requesta del crezedor lo baylle el cosselh del dit loc, per son offici, a la requesta del crezedor, somonit lo deutor quel pague o quel vende o quel enpenhe ; e si far no vol, lo meiss baylle els cosselhs costrengan lo deutor, per prendemen de son cors, o penhorar la causa obligada, quelque maiss se volho o posco, per vendre o per enpenhar ayssi cum dit es

· E deuo ne paguar lo crezedor; e si paguar no len podio, lo deutor es tengut de paguar lo remanent, tota hora, entro que paguat laiha e pot sen clamar lo crezedor al baylle, senes enquesta, e aquela venda o aquel pengh quel baylle e cosselh fara, ayssi cum dit es, daquela causa, per nessera[3] del deutor, aura tan bona fermetatz, cum si lo deutor o vendia o enpenhaua.

Empero si los creires, per lo poder quel deutor len auria dat, o volia vendre o enpenhar per failha del deutor, e el o pot far, e auria tant bona fermetatz, cum si lo deutor el cosselh o vendian o enpenhauan, lo deutor enqueregud.

Empero en caas que la causa enpenhada sia venduda per alguna persona, deu estre cridada per tres begadas, ayssi cum dessus en autra costuma es parlat de crida, el baylle e cosselh deuo dar lors autreitat, e deuo confirmar ab carta publica.

---

[1] Peut-être « creirer » créancier.

[2] Probablement « deu ».

[3] La copie du XVIIIᵉ siècle dit « necsera », il est plus probable que l'expression vraie est « neccira » nécessité, négligence.

LXXI

ARRÊTÉS CONSULAIRES

Le baille et les consuls d'Astafort peuvent faire avec les prud'hommes du même lieu, des règlements à Astafort et en la seigneurie ; lesquels doivent durer et être conservés autant de temps qu'il leur plaira, et non davantage, ainsi que le baille et les consuls et les autres prud'hommes d'Astafort apprécieront que c'est le profit du même lieu et des habitants, au sujet des batteries, des médisances et au sujet d'autres méfaits qui ne sont pas spécifiés, et sur ce qui serait un amoindrissement (des cas prévus) de la Coutume ou de la seigneurie d'Astafort, comme d'entrer dans le jardin d'autrui, dans la vigne d'autrui, ou de mettre du bétail dans le pré d'autrui en temps de défense, ou d'autres choses.

Ils peuvent, le baille et les consuls d'Astafort, établir des amendes quelles qu'ils voudront, à leur bon arbitre, pour châtiment, car plusieurs fois peine d'amende imposées, quand un homme les subit, ceux qui font à autrui ou à la chose d'autrui, ce qu'ils ne voudraient qu'on leur fit à eux ni á leurs biens, retiennent maints hommes de mal faire, lesquels la peur de Dieu, de mal faire n'empêche[1].

Et de ces amendes, le baille et les consuls peuvent donner autant qu'ils voudront aux seigneurs, pour que les seigneurs leur viennent en aide pour maintenir, garder et défendre les règlements.

LXXII

DROIT DE DÉPLACER LES MAISONS

De même, tous les habitants du même château et de toute la seigneurie peuvent déplacer leurs maisons et métairies qu'ils ont ou auront, dans quelques fiefs des susdits seigneurs qu'ils voudront, sous la condition que si on dépouille le fief de l'un des seigneurs pour transporter chez l'autre, que, dans ce cas, il soit tenu de payer les droits de vente de la maison qu'il enlèvera du fief de l'autre seigneur, au seigneur dont il dégarnira le fief, faite préalablement l'estimation par le baille et par les consuls de la valeur de la même maison.

---

[1] Justificataire du châtiment.

LXXI

ARRÊTÉS CONSULAIRES

Lo baylle els cosselhs d'Astafort podo far, ab los prohomes del meiss loc, establimens a Hastafort e en la honor, loqual deuo durar e estre gardatz tant quant a lor plaira e no plus, ayssi cum lo baylle els cosselhs els autres prohomes d'Astafort conoisseran que sia lo proficis del meiss loc e dels habitans, sobre batezos e sobre mal ditz, e sobre autras malas fachas que de sobre no son expressadas, ne desus so que no sian amermament de la costuma ni de la senhoria d'Astafort, cum dentra en autruy orto, en lautruy vinha, o de metre bestiar en lautruy prat, en tems de defes, o dautras causas.

E pot lo baylle e cosselhs d'Astafort establir gadches quas quel vulho a lor bon albitre, per castiament, car plusors delegadas penas de gadches, quant hom los leua daquels que fan ad autruy, e en la causa dautruy, aquo que no vodrio que hom lo fes a lor, ni a lor causa, refreno mans homes de mal far, losquals la paor de deu, de mal far no revoqua.

E daquels gadches podo dar lo baylle els cosselhs tant quant se voldran als senhors, per que los senhors los sio adjudaires a mantenir, a guardar e a defendre los establimens.

LXXII

DROIT DE DÉPLACER LES MAISONS

Item que totz los habitans del meiss castel e de tota la honor posco mudar lors maihos e bordas que an o auran, qualques fieus dels preditz senhors se volho, ab tal conditio que si despulha lo fieus de lun senhor per mudar en lautre, que en aquest caas, sia tengud de paguar vendas de la maihos que ostaria del fieus de lautre senhor al senhor de cuy despuliara lo fieus, faita prumerament estimatio, per lo baylle e per los cosselhs, de la valor de la meissa maiho.

Et s'il la déplaçait dans l'étendue du fief du même seigneur sur lequel la maison serait, il peut le faire sans droits de vente, pourvu qu'il ne la vende pas à autrui, car dans ce cas il y serait tenu.

LXXIII

MOINES DANS LES FOSSÉS DE LA VILLE

Et de même manière si quelques chevaliers ou religieux avaient place dans les fossés du château ou dans les faubourgs antiquement établis autour dudit château, ceux-là se peuvent changer de place ainsi que dans ceux des susdits seigneurs, mais non se transporter du fief dehors.

LXXIV

RÈGLE DES LOCATIONS[1]

Tout homme peut louer sa maisou à qui il voudra à Astafort, par sa propre autorité, à terme convénu, et le locataire doit garder cette maison, pendant tout le temps pour lequel il l'aura louée, sans que le maître de la maison la lui puisse enlever, dans ce délai, pour autrui, à moins que le locataire mène mauvaise vie, ou pour son propre usage, ou pour mettre ses choses, ou que on ne veuille ou le puisse payer.

Le locataire peut exiger du propriétaire de la maison, le serment que pour les dites causes, il lui retire la maison qu'il lui avait louée à terme, et que pendant tout ce temps, il la gardera, pour ses besoins, et sans qu'il y mette personne autre, jusqu'à l'expiration du terme pour lequel le locataire l'avait louée.

Le maître qui aura loué la maison peut, de son autorité, retenir les biens du locataire, pour loyer de la maison, jusqu'à ce que il soit payé du loyer.

Si aucun homme ou femme se plaint ou plaignent au conseil d'Astafort de quelque habitant du même lieu ou de la seigneurie, qui, pour son loyer, ou pour son salaire, rien lui doive et ne veuille le payer, les consuls doivent contraindre cet habitant, sans formalités de procès et sans donner de citation, et sans que le seigneur ait droit à aucune amende, s'il n'y avait eu plainte.

---

[1] Agen, art. 30.

E si la mudaua el fieus del meiss senhors, sus loqual la maiho seria, que o pogues far senes vendas, ab que no la vendes ad autruy, car en aquel caas ne seria tengud.

LXXIII[1]

MOINES DANS LES FOSSÉS DE LA VILLE

E per meissa maneira si nulz caualaer[2] o religios auian plassas dedins los baratz del castel, ni dels baris, antiquament baradeichatz del meiss castel, que en aquel se posco mudar, ayssi cum en aquels dels preditz senhors, e non géés el fieus deforas.

LXXIV

RÈGLE DES LOCATIONS

Totz hom pot logar sa maiho a cuy quels uulha a Astafort, per sa meissa autreitat, a terme saubutz, e lestager deu tenir aquela maiho per lo terme que loguada laura, senes quel senhor de la maiho toldre no la i pot dens aquel terme per autruy, si no que lestager menes mal vita o per sa propria usadge, o per tenir sa causa, o que nol volgues o nol pogues paguar.

E lestadger pot ne auer sagrament del senhor de la maiho, que per las dichas causas, lo tol la maiho que lauia logada a terme, e que tot aquel terme, la tendra a soos ops e senes que autre no y metra, entro al terme que lestadger la auia loguada.

El senhor que la maiho aura loguada pot, per sa autreitat, retenir los bees de lestadger per loguer de la maiho entro que del loguer sia pagatz.

Si alguns hom o femna ne rancura o rancuran al cosselh d'Astafort d'algun habitans del meiss loc o de la honor, que per son loguer o per sa sodada re lo decha e paguar nol vol, lo cosselh deu costrenher aquel habitant, senes solempnitad de plagh, e senes donar libel, e senes quel senhor no i a gadge, si clamant agut no auia.

---

[1] Agen.

[2] La copie du XVIIe siècle donne « clares » « cleres »

LXXV

COMBAT JUDICIAIRE

Aucun habitant du dit château ni de la seigneurie ne doit combattre ni faire combattre, sur provocation qu'on lui fasse, pour quoi qu'il soit provoqué, si ce n'est par sa pleine volonté faire le combat avec l'adversaire, et qu'il s'y oblige. Et que s'il refusait le combat, point pour cela, il ne passerait pour convaincu (dans son tort), mais celui qui l'accusera de crime, le prouvera contre lui le premier, s'il le veut par témoins ou par autres choses, suivant la forme du droit.

LXXVI

IMPOT SUR LA FORTUNE ET LE REVENU

Tout homme, clerc ou laïque, qui ait possession ou rentes dans le dit château ou dans la seigneurie, excepté les seigneurs, doivent contribuer, eux et leurs successeurs, aux dépenses et aux charges communales du même lieu et de la seigneurie à raison des possessions ou rentes qu'ils y auront et ils doivent être imposés comme les autres habitants du même lieu.

Les consuls ont pouvoir de contraindre et de mettre ban, à raison des tailles, sur ces biens ; et si celui sur le bien de qui aura été mis le ban brisait le ban ou l'enlevait sur le bien ou l'empêchait, il payerait cinq sous d'amende au seigneur, et les consuls ont le pouvoir, au nom des mêmes seigneurs, de saisir tout habitant du même lieu et de la seigneurie, à raison de tailles, tout bien qui se trouvera dans sa maison.

Celui qui brisera le ban ou enlèvera le signe d'hypothèque[1] qui auront été placés par le baille ou par les consuls, doit payer cinq sous d'amende au seigneur.

LXXIII

VIOLATION DE DOMICILE

Il n'est pas chose raisonnable qu'aucun homme s'enferme la nuit dans la maison d'autrui ; car il est plutot présumable qu'il

---

[1] Le bien hypothéqué ou saisi portait un écriteau indiquant l'engagement ou la saisie.

LXXV

COMBAT JUDICIAIRE

Nuls habitans del dit castel ni de la honor no deu bathalar ni far bathala, per apel que hom lo fassa, de que quissia apelatz, si no que per sa plana voluntatz la bathala far a altre e que si obligues; e que ges se les recusaua la bathala, per asso no sia agud per couencud, mos aquel que lapelhera o crim lo contro prouera lo prumé, sil vol, ab testimonis o ab autras causas, segont la forma de dregh.

LXXVI

IMPÒT SUR LA FORTUNE ET LE REVENU

Totz hom, sia clerc o laic, que acha possessio o rendas el dit castel o en la honor, exceptat los senhors, deuo donar, els e lors successors, a las despensas e a las messios comunials del meiss loc e de la honor, per razon de las possessios o rendas que y tendran, e deu estre tailhat cuma los autres habitans del meiss loc.

E que los cosselhs aiho poder de constrenher e de metre ban, per razo de las tailhas, en aquelas causas ; e si aquel de cuy la causa seria nestrencaria lo ban que saria en la causa, ne contrastaua lo ban, paguaria v sols de gadge als senhors; els cosselhs que i a poder per nom del meiss senhors, de penhorar tot habitants del meiss loc et de la honor, per razon de las talhas, tota causa quels trobe en son ostal.

Qui trencaria ban o ostaria pengh, que sia estatz fagh per lo baylle o per los cosselhs, deu paguar v sols de gadge al senhor.

LXXVII

VIOLATION DE DOMICILE[1]

No es causa razonabla que negus hom senclaua de nugh, en maiho dautruy, car majorment es presumptoos que per mal far si

---

[1] Agen, chap. 20.

s'y est enfermé pour mal faire que pour bien. Ni également il n'est raisonnable que personne entre dans la maison d'autrui de jour quand le maître de la maison le lui a défendu.

Et pour éviter maints meurtres, maints vols et maints autres méfaits qui pourraient s'en suivre, il est ainsi coutume à Astafort sur de tels cas, savoir que si quelqu'habitant et propriétaire d'Astafort trouve un homme nuitamment enfermé dans sa maison depuis que ses propriétaires sont couchés, il doit, lui et sa femme crier à haute voix « au voleur », de façon que les voisins le doivent bien entendre, et ils doivent le prendre, sans le blesser et sans le tuer, et si prendre il ne se laissait, et sur cela en se défendant le maître de la maison ou homme ou femme, par les siens ou par lui-même, le blessait ou le tuait, il n'est tenu ni sa femme ni sa famille ni homme ni femme qui y serait allé (à aucune amende) envers le seigneur, ni envers la ville, ni envers personne, pourvu que le maître de la maison, ou sa femme, ou sa famille, si le maître n'y est pas, osent jurer sur les saints évangiles, qu'ils ne l'ont blessé ni tué, pour autre cause, mais qu'il ne se laissait pas prendre, et qu'ils entendaient et croyaient que, pour mal faire, il fût entré dans sa maison.

De même si aucun propriétaire ou habitant du même lieu et de la seigneurie avait soupçonné ou homme ou femme, pour qu'il eût défendu d'entrer dans sa maison, s'ils y entraient malgré sa défense, lorsqu'il leur aura défendu devant deux prudhommes, propriétaires et habitants du même lieu, et de là en avant, et il lui est autorisé comme de battre et de frapper sans tuer et sans gravement blesser, si c'est de jour ; le maître de la maison ni homme, ni femme ni sa famille ni ceux qui y seront allés, ne sont tenus (à rien) envers les seigneurs, ni envers la ville, ni envers homme ni femme.

De plus, s'il le trouvait de nuit, cela se passerait ainsi qu'il est dit, et le seigneur aurait sur lui (celui qui serait entré) vingt sous d'amende.

enclaua, que per be ; ni issament es razoos que negus entre en maiho dautruy quan, lo senhor de la maiho lor i a défendut.

E que per esquiuar mans multre e mans layronicis, e mans autres laghs[1] faghs, que sen poyrio enseguir, es aytal Costuma a Astafort, sobre aytal caas, so es assaber que si alguns habitans e beziis d'Astafort troba hom, de nugh, enclaus en sa maiho, despueis que ley bezi sian cotchatz, deu el e la molher autament cridar als layroos, ayssi que li bezi o deiho bé auzir, e deuo lo prendre, senes plagar e senes aucize ; e si prendre no se laissaua, e sobre aco lui défendent, lo senhor de la maiho, o hom o femna dels seus o per luy, lo plaguaua o laucizio, no es tengutz e ni sa molher ni sa maynada, ni hom ni femna que y seria estatz, al senhor ni à la vila, ni ad autruy, ab que lo senhor de lostal o sa molher o sa maynada, sil senhor no i es, auzo jurar sobre sans evangelis, que no lacha plagat ni mort per autra causa, mos que no si laissaua prendre, e que entendio et creio que per mal far fos entratz en sa maiho.

Item si alguns beziis o habitans del meiss loc e de la honor, auia sospessonoos o home o femna, per quel defendes sa maiho que no y entres, si lentraua sobre son défendement, can lo auria défendut deuant dus prohomes beziis o habitans del meiss loc, e daqui en sus, e li es autreiat hom[2] cum de batre o de férir, senes aucize, e senes griuement plaghar, si es de dias, lo senhor de la maiho ni hom ni femna ni sa maynada ni qui issia estat, non son tengudz al senhor ni a la vila ni a home ni a femna.

Empero si de nugh, lo trobaua, passera ayssi cum dessus es dit, el senhor auria sobre lui xx sols de gatge.

---

[1] La copie du XVIIe siècle donne « mals ».

[2] D'après le texte de la Coutume d'Agen, chap. 26, il faudrait rectifier cette phrase par : « E daqui en sus, e li a onterian hom. »

LXXVIII

VOLS

Tout homme et toute femme qui commettra un vol, de jour ou de nuit, doit rendre cet objet volé à celui à qui il a été fait, si on trouve l'objet volé, et si on ne le trouvait pas, il doit en donner la valeur, à l'appréciation du baille et des consuls d'Astafort, reconnu et prouvé préalablement le larcin ; et il doit donner au seigneur cinquante-cinq sous d'arnaudins, si le vol monte de douze sous à soixante sous. Et il (le voleur) courra la ville, avec le vol sur le cou et le crieur au devant disant : « qui ainsi fera, ainsi subira ».

Et s'il ne pouvait payer, qu'il soit marqué à l'oreille droite, et qu'il soit banni du lieu et de la seigneurie, pour toujours.

Et si le larcin montait soixante sous en sus il (le voleur) serait davantage puni de son corps, savoir qu'il serait pendu, et ses biens confisqués au profit du seigneur.

Et s'il volait chose qui vaille douze deniers en sus, il donnerait vingt sous au seigneur, restituée d'abord la chose volée, si on la trouvait, sinon l'estimation ; et s'il ne pouvait payer, il courrait la ville sans aucune amende ; de plus, s'il était déjà marqué comme il est dit, il serait pendu.

Sauf pour les denrées alimentaires qui vaillent de douze deniers en sus, pour lesquelles il payerait seulement cinq sous, s'il les prenait d'une vigne ou d'un jardin, et si c'était d'un autre lieu trois ; à moins que ce fut de noyer ou d'arbre greffé, car il payerait pour cela cinq sous ; et si cette denrée alimentaire montait de dix deniers en sus, et que le larcin fût fait de nuit, il payerait soixante-cinq sous arnaudins d'amende au seigneur ; et si c'était de jour, dix sous, ou plus ou moins, suivant l'estimation du baille et des consuls, et suivant que le vol serait petit ou grand ; et cette estimation ne doit monter au-dessus de soixante-cinq sous.

LXXIX

CHATIMENT DE L'HOMICIDE

Si le seigneur reçoit plainte contre un homme ou une femme qui ait blessé un autre, avec un couteau ou avec un instrument de fer, ou avec une pierre ou avec un bâton ; que le blessé ait un membre brisé, le seigneur a sur lui (l'homicide) soixante-cinq sous arnaudins

LXXVIII

VOLS

Tot home et tota femna que fara layronici, de dias o de nugh, deu aquel layronici rendre a aquel a cuy sera estad fagh, si hom troba la causa panada; e si non trobaua, deu donar la estimatio a la conoguda del baylle et dels cosselhs d'Astafort, conogud et proat lo layronici prumerament; e deu donar al senhor lx sols darnaudins, sil layronici monta xii sols entro lx sols, e que corra la vila ab lo layronici sus lo col, e la crida deuant dizent : qui tal fara, aytal prendra.

E si paguar no podia, que sia senhat a laurelha drecha e que sia forbandit del loc e de la honor, per totz temst.

E sil layronici montaua de lx sols en sus, seria maiss punitz en son cors, so es assaber que seria pendut, e sas causas encorsas al senhor.

E si panaua que valgues de xii dines en sus, daria xx sols al senhor, reduda prumerament la causa panada, si la trobaua, si no la estimatio, e si paguar no podia que corra la vila, senes totz gadge. Empero si era senhat, cum dit es, seria pendut.

Saup de causa meihadoiras que valgues de xii dines en sus, que pagaria tant solamen v sols, si o prendria de vinha o de cazal ; e si d'autre loc iii, si no que fos de noguer o dalbre enpeutad, car la don paguaria v sols, e si aquela causa meihadoira montaua de xii dines en sus, e era fagh lo layronici de nugh, pagaria lxv sols darnaudins de gadge al senhor, e si de dias paguaria x sols, o maiss o mens, segont quel layronici seria pauc o grant; e aquela estimatio non deu montar de lxv sols en sus.

LXXIX

CHATIMENT DE L'HOMICIDE

Si lo senhor a clam dalgun home o dalguna femna, que aiha plagat autre, ab cotel o ab ferrament, o ab peyra, o ab basto, el plagat ol avia membre fragh, a lo senhor, sobre luy, lxv sols

d'amende, si la blessure est légale[1], la chose étant prouvée par de suffisants témoins.

De plus, si la blessure n'était pas légale, le seigneur n'aurait sur lui que vingt sous d'arnaudins d'amende, fait préalablement le redressement du dommage à celui qui l'aura subi, à l'appréciation du baille et du conseil.

De plus, la blessure doit être surveillée par le baille et par le conseil et si le blessé meurt de sa blessure, tous les biens de cet homicide sont incorporés au seigneur, payé ce qu'il devra à sa femme et à autrui tout préalablement, avant que le seigneur ait et prenne ses biens; et du corps de cet homicide, le baille doit faire justice savoir qu'il doit le faire enterrer vivant sur le mort ; toutefois si ce mort avait été enseveli et enterré avant que l'autre qui aura fait le coup soit pris, celui qui sera pris sera enterré, suivant qu'il sera apprécié par le baille et le conseil.

LXXX

BLESSURES ACCIDENTELLES

Mais de plus s'il arrivait des accidents dans un lieu public par emportement de cheval, ou par rencontre, ou que un homme corrige cheval ou jument, ou autre bête dans la rue, ou qu'un homme lance pierre ou baton ou autre chose à chien et à porc, ou s'il jouait à homme courant ou renversé[2] ou comprimé, ou avec un arc, ou avec un dard, ou autres accidents qu'il advienne, qu'il l'ait fait sciemment ou d'une autre manière, celui sur lequel cet accident sera arrivé, il doit indemnité du mal fait, et subira la peine, s'il la doit d'après les circonstances du fait, à l'appréciation du baille, des consuls et des autres prudhommes d'Astafort.

LXXXI

LÉGITIME DÉFENSE

Mais s'il l'avait fait, son corps défendant, il ne subirait pas de peine et ne payerait pas d'amende.

---

[1] De celles prévues et punies par les Coutumes.
[2] La course ou la lutte.

arnaudins de gadge, se la plagha[2] els leials, la causa probada, per sufficiens testimonis.

Empero si la plagha no era leials, no auria lo senhor sobre lui mos de xx sols, facha prumerament dressa deguda ad aquel quel damnatge auria sostengut, a esgard del baylle e del cosselh.

Empero la plaga deu estre gardada per lo baylle e per lo cosselh, e sil plagat mort daquela plaga, totas las causas daquel homicidi son encorsas al senhor, pagat aco que deuria a sa molher e ad autruy tot prumerament, auant quel senhor agues ni preses sas causas, e del cors daquel homicidi deu lo baylle far justicia, so es assaber que deu far sosterrar vio sus lo mort. Empero si aquel mort ero estatz sibelitz e sosterrat ans que lautre que fagh o auria, fos pres, que aquel que pres seria, fos sosterrat segont quel baylle e el cosselh sera vitz.

LXXX

BLESSURES ACCIDENTELLES

Maiss empero, se pecz i auenia en trep saubut, per sobre portament de caual o per encontre, o que hom corregues caual o roci, o autra bestia per carrera, o que hom lances peyra o basto o autra causa a ca o a porc, o i hogaua hom appressat o aversat, o ol pressa o ab arc o ab dard o autres pecz a auenia, que ne agues fagh sciement o en autra maneira, aquel sobre cuy aquel pecz seria vengud, es enmendaire la mala facha, e passaria pena si passar la deuia, segont la maneira del fagh, a conoguda del baylle e dels cosselhs e dels autres prohomes d'Astafort.

LXXXI

LÉGITIME DÉFENSE

Empero si fagh o auia son cors defendent, no possaria ni pena ni faria enmenda.

---

[2] Ce mot est écrit de trois façons différentes dans la même phrase.

LXXXI

PEINE DU TALION

Tout homme qui fera perdre un membre à un autre, ou l'estropiera ou fera cause pour qu'il soit infirme pour toujours, perdra le pareil membre, s'il ne s'accordait avec le blessé ou les amis du blessé ou de l'infirme, et avec les seigneurs ou avec la majeure partie des mêmes seigneurs ; et cela doit être entendu si le mal avait été fait sciemment et pour nuire.

LXXXI

ADULTÈRE

D'homme et de femme surpris en adultère, il est ainsi la coutume à Astafort, savoir : qu'ils doivent courir la ville nus, liés ensemble tous les deux avec une corde ; le seigneur doit avoir soixante-cinq sous d'amende sur eux deux.

Et quand ils seront signalés, le baille doit aller avec un consul ou le consul avec le baille, ceux qui les premiers le sauront y doivent aller, le baille avec deux prudhommes du conseil, ou delà ce nombre en sus, mais jamais sans les consuls qui soient deux ou davantage.

Et ils doivent être pris, ces adultères, s'ils sont trouvés l'un sur l'autre ensemble, et s'ils sont nu et nue dans un lit, et que l'homme ait les culottes tirées, et non d'une autre manière.

Et si l'homme peut s'échapper avant d'être pris, il est quitte ; le seigneur n'a droit à rien, et cet homme ne doit subir aucun châtiment.

LXXXII

PEINE DU TALION

Totz hom que toldra membre ad autre, o debilitara o fara causa perque sia débilitatz per totz temps, perdra semblant membre, si no saccordaua ab lo plagat, o ab los amycs del plagat, o del débilitat, e ab los sehnors, o ab la major partida del meiss senhors ; e asso es entendut si la causa era faita sciement et per dol.

LXXXIII

ADULTÈRE

Dome et de femna preses en adulteri es aytal la Costuma à Astafort, so es assaber que deuo corre la vila nudz, ligatz ambe duy duna corda ; el senhor deu auer LXV sols de gadches sobre enterams[1] (sic).

Equant serian espiatz, deu lo baylle venir ab cosselh, o cosselh ab baylle, quals que prumers o sapia, e deuo i anar, lo baylle ab dus prohomes de cosselh o daqui en sus, e no senes los cosselhs que sia dus o plus.

Et deuo estre prees aquels adulteri se son trobatz lun sobre l'autre esseimpz, e si nud et nuda dens un lieit, e que lome acha las braguas trahitas, e no en autra maneira.

E si lom pot escapar an que sia prees, es quitis, quel senhor no i a res, ni aquel hom no deu passar neguna pena.

---

[1] En édictant par les art. 83-91 et 92 des peines sévères contre l'adultère, les rédacteurs des Coutumes d'Astafort semblent avoir voulu réagir contre la licence que favorisaient dans le XIIᵉ et XIIIᵉ siècles le code et les cours d'amour, dont Eléonore d'Aquitaine, la comtesse de Flandres, la vicomtesse de Narbonne, la comtesse de Champagne et quelques chevaliers et troubadours, furent les principaux organisateurs. Ce code, en 31 articles, dressé en 1174 par une assemblée des dames de France tenue en Gascogne, ainsi que les archives des tribunaux et Cours d'amour, existent encore à la Bibliothèque Nationale.

LXXXIV

JURIDICTION CONSULAIRE

Tout homme qui sera pris pour aucun fait à Astafort ou dans la seigneurie doit être livré immédiatement au baille communal du même lieu. Le baille avec le conseil doivent l'interroger et le mettre en punition, et faire justice, suivant le fait qu'il aura commis et suivant la manière.

Le baille et le conseil peuvent le mettre en prison, là où ils voudront, à Astafort, sans que les seigneurs d'Astafort ni aucun d'eux y aient une prison particulière.

De plus le baille communal a la juridiction, communément pour tous les seigneurs du même lieu, et dans toute la seigneurie, au sujet de toute blessure, de tous coups, de toute batterie et de toute attaque qui soit faite à aucune personne par un propriétaire ou par un habitant du dit lieu et de la seigneurie et par autre personne ; le battu ou le blessé ou l'attaqué s'en peut plaindre au baille communal sans requête ; et de tous coups et batteries simples, sans effusion de sang et sans marques apparentes, et sans que le corps du battu en vaille moins, le seigneur a sur celui qui frapperait cinq sous, si plainte lui est portée, et si le sang a coulé sans plaie, dix sous et il sortira de la ville à l'appréciation [1] du baille et des consuls.

Et si ce jugement rendu, il rentrait de nuit ou de jour dans les limites du péage qui dessus sont établis, sinon après accord avec le baille et les consuls, il payerait vingt sous d'amende au seigneur auquel il appartiendra, et en même temps [2] il réparera à l'injurié, le dommage qu'il aura souffert, à l'appréciation du baille et des consuls du même lieu.

LXXXV

DIFFAMATION

De même, la chose prouvée comme elle devrait, si nul homme ou nulle femme reprochait à un autre d'avoir été pris en adultère ou en autre crime, ou qu'il eût subi une peine, il serait puni de dix

---

[1] Il sera banni pendant un temps laissé à l'appréciation du baille et des consuls.

[2] Dans tous les cas.

LXXXIV

JURIDICTION CONSULAIRE

Toz hom que sia pres per algu fagh ad hastafort ni en la honor deu estre liurat a ades al baylle comunial del meiss loc ; el baylle ab lo cosselh deuo lo questionar et metre en puniment, e far drechura segont lo fagh que fagh auria, e segont la maneira.

El dit baylle, ab lo cosselh, podo lo metre en preiho aqui on se uoldran Astafort, senes que li senhor del meiss loc, ni algu de lor, ni an carsa priuada.

Mos lo baylle comunial a el justiziadge d'Astafort, comunialment per totz los senhors del meiss loc, et per tota la honor, de tota plagha e de lot feriment e batement, et de tot embauziment que sia fagh a alcuna persona, per bezi o per habitant del dit loc e de la honor e per autra persona ; lo ferit ol plagat o lembazit sen pot clamar al baylle comunial, senes enquesta ; e de tot fériment o batement simple, senes sancz, e senes senhal conogud, e senes quel cors del ferit no valha mens, a lo senhor sobre aquel que feria v sols, si clamor nes facha, e si sancz i es tracha senes plagha x sols, e issera de la vila, a conoguda del baylle e del cosselh.

E se tornaua, la conoissensa facha, denugh o de dias dens los dexcz del péatge que dessus son contengutz, si no ab acort del baylle e dels cosselhs, pagaria xx sols de gadge al senhor aqui lo seria, e atretant i adobara lo auneta[1] e dampnatge auria suffert, a la conoguda del baylle e dels cosselhs del meiss loc.

LXXXV

DIFFAMATION[2]

Empero, la causa proada, cum deuria, si nulhz hom ni nulha femna retrezia a autra que fos estatz pres en adulteri o en autres

---

[1] « Aoutar », « injurié », insulte.
[2] Lectoure, 87-88, 89-90.

sous arnaudins au profit du seigneur, et d'amende honorable à la personne (insultée) en présence du baille et des consuls.

Et si nul homme ni nulle femme du dit lieu appelait un autre homme ou autre femme, lépreux ou lépreuse, meurtrier ou meurtrière, voleur ou voleuse, ou putain, il serait puni de dix sous envers le seigneur, si plainte en était portée au baille ou au conseil, réparation si la médisance était prouvée être telle[1], et amende honorable à la personne de qui le mal aura été dit, en présence du baille et du conseil du même lieu. Toutefois, la personne qui aura fait la médisance devant être préalablement interrogée suivant qu'il est ci-dessus contenu en la Coutume de l'enquête, comme propriétaire doit être interrogé.

LXXXVI

DISPENSE DE SERVICE MILITAIRE

Les propriétaires ni les habitants dudit château ni de la seigneurie ne sont tenus de faire de service militaire, pour les seigneurs du même lieu, ni pour aucun d'eux, si ce n'est pour, les droits et les deniers du même château et de ses dépendances, exiger et défendre.

LXXXVII

SERVICE MILITAIRE PAR LES SEIGNEURS

Si le seigneur souverain du pays demandait armée à la contrée[2], le seigneur ou l'un d'eux à qui serait le tour, doivent faire le service pour eux et pour la communauté du même château d'Astafort, et ladite communauté ni aucun de ceux qui en dépendent, ne sont tenus de donner, ni de fournir, ni de prêter, ni on ne peut leur emprunter[3] cheval, jument, ni armes, ni autres harnais, ni deniers, jusqu'à ce que ces seigneurs qui seraient allés à l'armée, pour ladite communauté, soient revenus de l'armée, et alors ladite communauté est tenue de payer au seigneur, qui pour elle aura fait le service, ou à son héritier, chaque feu du dit château et de la seigneurie, trois sous arnaudins pour quarante jours.

---

[1] La preuve de la médisance était admise.
[2] Dans l'Agenais.
[3] Ils ne peuvent faire réquisition ni de chevaux, etc.

crims, o agues suferta pena, sia punitz en x sols arnaudins al senhor
e honor a la persona a esgard del baylle e dels cosselhs.

E si nulh hom ni nulha femna del dit loc apellaua autre hom o
autra femna mesel o mesela, multre o multrera, layro o layronessa,
o putan, seria punitz en x sols al senhor, si clamor nera faita al
baylle e al cosselh, rancura si mal dit ne era proab estre aytal, e
honor à la persona a cuy lo mal dit sere dit, a lesgard del baylle e
del cosselh del meiss loc. Empero, enquereguda la persona quel mal
dit auria dit, segond que dessus es contengut en la costuma de la
enquesta, cum bézi deu estre enqueregud.

LXXXVI

DISPENSE DU SERVICE MILITAIRE

Li bezi ni li habitans del dit castel ni de la honor no son tengudz
de far ost als senhors del meiss loc, ni ad algu de lor, si no per los
dreghz e per los diners del meiss castel e de sas pertinensas demandar
e defendre.

LXXXVII

SERVICE MILITAIRE PAR LES SEIGNEURS

Empero si lo senhor major de la terra mandaua ostz per la terra,
li senhor, o lun de lor a qui deuria avenir per sa begada, deuo far
la ostz per lor et per la comunialtad del meiss castel d'Astafort ; e
la dicha comunialtad, ni algu daquela non son tengutz de donar, ni
de prestar, ni de malenar, ni il no los podo demandar caval, roci, ni
armes, ni autres harnes, ni deuers, entro que aquels senhors, que a
la ostz seria anatz per la dicha comunialtad, sia tornatz de la ostz,
et la doncs la dicha comunialtad es tenguda de paguar al senhor qui
per lor auria faita la ost, o a son heret, cada fogh del dit castel e de
la honor III sols arnaudins per XL jorns.

Et si par hasard il arrivait que ce seigneur qui le service ferait, pour ledit lieu, avant que les quarante jours ne fussent accomplis, s'en revint de ladite armée, pour autant de jours avant qu'il s'en revienne, tout de même lesdits feux, et chacun d'eux, seraient tenus de payer trois sous arnaudins, comme si ce seigneur, qui le service aura fait, avait les quarante jours accomplis.

De plus, si le souverain seigneur de la terre, dans ces quarante jours, convoquait une autre fois l'armée, ce seigneur, qui aurait pris lesdits trois sous et fait le service pour ledit château et pour toute la seigneurie, devrait à ladite communauté et à chacun de ses habitants, porter garantie dudit service, jusqu'à ce que tous lesdits quarante jours fussent complétés.

Et lesdits seigneurs et chacun d'eux donneront pouvoir aux consuls du même lieu, que les mêmes consuls, au nom du même seigneur, avec le messager du seigneur qui le service aura fait, perçoivent lesdits trois sous de chaque feu, si un feu est en telle situation que les avoir il puisse; et si les avoir il ne pouvait, le conseil ni aucun des autres feux ne sont tenus envers le seigneur, pour celui ou pour ceux qui payer ne pourraient, mais que le même seigneur se fasse payer ce qu'il pourra de ceux-là.

Et ladite communauté, ni aucun (habitant) d'icelle, n'est tenu de lui restituer cheval ni jument, ni armes ni autres harnais, ni choses que, dans la guerre, il aurait perdues, si par hasard il y en avait de perdu.

LXXXVIII

MAINLEVÉE DE SAISIE

Si nuls propriétaires du même lieu ni de la seigneurie était saisi par seigneur ou par propriétaire ou par famille du seigneur, ou par autre personne, la chose saisie doit être rendue par celui qui l'aurait faite ou fait faire, à l'instant, à la requête des consuls, à celui à qui elle serait faite, moyennant caution de faire droit devant les mêmes consuls.

LXXXXIX

ÉGALITÉ D'AMENDE

Toute personne qui soit avec le seigneur, soit homme ou femme, payera amende tout autant que feraient les autres habitants du même lieu.

E si per auentura sen deuenia que aquel senhor que la ost faria per lo dit loc, auant que los xl jorns fosso complitz se tornes de la dicha ostz, per quans jorns sen tornes abans, tertabé los ditz foghs, e cada un de lor, sian tengudz de paguar iii sols arnaudins, cum si aquel senhor que la ostz auria facha, agues los xl jorns complitz.

Empero si lo major senhor de la terra dens aquels xl jorns mandaua autra bestz ostz, que aquel senhor que los ditz tern soos auria prees e faita la ostz per lo dit castel o per tota la honor fos tengud a la dicha comunialtad, e a cadaun de lor, portar guerentia de la dicha ostz, entro que totz los ditz xl jorns fosso complitz.

E li ditz senhor e cadaun de lor, donera poder als cosselhs del meiss loc que los meiss cosselhs, per nom del meiss senhor, ab lo messatge del senhor que la ostz auria facha, traga los ditz tern soos de cada fogh, sil fogh es aytal que auer los ne posca ; e si auer nols ne podia, quel dit cosselh ni negu dels autres foghs no sio tengudz al dit senhor per aquel o per aquels que paguar no poyrio, mos que lo meiss senhor sen fes paguar lo que poyria daquels.

E la dicha comunialtad ni algu daquela no es tenguda denmendar caual ni roci, ni armes, ni autre harnes, ni causas que, en la ostz, auria perdudas, si per auentura perdudas ni auia.

LXXXVIII

MAINLEVÉE DE SAISIE

Si nuls beziis o habitans del meiss loc ni de la honor era penhorat per senhor o per bezii, o per mainada de senhor, o per autra persona, la penhora deu estre reduda, per aquel que faita lauria o facha far, ades a la requesta dels cosselhs, ad aquel a cuy faita seria, ab fermansa destar a esgart dels meiss cosselhs.

LXXXVIII

ÉGALITÉ D'AMENDE

Tota companha que esto ab algu senhor del meiss loc sia hom o femna, e peche tertabe cum farian li autres habitans del meiss loc.

Et si ceux qui seraient surpris en méfait ne voulaient payer l'amende, le seigneur avec lequel ils resteraient, pour lui le baille et les consuls, s'en peuvent, sur les gages et les amendes revenant à ce dit seigneur, retenir et garder pour payer l'amende de celui qui sera sujet à l'amende, toutefois, après l'avoir fait savoir par le baille et par les consuls audit seigneur, dans les quinze jours, après qu'il aura été sujet à l'amende, ou à son baille.

Et toute l'autre famille qui ne serait pas à sa solde, ne payera pas d'amende, mais indemnisera le malfait, à l'appréciation du baille et des consuls du même lieu ; et le seigneur de cette famille sera tenu d'indemniser ce malfait, suivant l'appréciation du baille et des consuls ; et le baille et les consuls pourront en faire la retenue sur les amendes (revenant) audit seigneur, suivant qu'il est dit ; et cela aussi s'entend de tout bétail que les seigneurs tiennent et aient, c'est-à-dire qu'ils payeront l'amende selon qu'il est dit.

XC

SOUS-CONSULS

Le conseil d'Astafort a pouvoir de mettre d'autres consuls à Amans et à Las Martres, et à Barbonvieille, et à Andiran et dans les autres lieux qui dépendent de la seigneurie d'Astafort, selon que par eux il sera apprécié.

Et que ceux qu'ils y mettront soient pour eux et au nom des seigneurs dans ces lieux, et jureront en leurs mains, selon que dessus il est contenu dans le premier chapitre de cette charte, et que, à la fin de leur mandat, ils seront tenus de rendre compte au conseil d'Astafort.

Le même conseil peut mettre des gardes dans le même lieu et dans toute la seigneurie, et dans tous les susdits lieux.

Lesdits sous-consuls n'ont pouvoir de faire ni jugements, ni recherches, ni autres choses, sans la volonté des mêmes consuls d'Astafort.

XCI

FLAGRANT DÉLIT D'ADULTÈRE

Si le mari surprend un homme avec sa femme couchés nu et nue ou vêtu et vêtue, que lui soit avec les culottes abattues sous lui ou à côté de lui, de nuit ou de jour, ils peuvent le prendre, le mari ou le

E si aquels que serian atrobat en la mala faita no volian pagar la pecha, el senhor ab cuy estario, per lor lo baille els cosselhs sen poscan, dels gadges e de las pechos daquels meiss senhors, retenir et auer per paguar la pecha daquel que seria gadchat, empero fait assaber per lo dit baille et per los cosselhs al dit senhor, dens xv dias après que sera gadchatz, o a son baille.

E que tota l'autra companha que no sia assoldada no paga pecha mos la mala facha emenda, a conoguda del baille e dels cosselhs del meiss loc, e quel senhor de la maynada sia tenguds daquela mala faita enmendar, segont la conoissensa del baille e dels cosselhs ; et que lo baille els cosselhs sen posca retenir dels gadges daquels meiss senhors, segont que dit es ; e aco meiss senten en tot bestiar que li senhor tengan ni acho, so es assaber que peche, segont que dit es.

XC

SOUS-CONSULS

Lo cosselh d'Astafort a poder de metre autres cosselhs a Aman, e aux Martieux, e a Barbumvila, e a Andiran, e per los autres locz que son en la honor d'Astafort, segont que a lors sera vistz.

E que aquels que i metran sio per lor e per nom dels senhors en aquels locz, e jure, en las lors mas, segont que dessus es contengut el prumer capito daquesta carta, e que, a la fi de lor ofici, sian tengudz de rendre conde al cosselh d'Astafort.

El meiss cosselh pot metre gardas el meiss loc e per tota la honor, e per totz los preditz locz.

Els ditz arrers cosselhs no an poder de far conoissensas ni farquailhas ni autras causas, senes volunptat dels meiss cosselhs d'Astafort.

XCI

FLAGRANT DÉLIT D'ADULTÈRE

Si lo marit troba hom ab sa molher jazen nud et nuda o vestid o vestida, que lo fosso ab bragas trachas sobre luy o latz lui, de nugh o de dias, que pusca prendre lo marit o lo payre, ol frayre del marit

père, ou le frère du mari ou de la femme, et s'il ne se laisse pas prendre et qu'il blessât tant l'homme que la femme, qu'ils les tuent tous les deux ou l'un d'eux sans l'autre, ils ne sont tenus à rien envers le seigneur, ni envers la ville, ni envers autrui, qui ne doivent rien prendre d'eux.

XCII

VIOL OU ENGROSSEMENT

Si aucun homme violait une femme dans ledit château ou dans la seigneurie, de nuit ou de jour ou l'embarrassait, que plainte fût portée au baille ou au seigneur, et que la preuve en fût portée, comme elle devrait, il devra perdre les testicules, et payer soixante-cinq sous d'amende au seigneur.

Toutefois si la femme demandait l'homme pour mari et pour époux, l'homme ne subirait pas le châtiment, mais il payerait les soixante-cinq sous d'amende, comme il est dit si payer il pouvait ; et s'il n'était pas en situation à l'appréciation du baille et des consuls de payer ce qu'il doit, il fera à la volonté de l'un des seigneurs du même lieu.

XCIII

SERMENT DES SEIGNEURS

Les autres seigneurs doivent faire serment de fidélité aux héritiers du seigneur mort ; lequel héritier les en requerra, de telle manière qu'ils garderont son corps et ses membres dans l'étendue de la seigneurie d'Astafort, et suivant que serment de fidélité doit se faire entre coseigneurs.

Et tous les habitants du même château et de la seigneurie doivent et sont tenus de faire aux seigneurs du même lieu, le serment de fidélité, et chacun d'eux dans les limites du même château, d'eux aux seigneurs et à chacun d'eux, aux habitants préalablement fait le serment par lesdits seigneurs et par chacun d'eux.

XCIV

DROITS DE BIENVENUE A L'ÉPOUSE DU SEIGNEUR [1]

Si à quelque seigneur du même lieu on conduisait une épouse du dehors, le baille communal dudit lieu doit avoir la bête que la

[1] Cet article est assez rare et fort curieux.

o de la molher ; e si non laissa prendre, el plagauan tant lom que la femna, els aucizian enterams o l'un de lor sencs lautre, non son tengutz a senhor ni a vila ny ad autruy, nin deuo prendre re de lor.

XCII

VIOL OU ENGROSSEMENT

Si nulh hom forsaua femna el dit castel o en la honor de nugh o de dias o barreichaua, en vengues clam al baylle o al cosselh rancura e que fos portat cum deuria, lo deuria perdre los coillos, e pagar lxv sols al senhor de gadches.

Empero si la femna requeria lom per marit e per espoos, lom no passaria pena, mos que pagaria lxv sols, cum dit es, si pagar los podia ; e si no estaria lom a lesgart del baylle e del cosselh del meiss loc lo que deu, fara son plazer dalgu del senhor del meiss loc.

XCIII

SERMENT DES SEIGNEURS

Li autre senhor deuo far sagrament de fieusautansa al heret del mort, loqual dit heret lor ne requerera, en tal maneira quel gardaran son cors e soos membres, per tota la honor d'Astafort, e segont que sagrament de fieusatansa se deu far entro personers.

E tughs habitans del meiss castel e de la honor deuo e son tenguds de far lo sagrament als senhors del meiss loc de fieusautansa, e aleu de lor, dens los dex del meiss castel, e de lor a els senhors, et cadaun de lor als habitans, fagh prumerament lo sagrament per los ditz senhors e per cadaun de lor.

XCIV

DROIT DE BIENVENUE A L'ÉPOUSE DU SEIGNEUR

Si ad algu senhor del meiss loc menaua hom molher defora, lo baille comunial del dit loc deu auer la bestia que la domna

dame montera, avec tous les harnais que la bête aura sur elle, et la robe de dessus que la dame portera sur elle.

Et le baille est tenu de tenir Cour le jour que la dame viendra, comme un seigneur.

Ledit baille n'est pas tenu de recevoir plus de la septième partie des gens que, avec ladite dame, il viendra au château.

XCV

DÉFENSE D'ÉLEVER DES BASTILLES

Et les seigneurs ni aucun d'eux ne feront ni ne pourront faire dans le château d'Astafort, ni dans la seigneurie, ni dans les dépendances dudit château, bastide ni aucun autre lieu seigneurial, ni accepter nul autre coseigneur pour que la juridiction du même lieu et de la seigneurie ne puisse être modifiée ou divisée, mais qu'elle revienne tout entière auxdits seigneurs et à leurs successeurs, sans aucun autre coseigneur, pour tout temps.

XCVI

SERMENT DE RESPECTER LES COUTUMES

Celles-ci sont les Coutumes, les franchises et les libertés d'Astafort, par lesdits seigneurs et par chacun d'eux données et octroyées, suivant que dessus il est contenu, à la communauté et à tous les habitants et futurs habitants du même lieu et de toutes ses appartenances et à chacun d'eux.

Lesquelles et chacune desquelles les mêmes seigneurs et chacun d'eux, ledit noble Guillaume Raymond, au nom que dessus et suivant ce que dessus, ont promis et formellement octroyé auxdits habitants et communauté présents, et aux présents Pierre de Pomers et noble Guillaume de Latapie, syndics et procureurs et acteurs dudit lieu, et au nom de leur syndicat du même lieu le recevant, et aux susdits consuls désignés et au commencement nommés, le recevant, au nom de leur consulat et de tous les habitants et communauté du même lieu, et à la même communauté ou à la majeure partie de la même communauté, ici présents, et cela recevant, pour eux et pour tous leurs successeurs, habitants et futurs habitants en ledit lieu et par toute la seigneurie.

caualcara, ab totz sos arnhes que la bestia aura sobre si, e la sobirana
rauba que la domna portara sobre si.

El dit baylle es tengud de tenir cort, lo jorn que la domna vendra
cum un senhor.

El dit baylle no es tengud de recebre mos la setena part de las
gens que ab la dicha domna vendra al dit castel.

XCV

DÉFENSE D'ÉLEVER DES BASTILLES

E li senhor, ni algu de lor, no fasso ni pusco far el castel
d'Astafort ni en la honor, ni en lapartenement del meiss castel,
bastida ni negu autre loc ab senhoria, ni arculhir nulh autre
personer per que la juridictio del meiss loc ni de la honor nil meiss
nil men sen posca emperi o denesir, ant remanga tot un als ditz
senhors e a lors successors, senes tot autre personer, per totz
temps.

XCVI

SERMENT DE RESPECTER LES COUTUMES

Aquestas son las costumas, las franquessas e las libertatz
d'Astafort, per los ditz senhors e per cadaun de lor donadas e autreihadas, segont que dessus es contengudz, a la comunialtad et a totz los
habitans e habitadors del meiss loc e de totas sas pertinensas, e
a cadaun de lor.

Lasquals e cadauna daquelas los meiss senhors et cadaun de lor, el
dit en Guilhem Ramond, per nom que dessus e segond que dessus,
prometero e fermament autreihero als ditz habitans e comunialtad
presens, e als presens pey de Pomers, e en Guilhem de Latapia,
sinditz e procuraires, e actors del dit loc, e per nom de lor syndicat
del meiss loc, ac recebens, e als prédiz cosselhs desenats e a comen-
sament numpmatz, ac recebens, per nom de lor consolat e de totz
los habitants e comunialtad del meiss loc, e a la meissa comunialtad
o a lo major partida de la meissa comunialtad aqui presens, e ac
recebens, per lor, e per totz lors successors, habitans et habitadors
el meiss loc e per tota la honor.

Et promettent, pour eux et pour tous leurs successeurs, lesdits syndics et consuls, pour eux et au nom que dessus, auxdits seigneurs, les uns aux autres solennellement stipulant, les mêmes seigneurs et chacun d'eux, par le jurer sur les saints évangiles de Dieu, touchés de leurs mains corporellement, qu'ils garderont, tiendront et exécuteront, sans aucune infraction, une partie à l'autre, savoir les dits seigneurs et chacun d'eux et pour tous leurs successeurs aux dits habitants, communauté, syndics et consuls, et ladite communauté, syndics et consuls, pour eux et pour ladite communauté et pour chacun de la même communauté et pour tous leurs successeurs, suivant que dessus, et aux noms que dessus, aux dits seigneurs et à chacun d'eux, et à leurs successeurs, avec bonne foi, lesdites Coutumes, franchises et libertés, et que contre ils ne viendront, par eux-mêmes, ni par aucune autre personne interposée, et qu'ils ne souffriront, ne permettront, ni ne donneront conseil ni aide à aucune personne qui aille contre, pour aucun droit, ni pour aucune raison, ni cause de droit, ni usage, ni en aucune autre manière.

XCVII

CLÔTURE DE L'ACTE

Ainsi fait à Astafort, les an et jour qui sont ci-dessus indiqués, douzième jour de l'entrée d'avril. Les témoins sont : Maître Guillaume Desbordes, chapelain de Barbonvielle ; messire Arnaud Cavagnac, prêtre ; maître Guillaume Raymond de Parazol, jurisconsulte ; Hugues de Rupé ; Saint de Ligarde ; Fortuné de Daubèze ; Labat de Lubello damoiseau ; maître Jean Destusiano, notaire de Dunes ; Guillaume de Furne, et moi Arnaud Trenca, et Dominique de Casculo, notaires communaux dudit lieu d'Astafort, qui ici même, par la volonté et à la réquisition desdits seigneurs et desdits syndics et consuls et de ladite communauté et de tous les présents, et de chacun, deux actes ensemble avons reçus.

Régnant messires Philippe, roi de France, Edouard, roi d'Angleterre, duc d'Aquitaine, Bertrand, évêque d'Agen.

Et prometent per lor e per totz lors successors, els ditz synditz e cosselhs, per lor e per nom que dessus, als ditz senhors, los uns als autres, sollempniallement stipulans, els meiss senhors e cadaun de lor, ab jurar suus los sans evangelis de diu tocatz de lor maas drechas corporalment, que il gardaran e tendran e compliran, ses tot enfranchement, la una part a l'autra, so es assaber li dit senhor e cadaun de lor, e per totz lors successors, als dits habitans, comunialtad, synditz e cosselhs : e la dicha comunialtad syndits e cosselhs, per lor e per la dicha comunialtad, e per cadaun de la meissa comunialtad e per totz lors successors, segont que dessus, e per nom de dessus, als ditz senhors e a cadaun de lor, e a lor successors, ab bona fe, las dichas costumas, franquessas et libertatz, e que encontra no vendran per lor meiss, ni per neguna autra interpausida persona, ni sofriran ni permeteran, ni daran cosselh ni ajutori a neguna persona, que anga en contrast, per nulh dregh, ni per neguna razon, ni causa dreghz, ni husatge, ni en autra maneira.

XCVI

CLÔTURE DE L'ACTE

Actum fuit hoc apud hastam-fortem, anno die quibus supra scilicet, decimo secundo die introitus aprisis, testis sunt : magister Guillelmus Desbordis, capellanus de Barbunvila; dominus Arnaldus Cavanhaco, presbiter; magister Guilhemus Raymondi de Parazoliis, juris-péritus; Huguetus de Rupé; Sentot de Ligarde; Fortius de Dobezio; Labatus de Lubello, domicelli; magister Joannes Destusiano, notarius de Dunis; Guillelmus de Furno, e ego Arnaldus Trenca, et Dominicus de Casculo, comuni notarii dicti loci Hastœ fortis, qui ibidem, de voluntate et requisitione dictorun dominorum, et dictorun syndicorum et consulum, et dictœ communitatis, de omnibus presentis et sengulis, duo instrumenta uni recipimus.

Regmantibus, domine Philippo rege Franciæ, Guddono rege Angliæ, duce Aquitaniæ; Bertrando episcopo Agimensi.

CONFIRMATION PAR LE ROI LOUIS XIII

DES PRIVILÈGES ET COUTUMES DE LA VILLE D'ASTAFORT

1621

Louis, par la grâce de Dieu, roi de France et de Navarre, à tous présents et à venir, salut.

Nos chers et bien amés, les consuls et habitans d'Astafort en Armagnac, nous ont très humblement fait remonstrer que par contrat de mille trois cent quatre, les seigneurs dudit lieu leur donnèrent pouvoir d'élire un baylle et quatre consuls pour exercer la police et justice criminelle sur les habitants dudit lieu et juridiction d'Astafort, avec l'établissement de quatre foires par an et deux marchés chacune sepmaine; et outre ce, permission à chacun desdits babitants de construire et édifier en sa maison, four, moulin, clappiers et pigeonniers, et plusieurs privilèges mentionnés audit contrat et de toutes lesquelles facultés et privilèges les suppliants et leurs prédécesseurs ont paisiblement joui, mesme sous les comtes d'Armagnac, après la réunion dudit lieu audit comté, comme ils en jouissent encore à présent paisiblement, mais craignant d'y estre cy après troublés pour n'avoir depuis la réunion dudit comté à notre couronne de France obtenu confirmation de nos prédécesseurs, ils nous ont très humblement fait supplier leur pourvoir de nos lettres nécessaires.

Scavoir faisons que voulant favorablement traiter lesdits suppliants, de notre certaine science grâce espéciale, pleine puissance et aucthorité royalles, nous leur avons donné tous lesdits privillèges, mentionnés audit contrat de l'an mille trois cent quatre, dont la copie est ici attachée sous notre contre sceel, continuer et confirmer continuons et confirmons par ces présentes, pour en jouir et user par eux et leurs successeurs, tout ainsi qu'ils et leurs prédécesseurs en ont ci-devant bien et duement joui et uzé, jouissent et uzent encore de présent.

Si donnons à nos amés et féaux conseillers tenant notre Cour de Parlement à Bourdeaux, sénéchal de Condomois ou son lieutenant, et gens tenants notre siège présidial à Condom, ces présentes nos lettres de confirmation registrer et des droits et privilèges y contenus, faire jouir et uzer lesdits suppliants paisiblement, faisant cesser tous troubles et empêchements car tel est notre plaisir; et afin que ce soit chose stable nous avons fait mettre notre sceel à ces dites présentes, sauf à notre chose, nostre droit et de l'autruy.

Donné au camp de Montauban, au mois de septembre, l'an de grâce mil six cent vingt-un, et de nostre règne le douzième.

Par le roy,

Signé : DELONG.

———

ENREGISTREMENT DES COUTUMES

Registré suivant l'arrêt de la cour huij donné à Bourdeaux, en Parlement, le vingt-unième de mars mil six cent vingt-quatre.

Signé : DEFAU.

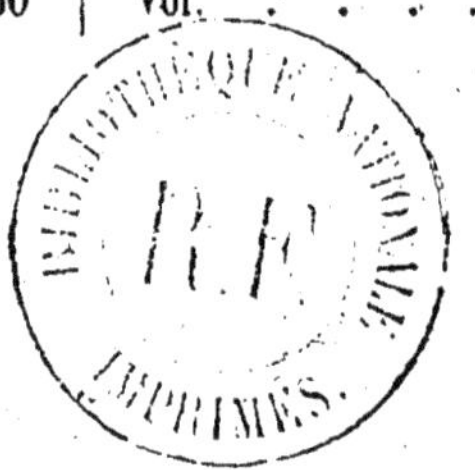

ERRATA.

Lisez :

A la page 67, ligne 24, « De troupes » au lieu de des.
—   71,   —   14, « Mécontent ».
—   119,   —   28, « del meiss ».
—   125,   —   10, « Las enmendes o las enmendensso o en sofrio, » etc...
—   127,   —   25, « los boscz del ».
—   131,   —   4, « peciaua ».
—   134,   —17-18 « Le bailhe et le conseil ».
—   135,   —15-16 « e cosselh o deuant los cosselhs ».
—   137,   —   26, « No poguesso ».
—   139,   —   9, « Comunial ».
—   142,   —   1, « Meurt sans héritier apparent et sans, etc... »
—   147,   —   7, « ses tot ».
—   148,   —19-30 « Conseil ».
—   150,   —   17, « fait faire ».
—   159,   —   3, « Alechat ».
—   160,   —   10, « le conseil ou devant, etc. »
—   162,   —   2, « les consuls ».
—   175,   —   10, « ab » (et non ad).
—   —   —   20, « seruia ».
—   177,   —   16, rayer les mots « et deu ».
—   179,   —   1, « far ».
—   181,   — 1-6, « reconoissensa ».
—   183,   —   3, « estrang ».
—   194,   —24-26, « le conscil ».
—   195,   —   18, « autrcitat ».
—   199,   —   16, « prendre ».
—   201,   —   10, « tems ».
—   206,   —   6, « le conseil ».
—   203,   —   7, « homicidi ».
—   —   —   12, « sibelitz e sosterrat ans que lautre que fagh.
—   —   —   19, « autre pecz i auenia ».
—   204,   —11-12, « conseil ».
—   206,   —   3, « conseil ».
—   —   —   6, « avec le conseil.
—   207,   —   14, « sancs ».

www.ingramcontent.com/pod-product-compliance
Ingram Content Group UK Ltd.
Pitfield, Milton Keynes, MK11 3LW, UK
UKHW020824120726
13693UKWH00002B/446